褚荛 撰

论语章句心解

知识产权出版社
全国百佳图书出版单位
——北京——

图书在版编目（CIP）数据

论语章句心解 / 褚鋈撰 . — 北京：知识产权出版社，2024.1
ISBN 978-7-5130-9138-1

Ⅰ . ①论… Ⅱ . ①褚… Ⅲ . ①《论语》 Ⅳ . ① B222.2

中国国家版本馆 CIP 数据核字（2023）第 252675 号

责任编辑：雷春丽　　　　　　　　　　责任校对：谷　洋
封面设计：乾达文化　　　　　　　　　责任印制：孙婷婷

论语章句心解

褚　鋈　撰

出版发行：**知识产权出版社** 有限责任公司	网　　址：http://www.ipph.cn
社　　址：北京市海淀区气象路50号院	邮　　编：100081
责编电话：010-82000860转8004	责编邮箱：33908596@qq.com
发行电话：010-82000860转8101/8102	发行传真：010-82000893/82005070/82000270
印　　刷：北京九州迅驰传媒文化有限公司	经　　销：新华书店、各大网上书店及相关专业书店
开　　本：720mm×1000mm　1/16	印　　张：15.25
版　　次：2024年1月第1版	印　　次：2024年1月第1次印刷
字　　数：298千字	定　　价：118.00元

ISBN 978-7-5130-9138-1

前　言

众所周知，《论语》是由孔门弟子编辑而成的一本书。孔门弟子编辑这本书的主要目的是：第一，追思孔子；第二，传播孔门的思想主张。

古往今来，对《论语》的解读作品可谓汗牛充栋。其中，较著名的是何晏的《论语集解》、皇侃的《论语义疏》、朱熹的《论语集注》等。这些《论语》解读本各有所长，都对《论语》的某一个或某几个方面做出了独到的解释。

但是，所有这些解读本都存在三个明显的缺陷：

第一，缺少从整体角度来把握《论语》的篇章结构之妙。《论语》的编排方式是每篇罗列数章，每章看似相互独立。于是，这些解读本都化整为零，将各章拆开来解读。实际上，《论语》各篇、各章之间都暗藏了一条线索。孔门弟子在编辑《论语》时，是按照一个完整、成熟的思路来谋篇布局的。这一思路既是孔门主张的士人修行之路，也是孔门认为的挽救东周天下危局之路。以《论语》的篇章结构为例，如表1所示。

表1　《论语》篇目

上卷篇目	下卷篇目
学而第一（总纲）	先进第十一（人物）：各色贤人
为政第二（目标）：君主之德	颜渊第十二（路线）：修身之道
八佾第三（现状）：礼崩乐坏	子路第十三（路线）：治国之道
里仁第四（行动）：士人内修	宪问第十四（实践）：士人行动
公冶长第五（行动）：聚集同道	卫灵公第十五（实践）：用人之道
雍也第六（行动）：参与实践	季氏第十六（实践）：治国准则
述而第七（行动）：教学相长	阳货第十七（历史）：天下溃烂
泰伯第八（行动）：出仕从政	微子第十八（希望）：守正创新
子罕第九（怀念）：难忘师恩	子张第十九（怀念）：难忘师恩
乡党第十（后序）	尧曰第二十（后序）

通过表1可知，《论语》的上卷先谈孔门的纲领，再谈君主的操守，接着谈东周礼崩乐坏的现状，最后谈士人，即当时的新精英应该如何挽救这一危局。在讨论中，上卷给出了一条相对清晰、完整的行动路线图。

《论语》的下卷则反过来，先罗列孔门有哪些新精英，接着谈行动路线图，然后谈实践的方式，再分析造成这一现状的历史根源，即描述诸侯、大夫，也就是旧精英的下坠史，以及讲未来的出路，即士人的守正创新路线，最终得出结论，即挽救东周社会危局的希望全部寄托在士人身上。

可以说《论语》的上下两卷都在描绘改变东周局面的路线图，但下卷的编辑者结合现实的新情况，对上卷中的路线图做了补充与完善。

同时，笔者还发现，孔门弟子在谋划上卷各篇时，采用了两个结构：一是各篇严格依照中国古人的天人观念，以首尾呼应、内包人言的体例，对应天人合一的观念；二是上卷各篇、各章两两对应，以阴阳和合的方式来进行编辑。

因此，《论语》的编辑者采用的是篇章大结构（路线图）下套篇内中结构（天人合一），再套章节小结构（阴阳和合）的编辑体例。

由此可知，旧的解读本抛弃篇章结构，将各章独立出来讲述，这一做法丢掉了藏在篇章结构中的很多深层含义。《论语》的各篇、各章不可割裂开来看，而应该放到一个完整的框架中去理解。

第二，并未结合孔门师生的身份背景来把握《论语》的深意。诚然，各解读版本都对《论语》各段的历史背景做了大概的介绍，比如关于"哀公问孝"一段，各版本都会论及三桓擅权的历史。但是，只介绍历史大背景，却不结合孔门师生的身份背景来理解，并不能站在言说者以及编者的立场上理解这一段话。

孔门师生大都身处春秋末期。当时，诸侯征伐已到白热化的阶段，绝大多数中小诸侯正在或已经退场，历史也即将进入少数几个大诸侯争雄的新阶段。

诸侯之间持续爆发战争，导致诸侯大宗族自身的资源逐渐耗尽，并给了新兴的士人群体登台的机会。孔子看到了这一历史趋势，并不固守自己的大夫身份，而是主动下沉，培养这些新兴的士人。

因此，《论语》中的很多话，都是孔子对这些新精英，即士人说的。士人觉得孔子的这些话对自己是有着特殊意义的，所以才将这些话收集起来，列在《论语》之中。这也就是说，只有站在士人身份的角度来理解这些话，才能充分把握《论语》中蕴藏的情感力量，而这恰恰是旧的解读本没有做到的。

第三，随着时代发展，《论语》也面临现代化的问题。《论语》提供给士人一套行动路线图，从个人修行开始，到外扩平天下止。但这套路线图在现代人看来，颇难理解。现代人习惯于标准化的准则体系，而对个体性的行动准则普遍表示抗拒。

旧的解读本仅就《论语》的文本解《论语》，并没有提供这么一套标准化的准则体系。于是，我们需要从标准化的角度重新解读《论语》，以便推动《论语》的现代化。比如，我们要对《论语》中"自讼""里仁"等词汇，结合现代哲学术语，做出标准化的解释。如此，现代人才能按图索骥，把握这套准则体系之精妙。

综合上述三点，我们有必要重新解读《论语》。

最后，补充说明二事：一是本书重在解读，但为了便于不通古文的读者阅读，也提供了翻译，同时本书的翻译重点参考了市面上几个主要的版本，比如杨伯峻译版、钱穆译版等，做了整合修订；二是本书解读中所引段落主要来自各大解读本，详见脚注，供读者参考。

南翁

2023 年 3 月 28 日

目录

本篇是《论语》的开篇，是《论语》提纲挈领的一篇，表达了孔子及其传人对士人，即春秋末年涌现的新精英的期许。它重点讲述了士人应该如何融入大集体，以及如何积极修养自身的内心与行为，以引领时代的新风尚的问题。因此，本篇是《论语》上卷的总纲。

另外，第一篇集中出现了孔门主要弟子的话，后面诸篇却基本是孔子的话。之所以这么编辑，是因为在《论语》上卷第一篇中，孔门的主要弟子都要出来亮个相，谈谈各自的主要主张。

笔者在第一篇的翻译部分采用了直译的方式，而在解说中做了补充说明。之所以这么处理，是因为第一篇需要补充的背景信息较多，无法仅通过翻译来表述。

本篇可分为以下五个部分：

第一部分　儒学入门总纲（1.1）

第二部分　儒学总纲分论（1.2～1.5）

第三部分　儒学入门守则（1.6～1.7）

第四部分　儒学入门课程（1.8～1.15）

第五部分　儒学理论定位（1.16）

学而第一

1.1 子曰："学而时习之，不亦说乎？有朋自远方来，不亦乐乎？人不知而不愠，不亦君子乎？"

翻译 孔子说："学习后，然后经常温习它，不也是很快乐的吗？有朋友从远方来找你，不也是很愉快的吗？人不了解我，我却不怨恨，不也是君子的做派吗？"

解读 1.1 这句话的直译读来很别扭，因为这句话中三个小句之间没有任何逻辑联系，仿佛孔子说了三件彼此完全不相关的事情。但孔子显然不可能没头没尾地说出三句前后不相关的话。那么，我们必须结合孔子说话的背景来理解 1.1。这种解读方法也是研习《论语》时应采用的基本方法。

从表面来看，《论语》是一本箴言集，即一大堆彼此之间没有关联的话简单拼合而成的一本书。而且，《论语》的内容，还不全来自孔子一人，其中还有曾子、有子、颜渊等人的话。这也使得这本书看起杂乱无章，仿佛没有任何逻辑性可言。

古往今来，特别是近代以来，很多学者都把这本书当成一本修身养性的书，而没有从说话者背后的宏大叙事背景，以及每句话之间前后相同或相继的叙事背景方面来理解它，这种做法显然不妥。我们必须改变这种阅读方式，回到真实的历史、孔子及其弟子来理解《论语》。

仅就 1.1 而言，我们首先必须知晓孔子说这段话时的历史背景。孔子身处春秋末期，当时诸侯征伐已经到了白热化的阶段，绝大多数中小诸侯正在或已经退场，历史也即将进入少数几个大诸侯争雄的新阶段。

诸侯之间持续爆发战争，导致诸侯大宗族自身的资源逐渐耗尽。原本诸侯主要依靠自己宗族的势力来维持争雄的局面，但现在自家宗族里的人才逐渐凋零，财富日渐告罄。要想继续维持这一局面，必须从新的方向获取资源。

在这个时候，有一股新鲜血液逐渐登上历史舞台，那就是比诸侯宗族地位更低的中下层士人。按照周礼，士是低等贵族，类同诸侯的家臣。但是，此前诸侯国内的主要岗位都被诸侯的宗族占领，士虽然被任用，但不被重用。而现在，诸侯宗族的资源逐渐耗尽，士的重要性就凸显出来了。

孔子本身出自破落的大夫之家，也就是中等级别贵族。但他并未积极向上争取，与大夫旧势力混成一团，反而主动向下沉，跟士人打成一片。孔子有三千弟子，这些弟子大都属于士人。说白了，诸侯宗族属于春秋时期的旧精英，而孔子则是春秋时期新精英的代表。

理解了这个背景，再来看孔子的这番话，就可以知道他并不是针对其他人说的这番话，而是针对不断涌入他门下的新精英说的这番话。这句话的意思是：

第一小句，"学而时习之，不亦说乎？"解为：新来的士人啊，一起来学习那属于我们新精英的思想，并且经常温习、实践之，不是一件很快乐的事情吗？

第二小句，"有朋自远方来，不亦乐乎？"解为：我们的群体正在不断壮大，不断有朋友从远方而来，加入我们，这难道不让人感到心情愉悦吗？

第三小句，"人不知而不愠，不亦君子乎？"解为：现在的社会风气是一股求名求利的功利之风，人们沉醉在这种浮躁的社会旧风气中，对历史的走向不能察觉。只有我们清楚这一走向，追求自身道德修养，立志改变这种旧的社会风尚。我们代表着时代的发展方向，代表着未来。所以，人们暂时不了解我们，我们也无须怨恨，因为这正说明我们才是（代表历史走向的）君子（新精英）啊！反之，如果我们积极求取名望，那与那些旧精英有什么区别呢？

综合上述三小句，可知 1.1 作为上卷的第一章，是孔子向士人发出的一个总号召，那就是：到我们的群体中来，一起学习，互帮互助，面向未来。

让我们想象一下，孔子站在讲台上，台下是成百上千刚刚在社会上崭露头角的青年士人。孔子向他们说出这样的一番话，这会在他们心中荡起怎样的涟漪，乃至波涛？

因此，《论语》开头的第一句话意义重大，地位特殊。它是上卷的准星，奠定了上卷的基调。

另外，由这一句，我们还能读到一个有效信息，即孔子及其儒学从来都不是保守势力的代表。近代以来，有不少学者提出这样的观点，即认为儒学是保守、落后的学说，这显然不符合史实。

儒学是一门先进的学问。儒学自出现之日起，就代表着当时最先进的社会精英群体，符合历史的发展方向。只不过，随着时间的推移，儒学中的一些内容、提法逐渐沦为后来的既得利益集团的工具，变得保守、落后了。

每到这时候，都会有先进的新精英士人站出来，改造儒学，推动儒学吸收当时最先进的思想元素，令儒学以新的面貌站在历史的潮头，引领中华民族的进步。比如，在汉代，儒学结合诸学，发展成为董仲舒的天命观；在宋明两代，儒学结合佛学，发展成为宋明理学。

在中国漫长的历史中，有无数仁人志士曾丰富完善过儒学，包括但不限于：孔子、有若、卜商、曾参、孟子、荀子、董仲舒、王通、韩愈、李翱、周敦颐、张载、程颢、程颐、朱熹、陆九渊、陈献章、湛若水、王阳明。

因此，儒学从不是一种保守的学说，而是一种迎合时代、积极创新的学说。儒学的确曾有过停滞不前的发展阶段，但那只是暂时的，即新人未出、老人固守的过渡时期。等到新人如过江之鲫踊跃而出时，儒学自然会吸纳新的内容、新的元素，迎来新生。

"科学是第一生产力"，因此，科技人才是我们这个时代的新精英。科技人才专注于科研，研究事物之间的规律。他们在研究中表现出了充分理性的一面，但他们在工作与生活中无时无刻无法脱离各种社会关系。由人组成的社会关系不可避免地有人情的一面，然而在处理这些关系时，就不能过分理性。比如，以理性思考科技成果在生活中的运用，而不考虑生活中的人情一面，则会使科技成果的运用面临很多困难。所以，科技人才也需要修养自己的心性，提升自己对人情的把握力。如此，在面对这些关系时，科技人才才能更为妥帖地处置。这个时候，标准化的儒学就可以发挥其作用。标准化的儒学简单易懂，容易上手，适合于习惯理性思维的科技人才修养。而通过学习标准化的儒学，科技人才便能够相对深入地体会人情、把握人情。

总之，儒学并不保守，也不落后。儒学是不断发展、不断进步的。

1.2 有子曰："其为人也孝弟，而好犯上者，鲜矣！不好犯上，而好作乱者，未之有也。君子务本，本立而道生。孝弟也者，其为仁之本与！"

翻译 有若说："一个人在平常为人时，如果孝顺爹娘，敬爱兄长，则很少会触犯上位者。一个人如果不喜欢触犯上位者，那就不会造反作乱。君子专注于抓住自己的根本，根本确立了，道也就会随之产生。孝悌，就是仁的根本啊！"

解读 关于 1.2，朱熹在《四书章句集注》中解读道："此言人能孝弟，则其心和顺，少好犯上，必不好作乱也。"❶ 笔者与朱熹的解释不完全一致，姑引于此，备其一说。

要理解本句，需从有若的身份切入。有若是孔子的弟子，据说比孔子小 33 岁。相比孔子半生在野的境遇，有若的政治地位就要高得多，大致可以用"登堂入室"来概括之。据《礼记·檀弓》记载，有若去世时，鲁悼公为之吊丧。另外，《左传》也将有若尊为"国士"。由此可见，与孔子不同，有若是直接为诸侯提供服务了。

事实上，当时孔子门下像有若这样的人越来越多。随着时代的推移，有越来越多的士人进入主流政治舞台，成为政治新秀，掌握各国的权柄。在获得地位后，他们纷纷提出了符合自己价值诉求的政治主张。而有若的这句话，就是代表这群人说的。

按照《史记》的记载，孔子去世后，孔门弟子都推有若为接班人，认为他的思想最接近孔子。因此，上卷的编辑者将有若的话放在第二句，是为了阐述孔门第二代中的重量级领袖之一的代表性主张。

从这个角度再来看这句话，则应该这么理解：

有若提出很多主张，包括：

第一小句，"其为人也孝弟，而好犯上者，鲜矣！"解为：一个士人，如果孝顺父母，友爱兄长，则很少会触犯君上尊长。

第二小句，"不好犯上，而好作乱者，未之有也。"解为：一个士人，不触犯君上尊长，却会发动叛乱，是不可能有的事情。

第三小句，"君子务本，本立而道生。"解为：士人要拿孝悌作为根本，这个根本护住了，就能向道而往了。

第四小句，"孝弟也者，其为仁之本与！"解为：我在这里说的孝悌，是（孔子说

---

❶ 朱熹：《四书章句集注》论语集注卷一，中华书局，2011，第 50 页。

的）仁的根本啊！

通过解析这四小句，可知有若是对孔子的"仁"做了解释，往里面加入了自己的理解。这展示了孔门第二代领导人物对第一代领导人物思想的继承与发展。

那么，这种继承与发展具体是什么呢？包括两个方面：第一，专门拎出一个"孝悌"，以之作为"仁"的本，因为"仁"就是对家人之爱。这在逻辑上是说得通的，很合理。关于这一点，我们在后面会反复提到，此不赘述。第二，特别提到了"孝悌"的意义，即规范人的行为不犯上作乱。这就将孔子的思想提到政治思想的高度来谈了。这恰好证明有若已经踏入主流政治圈，直接面对诸侯国的各种乱象。于是，他就着孔子的思想，提出属于孔门第二代，同时也是属于当时的新精英的主张。

综合上述两点，可知有若的话被放在《论语》的第二句，并不是没有理由的。它是孔门第二代领导人物提出的纲领，是对孔子思想的继承与发展。

1.3　子曰："巧言令色，鲜矣仁！"

翻译　孔子说："一个人满嘴花言巧语，那仁爱之心就很少了。"

解读　1.3 看似是一句道德评判，讲的是人们应该端正自己的言行，如此才能成为一个有仁爱之心的人。古往今来，很多儒学家都是按照这个思路来解析这句话。比如，朱熹在《四书章句集注》中说："好其言，善其色，致饰于外，务以悦人，则人欲肆，而本心之德亡矣。" ❶

这么解释是有问题的，因为这没有搞清楚孔子为什么说出这句话。

孔子对自己的弟子说这句话，是在要求他们不要做一个巧言令色的人。那么，孔子又何出此言呢？莫非孔子的弟子中出了巧言令色之徒？

这就要结合当时的时代背景来看了。众所周知，孔子所处的时代是一个礼崩乐坏的时代。在这个时代，功利之风大盛，名利之徒得高位，道德君子（新精英）反受冷落。于是，活跃在政治舞台上的诸侯及其宗族成员（旧精英）大都是满眼功利，为求名利不择手段、"巧言令色"之徒。

孔子以为，新精英的行为作风应该与这些旧精英截然不同。如此，新精英方能开新风、立新派。于是，他对自己的弟子说："那些旧人都是些巧言令色之徒，他们心里都没有仁爱的情感。"这句话的潜台词是："我们这些士人代表新时代，要积极主动站出来，引领社会走向仁爱的新路。"

最后，从篇章结构的角度理解，1.2 与 1.3 为一组。孔门弟子在编排《论语》上卷时，遵循中国古人的阴阳和合观念，以每两章为一组，同一组谈的基本是同一个主题。比如，1.2 与 1.3 就是一正一反、一阴一阳。其中，1.2 从正面谈新精英为人孝悌，而

---

❶　朱熹：《四书章句集注》论语集注卷一，中华书局，2011，第50页。

1.3 则从反面谈旧精英巧言令色。1.2 讲新精英好仁，1.3 讲旧精英鲜仁。

1.4 曾子曰："吾日三省吾身：为人谋而不忠乎？与朋友交而不信乎？传不习乎？"

翻译 曾参说："我每天多次反思自己的行为：为他人谋划事情是否尽心竭力？同朋友之间交往时是否信守承诺？老师传授给我的东西，是否温习？"

解读 1.4 乃孔子的学生曾参之言。曾参比孔子小 46 岁，是孔门第二代领导人物之一。据传孔子在去世前，曾把孔鲤的儿子，即自己的孙子子思托孤给曾参。曾参不负所托，在孔子去世后，开出了孔门之下的一个新学派，即在宋明时期被奉为儒学正统的"思孟学派"（子思、孟子）。

将曾参的话放在开篇第四句，与孔子、有若并列，正好说明儒学不是由孔子一人独创的学派，而是一个由众多新精英人物共同努力创立的，且主要思想不断发展完善的学派。

和有若一样，曾参既是孔门第二代领导人物之一，也是当时主流政治圈的核心成员。据史载，公元前 456 年，齐国想请曾参当国相，楚国想请他当令尹（楚国的宰相），晋国也想请他当上卿，都被他拒绝。由此可见，曾参在当时的政治舞台上拥有相当的影响力。

虽然曾参一直没有出仕，却一直在讲学，以此影响新精英，并间接影响政坛。曾参这句话大概就是对来听课的，且即将踏入政坛的士人说的。他的意思是："你们看我，我每天都要多次反思自己的行为（你们也要学着做）：一是为国家办事时，是否尽心竭力？二是与同道的士人朋友交往时，是否坦诚相待，信守诺言？三是老师传授给我的东西，是否经常温习，不敢忘掉？"

对比曾参（1.4）、孔子（1.1）与有若（1.2）的这三段话，可知他们之间的转承关系。

孔子在野，对士人提出了一个纲领性的号召：凝聚人心、展望未来。这是总纲。

有若在庙堂，直接讲述的是在庙堂里做事的规矩，并以之丰富和发展了儒学。这是总纲的分论一。

曾参虽不在庙堂，却影响着庙堂，故而居于两者之间。他虽从个人修养的角度来谈，但谈的问题：一是在庙堂做事的规矩；二是如何与士人交往，以发展士人群体的力量，扩充儒学对庙堂的影响力；三是在庙堂后也不要忘了儒学的主张。这是总纲的分论二。

综上，孔子、有若、曾参从三个不同站位、视角解读了儒学的核心纲领：发展士人新精英的力量，倡导新风、开拓新气象。

1.5 子曰："道千乘之国，敬事而信，节用而爱人，使民以时。"

翻译 孔子说："治理一个拥有一千辆战车的国家，应该严肃认真地对待工作，信实无欺，节约经费、爱护他人，在农闲时才使用民力。"

解读 1.5 如果按照直译来理解，显得没头没尾。所以，这么理解肯定行不通。要理解这句话，就要从"道"这个字上破。"道"既可以通"导"，解释为领导、治理，也可以做"大道"解释。所以，第一小句其实是一个双关句，意思是："要带领一个中等规模的国家走上我们认同的大道，就必须要……"

第二小句接着上面说："认真对待国家的公事，诚信对待君主。"

第三小句的意思是："节约国家的公帑，爱护士人同伴。"

第四小句的意思是："按照天时，选择农闲时让老百姓当差役。"

综合上述内容，可知孔子意思是士人如何带领国家走上孔门所认同的大道，这句话也是对前几句话的丰富与完善。所以，这一篇的前五句话做的其实是同一件事，即提出孔门的思想纲领。

朱熹在《四书章句集注》中引程子的话说："此言至浅，然当时诸侯果能此，亦足以治其国矣。圣人言虽至近，上下皆通。此三言者，若推其极，尧舜之治亦不过此。"❶此说将视角放在诸侯上，而未放在士人上，显然是没有看到此句与上下文的联系。

最后，从篇章结构的角度看，1.4 与 1.5 是同一组。1.4 讲的是士人要经常反省为国家办事、与朋友交往，以及传授弟子等诸方面的行为；1.5 也在讲这几个方面的内容。因此，这两句都在讲士人如何行为，以扩大社会影响，扎牢社会基础。

1.6　子曰："弟子入则孝，出则弟，谨而信，泛爱众，而亲仁。行有余力，则以学文。"

翻译　孔子说："青年人，回到家里，就要孝顺父母，离开家，就要敬爱兄长；说话谨慎，一旦说话就要守信用，博爱大众，亲近仁。这样躬行之后还有余力，那就可以钻研学问了。"

解读　结合孔子说话的具体背景，1.6 应理解为：

第一小句，"弟子入则孝，出则弟"解为：年轻的士人，当你们还在宗族内生活时，要恭敬地对待父母等长辈，当你们终于走出自己的宗族，到天下去寻找机会时，千万要记得友爱地对待自己的弟兄。

第二小句，"谨而信，泛爱众，而亲仁"解为：少说话、多做事，踏实做人，爱你周边的人们，这样你就接近仁的高度了。

第三小句，"行有余力，则以学文"解为：在这个基础上，如果还有余力，可以来找我学习学问（孔子的道）。

综合以上几句解释，可知孔子这句话的重点是放在一个士人在宗族内应该怎么样，离开宗族又该怎样？只有达到这样标准的人，才可以被当作孔门的入室弟子。因此，这句话大概可以被当作孔门的入门门规理解。它的层级比前面五句要低一点，是对前五句中提出的思想纲领的细化、准则化。

---

❶ 朱熹：《四书章句集注》论语集注卷一，中华书局，2011，第 51 页。

1.7　子夏曰："贤贤易色；事父母，能竭其力；事君，能致其身；与朋友交，言而有信。虽曰未学，吾必谓之学矣。"

翻译　卜商说："对妻子，重品德，不重容貌；侍奉父母，能尽心竭力；为君主办事，能够不惜牺牲性命；与朋友交往，说话诚实守信。这样的人，虽然没有学过学问，我也以为他学过学问。"

解读　1.7 是孔子的弟子卜商（字子夏）的话。卜商比孔子小 44 岁，也是孔门第二代领导人物之一。卜商是孔门中独树一帜的派别"子夏儒"的开创者，他因此也被誉为"孔门十圣"之一。

不过，在孔门后学，特别是宋明文人却不把卜商的学说视为正统学说（汉代则将卜商作为经学的传人），另外，韩非子在整理儒学八门时，也没有将子夏列入。这是因为卜商的学说更加偏向法家，比如，卜商的弟子中出了两位知名的法家人物：吴起、李悝。商鞅作为李悝的弟子，严格来说也属于子夏学派的成员，而荀子则是卜商思想的继承者。

孔门后人在整理《论语》时，虽然也把卜商的话选录进去，却没有放在第一篇靠前的位置，而是放在第一章靠中间的位置。这大概是要将之与同属于第二代领导人物的有若、曾参拉开距离。毕竟有若、曾参的思想指向一个大方向，而卜商的主张则指向另一个大方向。而且，这里选的这句话，也不体现子夏学派的法家思想，而是体现儒门的一般主张。

回到这句话。开头的"贤贤易色"，杨伯峻解释为：对妻子，重品德，而不重容貌。但这个解释有待探讨，因为这一小段后面接的是"事父母，能竭其力"。将"妻子"放在"父母"前面，明显不符合儒学的一般做法。在儒学看来，父母的地位肯定要高于妻子。所以，这里将"贤贤易色"解释为对妻子的选择标准，显然不通。

另一种解释来自蕅益大师著、江谦补注的《四书蕅益解》，解为：尊重贤达的人，而不看重女色。这种解释也不通，因为看重女色与否，与尊重贤达的人的做法之间不存在矛盾的关系。历史上有很多人尊重贤达的人，同时也亲近女色。

笔者认为，对这一小句比较合理的翻译是："尊重贤达的人，并为他们的贤达之举动容，从他们那里学习贤达的品德，特别是如下这些品德。"

值得注意的是，"贤贤易色"这一句后面，不应该接"；"，而应该接"："。这样才通顺。因此，笔者认为通行的简体版用错了标点符号。

这样一来，这句话的完整翻译应该是：

卜商说："尊重贤达的人，并为他们的贤达之举动容，从他们那里学习贤达的品德，特别是如下这些品德：侍奉父母，能够竭尽全力；为国家办事，能够不惜牺牲生命；与士人同伴交往，说话坦诚守信。如果有人通过学习贤达的这些品德，做到了上述各个方面，那么哪怕他没有跟人学习学问，我也觉得他是掌握了大道的人。"

孔门后人将卜商的这段话放在《论语》的这个位置，当然也不是没有目的的，这句话是接着 1.6 说的。我们在解释 1.6 时曾经提到，孔子这句话可以被当作孔门的门规来看待，而卜商的这句话，则是站在弟子的角度，对孔门，乃至自己门下的弟子说的。这是对孔门门规的解释，讲的是孔门弟子之间，以及自己门下弟子之间应该秉持怎样的行为准则，即"贤贤易色"，相互学习对方的长处，共同进步。因此，从篇章结构的角度看，1.6与1.7是同一组的，一体两面，站在两个不同角度解释了孔门的门规。

1.8　子曰："君子不重则不威，学则不固。主忠信，无友不如己者，过则勿惮改。"

翻译　孔子说："一个君子，如果不庄重，就没有威严；这样的话，即使学习学问，也学不牢固。行事当以忠信为主，不要跟不如自己的人交朋友。有了过错，不要害怕改正。"

解读　1.8的翻译采用了杨伯峻的版本，这种直译颇为令人费解。其中，第一小句，即"君子不重则不威，学则不固"的直译是不成立的。

为什么一个人不庄重，没有威严，就会带来学习不牢固的结果呢？在现实生活中，有很多猥琐之人，却学了一身的本事。

对这句话的解释，必须从儒学自身的角度，而不可扩展到理性学科，比如，自然科学、法学、统计学等。儒学与这些理性学科的最大也是最根本的区别在于，儒学是一门关于爱的情感的学问。这也就是说，儒学以情感轴（y轴）作为主轴，而包括自然科学、法学在内的理性学科，则是以理性轴（x轴）作为主轴。

理性学科探索理性的知识。知识由人直接通过向外学习而掌握，比如，学习化学时，要背诵化学元素周期表、化学公式，以掌握化学知识。

儒学不探索知识，而探索情感学问。情感学问要以人内心产生爱的情感为基础，而不能直接向外学习而获得。

学习者在修习儒学时，总是从修身起步，走一条修齐治平的进步之阶。这也就是说，一个儒者，首先要在心中生起仁爱之心；然后以情感的视角看到天下万事万物，探究万事万物之间的情感关系，树立符合情感的视角；基于对情感关系的把握，总结出情感准则；最后基于这些准则，向外投射为行为，并逐步将行为的范围扩大到全天下。

因此，人如果在内心中没有生出爱的情感，就体会不到天下的情感关系。仁爱之心，是修习的根本。没有仁爱之心，则无从谈情感学问。同样的，一位传统的中医，先要有医德，有一颗悬壶济世的心，然后再谈治病救人。这就是传统文化的精髓、宝贵之处。

要读懂《论语》，不可从理性知识的角度，而要从情感学问的角度来理解。这是以x轴为主轴的知识规则体系与以y轴为主轴的学问准则体系的重大差异之处。

结合这个背景，再来理解这句话：一个士人，如果不注重自己的德行修养，没有在自己内心形成一种庄重的气场，那就不会严肃对待关于爱的学问，那他的学问一定就学不好。（相反，如果一个人没有道德，哪怕学了一身的本事，也可能会拿着这一身本事去做坏事。这又怎么叫学得好呢？）

再来看第二小句："主忠信，无友不如己者。"这句话可以扩充解释为：那么，一个君子要培养什么道德修养呢？忠诚和诚信两种道德。你要结交贤达，那些朋友都要是讲究忠信的人，并要在忠信方面超过你自己。

第三小句："过则勿惮改。"这句话中的"过"，也不可按照直译中写的那样，理解为一般性的"过错"，仿佛一个人违背了西学中理性标准一样。这里的"过"要特别理解为"违背了道德"。那么，这一小段应该理解为：如果你违背了道德，那你要积极改正自己的行为。这样一来，你的学问才能学到透。

总结这一句话，可知中国的传统学问要复兴，必须要求掌握理性技术的人才，如"专家"有道德修养。蕅益大师在《四书蕅益解》中说："期心于大圣大贤，名为'自重'；戒慎恐惧，名为'威'；始觉之功，有进无退，名为'学固'。"❶ 这一笔点在了要害处。

我们这个时代需要培养专家，尤其是科技人才的专业技术时，讲授修养道德之法。而这些新成长起来的有德行的科技人才，必然是我们这个时代的新精英群体的主力人群。

总之，这一句话在 1.6 与 1.7 的层次上进一步下沉。1.6 与 1.7 是孔门门规，而 1.8 则是入门的第一课，讲的是人们要在内心中培养爱的情感。

1.9 曾子曰："慎终追远，民德归厚矣。"

翻译 曾参说："慎重地办理父母的丧事，追念过去的祖先，人民的道德水准就提高了。"

解读 1.9 的字面意思也很奇怪，因为它没头没尾，既没有主语，又没有说话的背景。让我们来做一些调整。

一般认为，曾参这句话是泛泛而谈。比如，朱熹在《四书章句集注》中解释："盖终者，人之所易忽也，而能谨之；远者，人之所易忘也，而能追之，厚之道也。"❷

结合这句话的最后部分"民德归厚矣"，可以推知这句话是对士人讲的。所以，这句话完整的意思是：如果一个国家的士人都能慎重地办理父母的丧事，时时追念逝去的先祖，则本国的民众会受到感化，产生忠爱之心，道德水准也就会随之提高。

最后，从篇章结构的角度看，1.8 与 1.9 属于一组，对 1.6、1.7 做了延伸。其中，1.6、1.7 类同于孔门的门规，1.8、1.9 则是孔门入门第一课，谈的是一个士人产生由内而外的爱的情感的重要性。1.8、1.9 拓展了视角，谈的是士人产生真实情感所能产生的影响力。

1.10 子禽问于子贡曰："夫子至于是邦也，必闻其政，求之与？抑与之与？"子贡曰："夫子温、良、恭、俭、让以得之。夫子之求之也，其诸异乎人之求之与？"

翻译 陈亢（字子禽）问端木赐（字子贡）说："孔子每到一个国家，就能听到

---

❶ 蕅益大师：《四书蕅益解》，江谦补注，雷雪敏点校，中国水利水电出版社，2012，第 55 页。
❷ 朱熹：《四书章句集注》论语集注卷一，中华书局，2011，第 52 页。

有关那个国家的政事的消息。那么，他是自己去打听来的呢，还是别人主动告诉他的呢？"端木赐说："孔子是靠着温和、善良、严肃、节俭、谦逊的品德得到这些消息的。他得到这些消息的办法，与其他人获得消息的办法，截然不同吧。"

解读 1.10 的直译是准确的，但它讲的内容是不合理的。为何孔子可以凭借良好的品德，获得关于他国政事的消息呢？难道人们听说有一个贤达之人来到，就要如过江之鲫一般，把本国的秘密统统告诉他吗？这显然是不合理的。所以，这段对话必然隐藏了一个重要的背景信息。

这段对话发生在孔子周游列国期间。史学界一般将孔子周游列国解释为孔子到各个诸侯国，找诸侯毛遂自荐，这种说法有待探讨。

孔子周游各国，不仅向上毛遂自荐，而且向下讲学，影响新兴的士人群体。孔子有三千弟子，这些弟子并不都来自鲁国，而是散布于当时的各诸侯国。他们并不都跑来鲁国，到学堂里听孔子讲学，其中有不少人是在孔子周游列国期间跟孔子请教过学问之人。

通过教授这些士人，儒学就产生了相当的影响力。在孔子离开该国后，在这些听过孔子课程的人中，有不少都成了孔门学问的宣传员。由此，儒学才得以在此后发扬光大。因此，我们可以把孔子周游列国的旅程理解为儒学思想的"宣传之旅"，同时也是新兴士人的"播种之旅"。

基于这个背景，再来看这句话就好理解了。孔子到各国之后，开设讲坛，向当地的士人讲授儒学思想。而当地的士人听说有贤达之人到来，纷纷慕名来听讲。在讲学期间，孔子与其中一些人对话，其中自然不可避免涉及当地的风土人情、政事秘闻等信息。正是通过这些渠道，孔子才得以听到各国的政事情况。

1.10 接续 1.8、1.9。1.8、1.9 讲士人要有由内而外的情感，1.10 讲孔子自己的好德行，产生了好的影响，即聚拢人心，形成一股强大的社会力量。那么，1.10 其实是给君主和士人打了一个成功的样板，说一个人只要能够具有好的德行，就能产生巨大的影响力，影响到各国的精英人物。

1.11 子曰："父在，观其志；父没，观其行；三年无改于父之道，可谓孝矣。"

翻译 在一个士人的父亲还活着的时候，要观察他的志向；在他的父亲去世后，要考察他的行为；他如果连续三年都没有改变父亲的道，那就是一个孝顺的人了。"

解读 1.10 讲孔子德行好，对士人有影响力；1.11 接续上文，讲士人品行的重要方面。

在本句中，孔子讲了三点：一是在父亲还在的时候，看他是不是以弘扬父亲的忠孝之道为志向；二是在父亲去世后，看他的行为是不是按照父亲的教诲，子承父业，成了一个忠孝之人；三是如果父亲去世三年后，他还在延续父亲的忠孝之道，那他就是一个忠孝之人。这样的人内心是有爱的。

本句中的"父之道"不可做宽泛理解，解为父亲的所有行为，仅可解为忠孝之道。

最后，从篇章结构的角度看，1.10、1.11 是同一组，讲的是士人要有良好的德行。

1.12　有子曰："礼之用，和为贵。先王之道，斯为美，小大由之。有所不行，知和而和，不以礼节之，亦不可行也。"

翻译　有若说："礼的作用，以遇事做得恰当为可贵。过去的圣明君主治理国家的可贵之处就在这里，他们对大事小事都做得十分恰当。但是，如果有行不通的地方，单纯为恰当而求恰当，不用一定的规矩制度来约束之，那也是行不通的。"

解读　这句话的直译令人费解，让我们逐句解析之。

第一小句，"礼之用，和为贵。"这里的关键是要理解什么是"礼"，什么是"和"？

首先，礼是内心情感的外化。礼是用理性的方式将爱的情感固定化为规则，并汇总而得到的制度体系。比如，人对他人的爱，是顺着血缘层次的远近而一点点疏远的；用理性将之固定下来，就变成了"五服制"。所以，礼运用的是一个情主理副结构，即 (y, x) 结构。

其次，和是恰当的状态的意思。礼是情感外化的产物，它的一大缺点是僵化。所以，在实践中，需要遵从内心的情感，适度调整礼的规定，以达到一个恰当的状态。比如，按照礼的一般规定，人孝顺父母应胜过孝顺祖父母。但也不排除这样的情况，即在个人成长过程中，祖父母比父母付出更多。在这种情况下，孝顺祖父母更多，是合情理的。这样才算达到"和"的状态。朱熹在《四书章句集注》中提到："和者，从容不迫之意。"[1]这个解释是准确的。

综上，这一小句的意思是：人依从礼，以达到恰当的中庸状态为目的，这是很好的。（如果完全依从礼不利于达到恰当的状态，则可以在具体实践中做适度调整。）

需要特别注意的是，这里的"贵"字一语双关。首先代表好的意思，指的是人依从礼，达到恰当的状态是好的；其次暗含了身份上下的差异（贵贱之分）。毕竟，礼是区分血缘等级上下的。这里用一个"贵"字，暗指此意，意思是：达到了恰当的状态，便也就确立了身份上下的差异。

第二小句，"先王之道，斯为美，小大由之。"意思是：过去圣明君王的道的可贵之处就在这里，即他们能够很好地拿捏各个方面的分寸，并把握身份上下之别，把事情处理得体面且恰当。（这也就是达到了"和"的状态。）

第三小句，"有所不行，知和而和，不以礼节之，亦不可行也。"这句来了一个转折，意思是：但是行为也该有边界，不能为了和而突破礼的底线。完全不遵守礼的规定，随着自己的心思作为，也是不行的。

总结整段话，可知 1.12 是对 1.8～1.11 所述内容的一个补充修正。1.8～1.11 讲

---

[1] 朱熹：《四书章句集注》论语集注卷一，中华书局，2011，第53页。

的是人要追求内心的爱的确证，并通过主动的爱去影响他人。而 1.12 则对之做出了补充，提出还要用礼来约束人，以使人的行为遵守规范。

换句话说，1.8 ~ 1.12 讨论的是人的主观意志（自律）与外在规则（他律）的关系问题。人的主观意志，如果是以实现爱的情感为内容，自然是十分可贵的，应该得到褒奖。但这种主观意志，只能在特殊情况下适度修正规则，不能突破规则体系的基本原则。

由此可见，有若作为孔门第二代人物，站在国家治理的高度，对孔子学说的重要内容做出了解释。这个解释非常切要。

1.13 有子曰："信近于义，言可复也。恭近于礼，远耻辱也。因不失其亲，亦可宗也。"

翻译 有若说："一个人如果信守诺言，符合义，他说的话就是可以兑现的；态度恭敬合乎礼节，那他就不会遭到侮辱；依靠关系深的人，也就可靠了。"

解读 这句话同样是有若针对士人说的，让我们逐句解析之。

第一小句，"信近于义，言可复也。"这句话应该放在具体背景中来理解。有若是对士人群体说的这番话，讲的是士人之间该如何相互对待的问题。他的意思是：一个士人，如果诚实守信，近乎达到了义的高度，那他的话就是可以兑现的，于是其他士人就会乐意以同样的方法结交他、对待他。

第二小句，"恭近于礼，远耻辱也。"这句话有点难理解，因为如果一个人恭敬他人，到达了礼的标准，为何就不会被他人侮辱呢？当时正处在礼崩乐坏的时代，守礼的人在竞争中被不守礼的人所淘汰。这就是劣币驱逐良币的情况。比如，公元前 341 年，秦孝公派商鞅进攻魏河东，魏派公子卬迎战。两军对峙时，商鞅派使者送信给公子卬，约定两家和谈。结果，公子卬赴会时被商鞅埋伏的甲士俘虏，商鞅趁机攻击魏军，魏军大败。而魏惠王也被迫割让河西部分土地求和。所以，在这样一个时代里，个人的恭敬，并不能让人不被他人侮辱。

有若的这句话，还是要放在士人群体相互交往这个背景下来理解，意思是：一个士人，如果以恭敬的态度对待其他士人，达到礼的标准，那我们也不会侮辱他，而是会以同样的态度对待他。

第三小句，"因不失其亲，亦可宗也。"这句话最是费解，常见的直译为"依靠关系深的人，也就可靠了"，明显与上文脱节。

笔者以为，这里的"宗"应该扩大解释为"朋友关系"。中国古人将朋友视为"五伦"之一，与父子、兄弟、夫妻、君臣并列。所以，"宗"自然也包括朋友关系。

由此可知，这一小句的意思是：如果一个士人能够真诚侍奉双亲，那我们也会乐意接纳他。

综上所述，可知 1.12 与 1.13 同属一组，都在谈礼的问题。1.12 谈的是用礼去节制人，以实现自律与他律的适度调和。而 1.13 则重点谈了士人群体对能够做到自律与他律的个体的接纳问题，这其实是用士人群体的态度要求个人。将这两句并在一起看，可知孔门弟子在推动士人群体接受礼。

1.14 子曰："君子食无求饱，居无求安，敏于事而慎于言，就有道而正焉，可谓好学也已。"

翻译 孔子说："君子，吃饭不要求饱足，居住不要求舒适，勤于做事，说话谨慎，到有道的人那里去匡正自己的行为。这样，可以说是好学了。"

解读 1.14 很令人费解。首先，一个君子，为何要吃饭不求饱足，居住不求舒适呢？难道饿着肚子，衣不蔽体，头无片瓦，就能做好工作，办好事情吗？其次，一个人勤于做事、说话谨慎，这样的人本来就是凤毛麟角，为何还要到有道的人那里去匡正自己的行为呢？最后，以上两点，又与"好学"有什么关系呢？

这一句话，如果只看字面意思，是不能得出合理的解释的，让我们换个角度来思考。

孔子所处的时代是春秋末年，是一个礼崩乐坏的时代。在这个时代里，人人都唯利是图，功利之心滋长，而道德伦理衰退。特别是那些诸侯宗族里的权贵们，很多都是贪得无厌之人。他们吃饭要吃珍馐美味，住房要住高楼广厦。这些人不仅对社会没什么贡献，反而乐于夸夸其谈。他们肚子里没什么墨水，却整日聚在一起，开各种聚会，办各种沙龙。

这个时候，孔子站出来，对着属于新兴的精英群体的士人说："我们这群人是君子（君子应该与之前的旧精英不同，旧精英贪得无厌、寡廉鲜耻），我们应该节制我们的欲望，吃饭不求奢侈的美食，居住不求高楼广厦。（旧精英不做事，还喜欢夸夸其谈）我们则应该踏实做事，少去夸夸其谈；应该不断根据道的规定来匡正自己的行为，这样的人才算是好学之人。"

对于 1.14，朱熹说："不求安饱者，志有在而不暇及也。敏于事者，勉其所不足。慎于言者，不敢尽其所有余也。"朱熹的这个解释是准确的。

由此可知，1.14 是对 1.8 ~ 1.13 的拓展。1.8 ~ 1.13 讲的是入了孔门之后个人修为的问题，涉及两个方面：自律、他律。而 1.14 这句话讲的则是经过个人修行后，一个人会表现出怎样的德行。

1.15 子贡曰："贫而无谄，富而无骄，何如？"子曰："可也。未若贫而乐，富而好礼者也。"
子贡曰："《诗》云：'如切如磋，如琢如磨'，其斯之谓与？"子曰："赐也，始可与言《诗》已矣，告诸往而知来者。"

翻译 端木赐请教孔子道："如果一个人在贫困时却不去巴结他人，富有时却不态度傲慢，那这样的人怎么样呢？"孔子回答说："很不错。但还比不上这样的人，他在贫困时却安贫乐道，富有时却谦虚好礼。"

端木赐接着说："《诗经》上说：'要像对待玉石一样地去切磋琢磨'，您说的是不是这个意思？"孔子满意地说道："端木赐啊，现在终于可以同你聊聊《诗经》了呀。我告诉你，你可以举一反三了。"

解读 1.15同样看似没头没尾，其实它是接着1.14讲的。

这段话讲的是这么一件事。端木赐先问孔子：一个人在贫困或富有时如果只是消极地守住自己的底线（不巴结他人也不态度傲慢），是不是就可以了？孔子回答他说：如果这个人能够积极地做出善行（安贫乐道与谦虚好礼），那就更好了。

紧接着端木赐说：那从消极地守住底线，到积极地做出善行，是要经过不断地修行的呀！孔子听后很高兴，说：你已经听懂我话背后的意思了。我说的就是一个人要积极修行，不断前进。

通过这番梳理，可知这段话讲的是一个人该如何不断修行，即要如切如磋、如琢如磨。

综上，1.14与1.15是同一组。这一组讲的都是经过个人修行，会表现出怎样的美德。其中，1.14讲美德的主要内容，1.15则重在表示人的修行是一个不断前进、不断进步的过程。

1.16 子曰："不患人之不己知，患不知人也。"

翻译 孔子说："我不担心别人不知道我，我担心的是不理解人。"

解读 1.16中的第一个"人"与第二个"人"是不同的含义。第一个"人"指的是真实的人，即他人。第二个"人"指的是抽象的人，也可引申理解为"人心""人性"。

基于这一理解，在《四书章句集注》中，朱熹引用尹彦明的话说："君子求在我者，故不患人之不己知。不知人，则是非邪正或不能辨，故以为患也。"[1] 这一解释是准确的。

从篇章结构的角度来看，1.16可视为对1.1的回应。由此，这两句构成了一个首尾呼应的结构。但1.16在1.1的基础上更进一步，提出孔门弟子要了解"人"的问题。由此，就确立了儒学以"人"为研究对象这一重要方向，奠定了儒学作为"人学"开宗的学术史地位。

科技人才等各专业人才学习儒学，最重要的一点便是"人"。这些人才的日常研究都面对实验器材、数据量表等，思考过程也十分理性。这使得科技人才容易缺少关于具体的"人"的观念。但在面对具体事务时，科技人才必须回到人、认识人、体会人，如此才能更好地领导人、服务人。

[1] 朱熹：《四书章句集注》论语集注卷一，中华书局，2011，第54页。

为政第二

本篇是《论语》的第二篇。第二篇转换方向，谈君主的道德修养问题。这是孔门的努力目标，也是孔子招揽一大批青年才俊入孔门学习之根本原因。孔子想要培养一批认同新理念的青年精英，辅佐君主治国理政，从而改变天下的风气。因此，严格来说，本篇才是上卷的开始，而第一篇则是对上卷内容的概述。

另外，从篇章结构来看，本篇比较特殊。《论语》上卷各篇都采用句子两两成对的编排方式，取阴阳合和之意境。第一篇，以及从第三篇开始的各篇都是从第二句开始，两两成对，唯独第二篇是从第一句开始，两两成对。由此可见本篇地位之特殊。究其原因，大概是因为本篇关涉的是君主之事。君主不可居于第二，应从第一起手。故而，本篇采用了这一独特的编排方式。

本篇可分为以下八个部分：

2.1 子曰："为政以德，譬如北辰，居其所而众星共之。"

翻译 孔子说："（君主）用道德来治理国家，自己就会像北极星一样定在正中心，而其他星辰都围绕其旋转。"

解读 2.1 是本篇的纲领，它意思深刻，恢宏大气，让我们来逐节解析之。

首先，"为政以德"，此句有争议。

蕅益大师在《四书蕅益解》中说："为政以德，不是以德为政，须深体此语脉。盖自正正他皆名'为政'。"❶

朱熹在《四书章句集注》中引用范祖禹的话说："为政以德，则不动而化、不言而信、无为而成。所守者至简而能御烦，所处者至静而能制动，所务者至寡而能服众。"❷

江谦在补注《四书蕅益解》时说："为政以德，则正己而物自正，不言而民信，不动而民敬，不怒而民威于铁钺。"❸

前述诸贤以为，君主当内求自身之德，并止步于此，因为君主自身正，则天下正。笔者与这种解释不完全一致，姑引于此，备其一说。

所谓为政以德，当解释为君主要以道德来治理国家。儒学讲一个回向问题，即向内求仁道，再外行仁道。既然仁道要外扩，又何来天下自正一说？君主当要主动以政事推行仁道，这才是"为政以德"。

这里还涉及一个问题，即君主是否应以法律来治理国家？这个问题涉及中国社会的基本结构，如图 2.1 所示。

图 2.1 中国社会结构的演变历程

图 2.1 展示了中国社会结构的演变历程。在第一阶段，即秦朝以前，构成中国社会的基本单元是诸侯之家，诸侯之家奉行的是以天命的方式主动干预人事的观念，即天命观念；在第二阶段，即秦朝到唐朝，中国社会以阀阅之家为基本单元，阀阅之家奉行的是以天象的方式解释天意的做法，故而形成天象观念；在第三阶段，即宋朝到清朝末年之前，基本单元是缙绅之家，缙绅之家偏好以理的方式解释天意，故而形成天理；第四阶段为清末以后，虽然已经开始，但尚未完成，故不可描述，仅以省略号表示。综上可知，中国社会一直是一个以各种形式的"家"为主要单元的家社会。

既然中国社会一直以家为基本社会单元，那么它就是以情感轴（y 轴）作为其主轴的。这也就是说，情感纽带是联系人与人的主要纽带。人们在处理事情时，也都会以情感为最基本的考虑方向。

---

❶ 蕅益大师：《四书蕅益解》，江谦补注，雷雪敏点校，中国水利水电出版社，2012，第 59 页。

❷ 朱熹：《四书章句集注》论语集注卷一，中华书局，2011，第 55 页。

❸ 蕅益大师：《四书蕅益解》，江谦补注，雷雪敏点校，中国水利水电出版社，2012，第 59 页。

既然中国社会以情感轴为主轴，那么道德自然是最为重要的社会治理手段。所以，孔子才说"为政以德"。

但这并不是说要排斥法律。中国社会，在稳定状态下，一般都采用情感为主，理性为副的结构，即 (y, x) 结构。在这种结构中，情感包括道德等，是主要治理手段，并由此树立最终的对象阶层；理性包括法律等，是重要治理手段，并由此树立次级的目的阶层。

这就是说，中国的法律治理的基本机制与西方国家不同。西方国家运用法律，重在以奖惩手段调动人们的功利之心，使人趋利避害。这是西方理性主义，比如，功利主义的基本主张。而中国运用法律，则重在以奖惩引导人们产生道德观念，比如，以法律处罚不孝之人。

综上，在中国，法律与道德并不冲突，法律是配合道德，实现社会和谐有序的一种重要手段。

以上说明了"为政以德"一句。

其次，"譬如北辰，居其所而众星共之"一句，涉及中国古人的宇宙观念。中国古人认为天圆地方。地是一块方正的土地，而天是一个圆形的盖，扣在地上。中国古人的这种观念，是通过经验观察得来的。古人站在地上，环顾四周，看到的是远方天地一线，由此，便将天想象成一个圆盖，扣在地上。

在天的正中央是北极星，也称为紫微星、北辰。它是不动的，稳稳地在天的正中央。朱熹说："北辰，北极，天之枢也。"❶ 其他星辰整晚都在天这个"圆盖"上，围绕北极星转动。

于是，"譬如北辰，居其所而众星共之"一句，拿天地宇宙来做类比，讲的是君主宛如北极星一样，稳稳地居于天的正中央，而官员、民众则围绕在他的周围转动着。这一句非常大气。

同时，这一句也讲出了中国社会的基本结构。如前所述，中国社会是一个家社会，它的一个基本结构形态是同心圆，如图 2.2 所示。

在图 2.2 中，君主作为家社会的家长，居于正中心；各类官员，按照身份等级与功劳贡献，居于同心圆的第二层、第三层；普通民众，居于同心圆的外圈。这一结构被费孝通称为"差序格局"。❷ 这个差序格局，即同心圆，与天象一致。

图 2.2 家社会的同心圆结构

据此，"譬如北辰，居其所而众星共之"一句，讲的既是天象，也是社会结构。

综合上述，2.1 以古代宇宙观念，简要但大气磅礴地描绘了中国社会的结构：以情

❶ 朱熹：《四书章句集注》论语集注卷一，中华书局，2011，第 55 页。

❷ 费孝通：《乡土中国》，人民出版社，2008。

感为主轴，形成一套差序格局。以这一句作为整篇的开篇句，可谓开了一个好头。

2.2　子曰："《诗》三百，一言以蔽之，曰：'思无邪'。"

翻译　孔子说："《诗经》三百篇，用一句话来概括它，就是'思想淳正'。"

解读　对 2.2 的解释素来有争议。第一种解释是刘宝楠在《论语正义》中引《说文解字》说："思，容也。言心有所念，能容之也。"❶ 第二种解释是程树德在《论语集释》中提出来的，认为"思"是语气助词，没有意思。

那应该采用哪一种解释呢？我们要结合上下文来看。2.2 被放在本篇第二句，接在 2.1 后面，自然有其特殊含义。而要真正理解它的特殊含义，就必须从《诗经》切入。

《诗经》中有不少内容是民歌，即当时各国民间传唱的诗歌。所以，《诗经》代表的其实是礼崩乐坏之前各地的民风。《诗经》记载的这些民歌十分淳朴，思想端正。这也就是说，礼崩乐坏之前，周朝各地的民风十分淳朴、端正。那么，孔子的这句话，其实是借着夸《诗经》，夸赞礼崩乐坏前周朝的民风淳朴、端正。

那么，孔子为何要夸周朝此前的民风淳朴、端正呢？那是因为当时周天子"为政以德，譬如北辰，居其所"，由此才得到了一个民风淳朴、端正的大好局面。

所以，孔子这句话，既是在怀古，也是在喻今。孔子是在说：古代的民风淳正，是因为周天子为政以德；未来要想民风淳正，还是要靠君主为政以德。

由此可知，我们应采用上述第一种解释。

最后，从篇章结构的角度来看，2.2 这句话是接着 2.1 说的，谈的是为政以德所能获得良好结果，即民风淳正。2.1 与 2.2 同属一组。

2.3　子曰："道之以政，齐之以刑，民免而无耻。道之以德，齐之以礼，有耻且格。"

翻译　孔子说："如果走政法治理的道路，用刑罚来规训民众，那么民众虽能免于犯罪，但无羞耻之心。如果走道德治理这条道路，用礼法来教化民众，那么民众就会有羞耻之心，并能自觉改正错误。"

解读　2.3 讲用道德治理社会所能起到的效果，以及纯粹用法律治理所产生的恶果。

2.4　子曰："吾十有五而志于学，三十而立，四十而不惑，五十而知天命，六十而耳顺，七十而从心所欲，不逾矩。"

翻译　孔子说："我十五岁的时候，立志要学习学问；到三十岁的时候，终于有了自己的看法；到四十岁的时候，不再有困惑之处；到五十岁的时候，掌握了天下的大

❶ 刘宝楠：《论语正义》卷二，中华书局，1990，第 29 页。

道，也知道自己能用学问发挥什么作用；到六十岁的时候，无论别人说什么，都不会再扰乱我的心；到七十岁的时候，做到了随心所欲，而不会超越准则底线。"

解读 2.4看似是孔子在描述自己的成长经历，并且这段话中的时间节点也恰好与孔子的人生历程对得上。孔子年轻时通过季平子得以入政治圈，一直当到"乘田"，且开办了私人学校。这是"三十而立"。

此后，孔子投奔鲁昭公。之后，季平子又赶走了鲁昭公，这使孔子开始了一段周游列国的经历。孔子在各国有很多起落的经历，见识了人间的很多风雨。这是"四十不惑"。

然后，鲁定公掌权，孔子在第一次周游列国期间，带出很多弟子，有了社会基础。所以，他得以被鲁定公重用，回到鲁国政坛，一路当到"司空"，后来又以"大司寇"行摄政之事。这是他人生的顶点。在此期间，他主持推行"隳三都"，但终于失败。此后，他被齐人与季桓子设计赶走。这是"五十而知天命"。

紧接着，孔子开始了最后一段周游列国的经历。这是一段处处碰壁、颠沛流离的人生经历。这是"六十而耳顺"。

最后，孔子被季康子迎回鲁国，获得"国公"的虚衔，开始安心著书立说。这是"七十而从心所欲，不逾矩"。

历代大儒都采用上述解释，比如，孔国安、朱熹、刘宝楠等。但是，笔者认为，这种解释方式对这句话的理解浅了。我们应该从"心"的修行上来破解这句话的更深层次的意思。其实，孔子的这句话是借着谈自己的人生经历，谈他自己内心的修行历程。

虽然孔子在这里强调了自己是随着年龄渐长，而修行渐深，但我们对之不可做僵化理解，以为人必须在某个时点上才能达到这个高度。孔子在这番话中真正强调的是：人的修行的层面是不断提升的，一直到最后，达到"从心所欲，不逾矩"的高度，才算完成。

孔子这句话点明了一个人修行的起点是"志于学"，而终点则是"从心所欲，不逾矩"。这也就是说，人的修行是一个由外而内的过程。在一开始时，人产生了学习的志向。但随着修行的不断深入，人从自己以为能够站得住脚，到没有困惑，到知晓天的大道，再到不再为外在的声音所动，最后到"从心所欲，不逾矩"。这最后一步是达到了内心的完全的确证，产生出丰沛的爱的情感，但又有规矩、分寸。如此才能以最好的方式处理各种关系。儒学所教的道，正是这样一门妥善处理各种关系（人与天、人与人）的情感学问。这门学问的核心是中庸之道，即"从心所欲，不逾矩"。

孔子这句话虽然是在说自己，讲话的对象却不是自己。结合上下文，可知孔子的这句话是说给君主听的。2.3与2.4同属一组。2.1讲的是君主应该"为政以德"。那么，君主如何才能"为政以德"呢？2.4解释了这个问题，说君主要做的第一件事是提升自己的修为。君主要志于学，不断向内心求，直到达到"从心所欲，不逾矩"的高度。一个君主只有达到了这样的高度，才能更好地领导国家。

最后，从篇章结构的角度看，2.3与2.4对2.1、2.2做了一个延伸。2.1、2.2讲君主要为政以德，如此才能民风淳正；2.3、2.4 则讲君主要从个人修行做起，如此才能做到"道之以德"。

2.5　孟懿子问孝，子曰："无违。"
樊迟御，子告之曰："孟孙问孝于我，我对曰'无违'。"樊迟曰："何谓也？"子曰："生，事之以礼；死，葬之以礼，祭之以礼。"

翻译　鲁国的大夫仲孙何忌（谥懿）问孔子说："什么是孝？"孔子回答说："不违背礼法。"

（孔子从孟仲孙家出来后）弟子樊须（字子迟）为孔子驾车。孔子告诉他说："（刚才）仲孙何忌问我什么是孝，我告诉他说：'不要违背礼法'。"樊须问道："先生，您说的是什么意思呢？"孔子说："在父母活着的时候，按照礼法来服侍他们；在父母去世后，按照礼法来安葬他们、祭祀他们。"

解读　2.5 接续上文，开始谈"德"的内容。

正如 2.1 所阐述的那样，中国是一个家社会，以情感为主轴，人的情感指向的第一对象无疑是自己的父母。于是，"德"的第一内容毫无疑问是"孝"。

结合 1.2 所述，孝虽发自内心，却也需要符合礼法。故而，孔子在这里重点谈了自我内心之孝与礼法的关系问题。

综上所述，2.5 谈的是君主之德的第一个方面：孝道。

另外，值得一提的是这段对话发生的历史背景是孔子隳三都失败后，隳三都是孔子前半生的高点。当时，孔子试图帮助鲁公毁掉鲁国三个权臣（三桓）都城的城墙，削弱鲁国国内的大夫势力，聚拢君权。但是，这件事因为三桓的抵制而归于失败。其中，仲孙何忌是最早跳出来反对隳三都一事的，他的反对引发了其他二桓的跟进反对。因此，在孔子看来，仲孙何忌当是违礼犯上的代表人物之一。

此事之后，仲孙何忌问孔子什么是"孝"，孔子简明扼要地回答"无违"两字，或有暗示对方不要违背君主之令的意思。而且，孔子以"礼"为谈话的要点，大致也是因为孔子明确看到，仲孙何忌不会有发自内心的爱的情感。故而，他专门挑了他律作为谈话的重点。

但在当时微妙的局势下，孔子又不便展开阐述，故只能简简单单地留下"无违"两字，而仲孙何忌听后也没有再行追问。此处颇为耐人寻味。

一直到出门后，孔子才跟自己的弟子樊须敞开谈。由此也可见孔子在面对仲孙何忌时，内心的勉强与无奈。

2.6　孟武伯问孝。子曰："父母唯其疾之忧。"

翻译　仲孙彘（谥武）向孔子询问什么是"孝"。孔子回答他说："父母只为你的不好之处感到牵挂。"

解读 2.5 与 2.6 是一组，谈的是君主之"德"的第一项内容，即"孝"。其中，2.5 谈的是要符合礼法，2.6 谈的是要提升自己的品德，端正自己的言行，不让父母担忧。

2.6 格外值得玩味之处在于，仲孙彘是仲孙何忌的儿子。仲孙何忌犯上作乱，仲孙彘行为不端。而且在仲孙彘继立后，鲁哀公曾试图清剿三桓的势力。三桓遂发动叛乱，将鲁哀公赶走。由此可见，仲孙父子皆非善类。

结合这一背景，仲孙彘问孔子"何为孝"，孔子用"别让你的父母为你担心"一句回应，显然是话里有话。蕅益大师在《四书蕅益解》中批道："此等点示，能令有人心者痛哭。"❶ 此句正切中要害。

2.7 子游问孝。子曰："今之孝者，是谓能养。至于犬马，皆能有养。不敬，何以别乎？"

翻译 孔子的弟子言偃（字子游）问孔子什么是"孝"。孔子回答说："现在所谓孝道，是能够勉强养活父母就行了。那养狗养马，也是能够养活啊。不能真心地孝敬父母，那跟养一条狗、一匹马又有什么分别呢？"

解读 言偃是孔子唯一的南方弟子，孔子曾夸他："吾门有偃，吾道其南。"由此可见，孔子对他的重视。

言偃与孔子的这番对话被放在 2.6 后面，为的是接上文，充实"孝"的含义。

何晏、邢昺的《论语注疏》提到本句有两种解释。第一种是将子女解作犬马，即解释为犬马尚且能够养父母，何况人？不敬父母，与犬马何异？"犬以守御，马以代劳，皆能有以养人者，但畜兽无知，不能生敬于人，若人唯能供养于父母而不敬，则何以别于犬马乎？"❷

第二种是笔者采用的这种解释。朱熹的《四书章句集注》也采用了这种解释："犬马待人而食，亦若养然。言人畜犬马，皆能有以养之，若能养其亲而敬不至，则与养犬马者何异。甚言不敬之罪，所以深警之也。"❸

这两种解释都说得通，且放在上下文中也都成立。无论是哪种解释，它都说明了一点，即在礼崩乐坏时代大背景下，人们只管勉强养活自己父母，而实际上心中没有一点真正的孝的情感。所以，孔子主张人要有真的孝心，爱自己的父母。

从这句话的背景来说，孔子对言偃说出这样的话，大体是因为言偃对待父母马虎了一些。

当然，孔门弟子将这句话放在此处，也是在对君主提出要求，即要求君主担起引领时代风尚的责任，带头真心地孝顺自己的父母。如此才能"譬如北辰，居其所而众星共之"。

---

❶ 蕅益大师：《四书蕅益解》，江谦补注，雷雪敏点校，中国水利水电出版社，2012，第 61 页。

❷ 何晏注、邢昺疏：《论语注疏》，《十三经注疏》整理委员会整理，北京大学出版社，1999，第 17 页。

❸ 朱熹：《四书章句集注》论语集注卷一，中华书局，2011，第 57 页。

2.8　子夏问孝。子曰："色难。有事，弟子服其劳；有酒食，先生馔，曾是以为孝乎？"

（翻译）卜商问孔子什么是"孝"。孔子回答说："子女在父母面前一直保持和悦的态度而没有丝毫的怨言。（而现在的情况是）青年在父母有要求时，给他们办点事；准备了酒食，端给父母吃喝，就说这是尽了孝了？"

（解读）首先，此句的难点在于"色难"两字。朱熹的解释是"色难，谓事亲之际，惟色为难也"，❶ 意思是服侍父母时，脸色难看。

其次，第二篇从 2.5 ~ 2.8 都在问孝。问的人不同，孔子回答的内容也不同。究其原因，孔子在有针对性地给出答案。朱熹引用程子的话，说："程子曰：告懿子，告众人者也。告武伯者，以其人多可忧之事。子游能养而或失于敬，子夏能直义而或少温润之色。各因其材之高下，与其所失而告之，故不同也。"❷

最后，从篇章结构看，孔门弟子将 2.5 ~ 2.6 作为一组，2.7 ~ 2.8 作为一组。这两组的主题都是孝，却有明显的差异。

第一，2.5 ~ 2.6 都是大夫问孝，而 2.7 ~ 2.8 则是孔门弟子问孝。这也就是说，前一组是旧精英问孝，代表旧势力的态度；后一组是新精英问孝，代表新势力的态度。

第二，两派都有自己在孝方面的不足。但面对两派，孔子的语气明显不同。面对旧势力，孔子语带批评、规劝之意；面对新势力，孔子语带教诲、提点之意。

第三，旧精英的问题是连基本的礼都不要了，呈现出一派腐朽的气象；新精英的问题则是虽然赡养父母，但真心不足，即仁心还没修养完成。所以，孔子认为，旧精英想要维系自己，唯有复礼；而新精英想要崛起，必须修养自身，养出一颗赤诚的仁爱之心。

综上所述，2.5 ~ 2.8 同属于君主之德的第一方面：孝道。

2.9　子曰："吾与回言，终日不违，如愚。退而省其私，亦足以发，回也不愚。"

（翻译）孔子说："我与颜回（字子渊）谈了一整天学问，他一句反对意见都提出不来，就像一个蠢笨的人一样。但是，等课程结束后，我在旁边观察他私下的言行，又发现他对我讲的内容其实是有所拓展发挥的。颜回啊，他真不是一个蠢笨的人啊。"

（解读）2.9 中的"退而省其私"一节，有两种解释：一种见于杨伯峻的《论语译注》，翻译为"等他退下去自己研究"，❸ 朱熹也持类似看法；另一种是蕅益大师提出的，也即笔者所持的解释。

在只看本句的情况下，这两种解释都是说得通的。但一旦放到上下文中去理解，它就只能有一种合理的解释。

❶ 朱熹：《四书章句集注》论语集注卷一，中华书局，2011，第 58 页。
❷ 朱熹：《四书章句集注》论语集注卷一，中华书局，2011，第 58 页。
❸ 杨伯峻：《论语译注》，中华书局，2009，第 21 页。

从 2.5 开始，讲的都是君主之德的细目。其中，2.5 ~ 2.8 谈的是君主之德的第一方面，即孝道。而从 2.9 开始，谈的是君主的察人之明。选用贤才，当然是君主之德的重要方面。如果从察人之明的角度看，本句只能有一种合理解释，即第二种，因为只有第二种解释明确表示孔子在旁观察之意。

孔子的这番话大概是在颜回刚入门没多久时说的。当时，孔子对他还不太了解。颜回沉默寡言，性格不张扬，不像其他弟子那样，不断对孔子讲授的内容提出各种疑问。所以，孔子一开始以为颜回没有听懂或不善于思考。于是，孔子私下观察颜回的言行，发现颜回不但听懂了，还牢记于心，不断发扬实践。由此，孔子方知，颜回并不愚笨。

2.10　子曰："视其所以，观其所由，察其所安，人焉廋哉？人焉廋哉？"

翻译　孔子说："观察一个人的行为表现，考察他过去的（使之做出这些行为的）背景，直入其心，分析他的行为动机与目的。如果这么做的话，这个人又如何能藏得住呢？这个人又如何能藏得住呢？"

解读　2.9 与 2.10 为同一组，都在谈君主选人用人的问题。其中，2.9 讲的是观察人，2.10 讲的是要从哪些角度观察人。

2.11　子曰："温故而知新，可以为师矣。"

翻译　孔子说："在温习旧学问时，如果能有所拓展，得到新的感悟，那就可以做老师了。"

解读　所谓温故而知新，指的是通过温习旧学问而知道新的内容。可是，温习旧学问又何以知道新的内容呢？

首先，儒学的学问，不是理性的知识。通过学习知识，比如科学原理，当然无法直接获得新的知识。知识是固定的，否则，它就不是知识，而是认识。西学从认识论发展到知识论，是向着知识不变、固定的方向去的。儒学的学问则不同，它是有关情感的感受与总结。

其次，对情感的温习，主要的做法是用情感去把握学问。这也就是说，人要用情感轴的各支点去剥取文字的精神力上的信息，即数据位，使之成为自身内轴线上的态度。通过用情感去把握学问，便可以形成一种"感同身受"的效果。

最后，儒学讲向内求，追求内心的"仁道"。通过用情感把握学问，人的修为可以达到一定水准。这时，如果他能不断用功于此，沿着既定的方向，努力修行，即在结构链上继续前进，那么他的修为水平就会更进一步，直至达到把握"中庸"这一最高情感准则的地步。如此，便形成了"温故而知新"的效果。孔子认为，这样的人可以做老师。

另外，从篇章结构的角度来看，2.11 讲的是君主选择的贤才应是这种不断自我修行之人。

2.12　子曰："君子不器。"

翻译　孔子说："君子不该像器物一样（只是一个专才）。"

解读　2.12是接着2.11说的。2.11说君子贤才应该有"温故而知新"的能力，此类贤才，必是有德之士，心中装着大道。

2.12讲君子不能只是一个专才，因为专才只掌握技术，是他人手中的"器"。成为他人手中的"器"，也就意味着此人并不自主地求道，而只是听从他人的驱使。

相反，君子心中有道，无一时、无一事不求道。这样的人就算是在侍奉君主，也是在通过侍奉君主而实现大道。所以，君子绝对不会只是"器"。

君主本人就是一个求道的贤人，正好应该使用这样的人。如此，大道才能得以实现。

2.11与2.12是一组，讲君主选人的标准。

2.13　子贡问君子。子曰："先行其言而后从之。"

翻译　端木赐问孔子："什么是君子？"孔子回答说："将要说的话，先做再说（那就是君子了）。"

解读　这番对话发生在孔子与子贡之间。子贡是孔门四科中的言语一科中排得上号的人物（见11.3），他不仅善于经商，还曾担任鲁国和卫国的丞相。他极为雄辩，巧舌如簧。所以，孔子说"要先做再说"，明显是在拿话点到了子贡的弱处。这也符合孔子"因材施教"的理念。

结合上下文，可知2.13讲的也是君主选用贤才的考察标准之一，即讷言敏行。

2.14　子曰："君子周而不比，小人比而不周。"

翻译　孔子说："君子团结成朋辈，小人勾结成朋党。"

解读　对2.14，孔国安注："忠信为周，阿党为比。"这句注释很准确，讲的是君子组成朋辈，而小人组成朋党。

所谓朋辈，指的是以情感为纽带所构成的家。当人们以情感轴（y轴）为主轴，相互联系，而构成一个集体的时候，这便构成了一个"家"的结构。

所谓朋党，指的是以理性为纽带所构成的共同体。当人们以理性轴（x轴）为主轴，相互联系，而构成一个集体的时候，这便构成了一个"共同体"的结构。

君子相爱，构成一个家，即朋辈；小人功利，构成一个共同体，即朋党。

君主选用人才，当然应该选用有爱之君子，而不应选用功利之小人。君子非功利之人，不会为功利之目的而党同伐异。他们只会为伟大事业，即为国家、民族进步、发展、繁荣而团结在一起。

最后，从篇章结构角度看，2.13与2.14是同一组。2.13中，端木赐问君子，其中含有见贤思齐，新精英寻找同党之人的意思。接下来的2.14立刻做出澄清解释，讲君子"周而不比"。

2.9 ~ 2.14 讲的是同一个问题，即君主应选择怎样的辅佐人才：士人。这阐述了君主之德的第二个方面：察人之明。

2.15 子曰："学而不思则罔，思而不学则殆。"

翻译 孔子说："只是学习而不思考，就会迷茫而无法得到真学问；只是思考而不学习，就会充满空想而并不能掌握真学问。"

解读 本句有两处歧义。一是"罔"字。这有两种解释：（1）何晏、邢昺在《论语注疏》中引东汉包咸之说："学不寻思其义，则罔然无所得"，❶ 解释为惘然、迷茫。郑玄亦采纳此种解释。此说为通说，笔者也采纳这一种解释。（2）皇侃的《论语义疏》解释为"诬罔"，即污罔圣人之道。

二是"殆"字。这有三种解释：（1）包咸说："不学而思，终卒不得，徒使人精神疲殆"，❷ 解释为精神疲惫。皇侃、刘宝楠亦采此说。（2）朱熹在《四书章句集注》中说："不求诸心，故昏而无得。不习其事，故危而不安"，❸ 解释为危险。程子、张栻、杨伯峻、杨树达等亦采此说。（3）王引之在《经义述闻》中提到："多闻阙疑，多见阙殆"，解释为疑惑。在这三种解释中，笔者以为可兼采第二种、第三种解释，将"殆"解释为因为充满疑虑之空想而陷入学问不牢的危险境地。

最后，从篇章结构来看，从 2.15 开始，讨论的是君主之德的第三个方面，即善于学习。其中，2.15 讲的是这一大点的第一个小点，即既要思考，也要学习，做到知行合一。

2.16 子曰："攻乎异端，斯害也已！"

翻译 孔子说："偏执于异端学说，是有害的。"

解读 2.16 有两个难点：一是"攻"；二是"斯害也已"。围绕这两点，形成了多种翻译法。

杨伯峻翻译为："孔子说：'批判那些不正确的一轮，祸害就可以消灭了。'"❹

孔德立翻译为："孔子说：'专心致力于异端邪说，势必会影响到核心价值的培育，对己对人都没有益处。'"❺

笔者觉得这些翻译都不成立，应翻译为"偏执于异端学说，是有害的"，因为从篇章结构来看，2.16 与 2.15 是一组，都在谈学习问题。不过，2.16 比 2.15 更进一步，讲

---

❶ 何晏注、邢昺疏：《论语注疏》，《十三经注疏》整理委员会整理，北京大学出版社，1999，第 20 页。

❷ 何晏注、邢昺疏：《论语注疏》，《十三经注疏》整理委员会整理，北京大学出版社，1999，第 20 页。

❸ 朱熹：《四书章句集注》论语集注卷一，中华书局，2011，第 58 页。

❹ 杨伯峻：《论语译注》，中华书局，2009，第 24 页。

❺ 孔德立：《青年读书要处理好三种关系》，《光明日报》2016 年 2 月 2 日第 14 版。

的是（君主）不要偏执于异端学说，因为一旦偏执于异端学说，就会造成君主精神的混乱，并由内而外导致政治的失序，引发重大的社会动荡，造成巨大的社会祸害。

那么，什么是异端？朱熹提出："异端，非圣人之道。"对朱熹的这句解释，我们可以做出如下解释：对于中国来说，所谓异端，就是否定家社会的基本结构，不利于家社会的团结、稳定、和谐的学说。从微观、短期来看，这些学说或许能使人获得利益，但从宏观、长期的角度来看，这些学说不利于社会的长期团结、稳定、和谐。因此，这些学说虽然可用，但只能放在一个辅助地位，作为临时性的治理手段。

2.17 子曰："由，诲女知之乎！知之为知之，不知为不知，是知也。"

翻译 孔子说："仲由（字子路），让我来告诉你什么才是知道吧。知道就是知道，不知道就是不知道，这才是真的知道了呀。"

解读 2.17有个背景。朱熹说："子路好勇，盖有强其所不知以为知者，故夫子告之曰：我教女以知之之道乎！但所知者则以为知，所不知者则以为不知。如此则虽或不能尽知，而无自欺之蔽，亦不害其为知矣。况由此而求之，又有可知之理乎。"[1] 这也就是说，孔子认为，仲由性格过于直接，争强好胜。所以，孔子告诫仲由要戒骄戒躁，对自己不知道的东西，要坦然承认。

细品2.17，可以感受到孔子这番话的巧妙，他把中国文字的层次感充分展现出来。在这句话中，第二个至第五个"知"是浅层的，与日常所说之"知道"同义，即指对学问"了解""明白"；第一个与第六个"知"则是深层的，可以理解为个人修为"通透"、内心"诚明"，也就是我们日常所说的做人的"大智慧"的意思。

孔子的这句话表面上谈的是对学问的掌握，其实是在劝仲由通过对学问的揣摩，逐步向"大智慧"迈进。这是一条由外向内的修为之路，追求的是内心的"仁道"。这就是要让人"大其心"，从小知变为大智。

综上，从篇章结构的角度来看，2.17是对2.15、2.16的升华，将学习从研习学问层面提升到为人的大智慧层面，这是从学问到德行的一次重要飞跃。这种飞跃只有在情感轴线上，即在儒学中才可能实现。

2.18 子张学干禄。子曰："多闻阙疑，慎言其余，则寡尤；多见阙殆，慎行其余，则寡悔。言寡尤，行寡悔，禄在其中矣。"

翻译 颛孙师（字子张）向孔子请教从政为官，赚取俸禄的方法。孔子说："多听，有疑虑的地方就先放在一边，把其余有把握的部分谨慎地说出来，这样就能少犯错误；多看，有疑虑的地方还是先搁在一边，把其余有把握的部分谨慎地践行，这样

---

❶ 朱熹：《四书章句集注》论语集注卷一，中华书局，2011，第59页。

就能减少懊悔。说话少犯错误，行动少懊悔，当官领俸之道就在其中了。"

解读 颛孙师是孔子在周游列国期间，在陈国收入门下的一名弟子。颛孙师的性子比较直接、激进，且才高气傲，自视甚高。所以，他才敢这么直接地问孔子当官、赚俸禄的问题。

但是，颛孙师的这种性格显然不适合当官。官场波谲云诡，不是颛孙师这种出身卑微又直肠子的人可以踏足的。终颛孙师一生，除了见过鲁哀公一次以外，也没有当上一官半职。

孔子对颛孙师的这一情况自然是知根知底的。于是，他在回答颛孙师的问题时，没有做出正面的回应。孔子提到了两点：说话要谨慎、做事要谨慎。这两点都是对着颛孙师的性格的弱点讲的，算是对症下药。

朱熹对此句点评为："愚谓多闻见者学之博，阙疑殆者择之精，慎言行者守之约。凡言在其中者，皆不求而自至之辞。言此以救子张之失而进之也。"❶ 这一点评，甚为精准。

综上，从篇章结构来讲，2.17 与 2.18 是一组，都在讲学习的问题，即实事求是对待学问，多听多看，搁置疑惑，只说、只做有把握的部分。

2.15 ~ 2.18 讲的是君主之德的第三方面：学习。

2.19 哀公问曰："何为则民服？"孔子对曰："举直错诸枉，则民服；举枉错诸直，则民不服。"

翻译 鲁哀公问孔子道："如何使民众服从呢？"孔子回答说："选任正直的贤才，管理邪枉之人，则民众就会信服；将邪枉之人提拔上来，管理正直的贤才，则民众就不会信服。"

解读 本句的解释有一个疑点，即"错"字。"错"有两种解释：一是解释为"废置"，意思是"将正直之人提上来，而废置邪枉之人"；二是解释为"控制"，意思是"用正直之人控制邪枉之人，但并不完全弃置邪枉之人不用"。

要理解本句，需要从历史背景来理解。鲁哀公当政时，三桓当权，而鲁哀公朝中也被安插了大量三桓亲信。搞成这个样子，一方面是鲁国历史原因使然，积弊甚深，另一方面是鲁哀公昏聩无能所致。鲁哀公昏聩之主也，带头违背礼法，立姬妾为夫人，立庶子为太子；亦无能之主也，对三桓做大的局面束手无策，最终落得个被三桓逐出国门，客死他乡的下场。

孔子周游列国，回到鲁国，虽然得到鲁哀公的尊奉，但有名无实，不得重用。鲁哀公经常象征性地请教孔子的意见，却并不能真正任用孔子。对于这一局面，孔子也是心知肚明。所以，孔子此言，有两重含义：第一，直指三桓擅权乱政，认为此乃国家祸乱

---

❶ 朱熹：《四书章句集注》论语集注卷一，中华书局，2011，第 59 页。

之根源，并主张选任贤才，安定民心；第二，暗示鲁哀公对包括孔门诸子在内的贤才不能选任，识人不明。

但是，孔子也明白，在当时的情况下，不可能完全抛弃三桓（见 3.21），而是希望哀公任用士人，管理国家事务。所以，此句当采第二种解释。

最后，从篇章布局来看，与前文不同，2.19 开了一个新的主题，讲的是君主之德的第四个方面，即正风气、安民心。

2.20　季康子问："使民敬、忠以劝，如之何？"子曰："临之以庄则敬，孝慈则忠，举善而教不能则劝。"

翻译　季孙肥（谥康）问孔子："如何才能让民众对主政者恭敬、忠诚，并相互劝勉，以这么做为荣呢？"孔子回答说："你对政事严肃认真，则他们对你也就恭敬；你带头孝顺父母，慈爱幼小，则民众对你也忠诚；你任用贤德之人，教化能力不足之人，则他们也会认为相互劝勉，觉得对你恭敬、忠诚是一件好事了。"

解读　2.20 颇值玩味，至少有两层意思。

第一，季孙肥是三桓中最有权势者，而且一度是鲁国真正的发号施令者。他主持击败了齐国的进攻，史称"艾陵之战"；改革税赋，推动施行"用田赋"，进一步加速了鲁国礼崩乐坏的过程。所以，他问政，有巩固自身权势之意。

结合这一背景，可知编纂者将 2.20 放在 2.19 后面，用意深刻。2.19 是鲁国名义上的君主鲁哀公问政，2.20 则是鲁国的实际主政者季孙肥问政。两句前后相接，隐隐之中透露出暗讽鲁哀公昏聩无能，权臣当道之意。

第二，季孙肥虽然是鲁国的权臣，独断朝纲，却又对孔门的发展有恩。他先后任用冉求、子路、子贡。其中，在冉求的辅助下，鲁国对齐国的战事才得以取得胜利。而且，他出面迎回孔子。虽然他并未直接任用孔子，却推动国君尊孔子为"国公"，给孔子加了荣誉衔。也正是在季孙肥的幕后支持下，孔子才得以安心编纂《春秋》《诗》等书。这一点对于孔子来说，又是绕不过去的人情。

不过，话又说回来，当时孔子出走鲁国，周游列国，又与季孙肥（季康子）的父亲季斯（季桓子）有直接关系，正是季斯把孔子排挤走的。而且，季孙肥独断朝纲，虽然接受父亲季斯的嘱托，迎回了孔子，却又不重视孔子的学问，反而总是向孔子询问固权之术。而这又是孔子所一直反对的。

由上可知，孔子在面对季孙肥时，心态是复杂的。由这一点再去读这一段对话，更能品出深层的味道来。

在 2.20 中，季孙肥向孔子询问收拢民心、巩固权力之术。孔子讲得很详细，并不像在对待仲孙父子（2.5～2.6）时那样，点到为止。这反映出孔子应对季孙肥的请教时的认真、尽心的态度。

但孔子说的内容又是按照礼法来的，并且他所谈到的"庄""孝慈""举善""教不能"等内容，既可以从国家实际掌权者施政的角度理解，也可以从大臣为国尽忠办事的角度理解。比如，他讲的"临之以庄"，既可以理解为"临（民众）以庄"，也可以理解为"临（君主所交托之政事）以庄"。这种恪守礼法，且角度模棱两可的情况，大概体现出了孔子在面对季孙肥问政时态度的纠结。

对于孔子的这些提法，季孙肥基本都没有采纳。由此可见，季孙肥与孔子之间并无默契。

最后，从篇章结构的角度来看，2.20是对2.19的延续，谈的依旧是正风气、安民心的问题，即君主之"德"的第四个方面。其中，2.19谈的是任用贤人，废弃小人，以正风气；2.20谈的是君主自己行为庄重、慈孝、任用贤人、教化无能者，以正风气。

2.21 或谓孔子曰："子奚不为政？"子曰："《书》云：'孝乎惟孝，友于兄弟。'施于有政，是亦为政，奚其为为政？"

翻译 有人问孔子说："你为什么不当官从政呢？"孔子回答说："《尚书》上说：'孝嘛，就是要孝顺父母，友爱兄弟。'将这种风气推广到政治领域中去，也就是参与政治了呀，为什么一定要直接去当官才算是参与政治呢？"

解读 这句话有两种断句方式，第一种断为《书》云：'孝乎惟孝，友于兄弟，施于有政。'是亦为政，奚其为为政？"第二种则是笔者采用的断句方式。而笔者之所以采用这种断句方式，是因为笔者认为"施于有政"明显与"是亦为政"相接，构成一句完整的话。

仅就这句话的内容说，发问者显然是戳中了孔子内心的痛处。孔子前半生的高点是"堕三都"。可见，孔子曾积极从政。孔子后半生周游列国，向各国君主推销自己的政治主张。他也希望得到某个诸侯真心诚意的任用。所以，孔子也是钟情于政治的。可是，孔子与这个时代错过了。

在这种情况下，有人问孔子为什么不当官从政，这便戳到了孔子内心的痛处。不过，孔子的回答很有艺术。孔子先搬出《尚书》上的一句话，作为立论的基础；然后以此为基础，谈自己间接影响政治的途径；最后得出结论，自己也参与了政治。

孔子此番论述，开了士人参与政治途径的先河。此前，人们参与政治，只有入朝当官这一条路。而在孔子之后，结合他四处收徒的做法，人们总结出三条参与政治的道路：第一，入朝当官，参与政事；第二，教授弟子，介入政坛；第三，改造风气，影响政坛。

回顾历史，可知孔子的这番话说得很对。孔子虽然自己没有从政，但在孔子去世后，孔门的不少人才都成为当时各国的精英人士。其中有政治家、外交官、大商人、教育家等。这些人活跃在各行各业，不断实践孔子的理念。也正是依靠这些人的不断实践，东周这个礼崩乐坏的时代才被"子夏儒"一门终结。由此，中国历史才得以进入荀学名教发扬的新时代。而孔子在后世影响力也变得越来越大，最终成为"至圣先师"，孔子之学最终成为圣学。

综上，就篇章结构来说，这句话依旧谈的是正风气、安民心一事，即聚焦于政治层面推广"孝悌"的风气一事。

2.22　子曰："人而无信，不知其可也。大车无輗，小车无軏，其何以行之哉？"

（翻译）孔子说："作为一个人，不讲诚信，又如何可能行得通呢？这就像大小车都没有安装关键零件一样，如何可以跑得动呢？"

（解读）对于 2.22，朱熹的《四书章句集注》解释说："大车，谓平地任载之车。輗，辕端横木，缚轭以驾牛者。小车，谓田车、兵车、乘车。軏，辕端上曲，钩衡以驾马者。车无此二者，则不可以行，人而无信，亦犹是也。"❶

从内容上看，2.22 依旧在讲君主之"德"的第四个方面，即树立信用，以正风气。

综上，从篇章结构角度看，2.21 与 2.22 是一组，都在讲风气的问题，即君主要慈孝友爱，言而有信。如此，国家才能治理得好。

2.19 ～ 2.22 讲的都是君主之德的第四方面：正风。

2.23　子张问："十世可知也？"子曰："殷因于夏礼，所损益，可知也；周因于殷礼，所损益，可知也；其或继周者，虽百世，可知也。"

（翻译）颛孙师提问道："今后十代的政治是可以预见到的吗？"孔子回答说："殷商沿袭了夏朝的礼法，做了适度的增删，所以从夏朝的政治到商朝的政治，是可预见的；周朝沿袭了商朝的礼法，做了适度的增删，所以从商朝的政治到周朝的政治，是可预见的。之后如果有人沿袭了周朝的礼法，就算是百代，也是可以预见的呀。"

（解读）有很多人都以为颛孙师问的是礼法延续性，故孔子有此答。比如，杨伯峻就将"十世可知也"翻译成为"今后十代（的礼仪制度）可以预先知道吗？"❷

但结合上下文，可知 2.23 是本篇的结论部分，讲的是君主行德之后，可以达到的效果，即政权稳定，可传百世。所以，这一句是本篇的高峰。

由此也可知，颛孙师那一句提问，不可解释成"礼法可预知吗"，而应翻译成"政治可预知吗"。

颛孙师问政治，孔子答礼法，为何呢？因为孔子认为礼法是"为政以德"之重要手段。故而，紧接着"为政第二"这一篇后面出现的是"八佾第三"，讨论的正是关于礼法的问题。

❶ 朱熹：《四书章句集注》论语集注卷一，中华书局，2011，第 60 页。

❷ 杨伯峻：《论语译注》，中华书局，2009，第 29 页。

为政第二

另外，由孔子回答的内容，我们可以看到，三代之间的礼法是延续且发展的。这说明中国文化是在既有的文化根脉上，不断发展进步的。首先，中国文化的发展原则是保留原有的文化根脉，不会对既有的文化做全盘否定；其次，中国文化的发展机制是在原有的文化根脉上，结合时代特点，做出适度调整。因此，无论断根，还是固守，都不是中国文化发展的特点。这正如夏、商、周的礼法，代代相传、代代创新。

2.24　子曰："非其鬼而祭之，谄也。见义不为，无勇也。"

翻译　孔子说："不是自家先祖的亡灵，却去祭祀他，这是谄媚之举。看到应该挺身而出的事情，却不做，这是怯懦之举。"

解读　关于本章，朱熹在《四书章句集注》中解释道："非其鬼，谓非其所当祭之鬼。谄，求媚也。知而不为，是无勇也。" ❶ 这个解释是成立的。

从篇章结构的角度来看，2.23 与 2.24 是一组，都在谈周礼的传承问题。不过，2.23 是本篇的结论，是本篇的高峰。而 2.24 的地位则更为特殊，它是第二篇的结尾，也是对 2.1 的回应。

在 2.1 中，提到了中国人的宇宙观。2.24 中提到了中国人的神鬼观念：先人去世后，即化为鬼。家人祭祀先人，就是祭祀自家的鬼，鬼居于地下。由此，2.24 讲的是"地"，乃与 2.1 中所提到的"天"相对应。

在天地之间，是人世间。人世间由人主事，人采用的主事之道为 2.2 ~ 2.23 所述之内容。

可见，从 2.1 ~ 2.24，严格遵循古人的天人合一观念，即人居于天地之间，法天地之道，体天地之情，而与天地参也。这是本篇前后两章在天人观念上的一重首尾呼应。

至于此句所述之内容，即孝与义，属于 2.1 中所提到的德。这是本篇前后两句在内容上的另一重首尾呼应。

因此，2.1 与 2.24 之间有两重首尾呼应。

---

❶ 朱熹：《四书章句集注》论语集注卷一，中华书局，2011，第 60 页。

第二篇讲了孔门努力的方向，即辅佐君主，实现太平之治。这是立了一个标杆。第三篇则回照现实，借着谈礼，重点谈周天下的现状。春秋时期，周朝天下礼崩乐坏。这是当时每个有识之士都要面对的现实。要领导天下走向安定，就必须从根源上入手，解决人心中的这一病灶。

　　本篇依旧采用"总分总"的结构，从周朝礼崩乐坏的现实开始；转而谈新精英要如何奉礼乐制度，接着转向对各种礼的介绍；随后通过介绍乐，谈国家治理的两大机制，同时也提出孔子等新精英是时代的希望；最后收尾于周朝礼崩乐坏的现实。

　　这一篇介绍各种礼制，却又将礼崩乐坏的两章放在首尾两头。这更是展现了东周社会现实之悖谬。

　　本篇可分为以下六个部分：

八佾第三

3.1 孔子谓季氏："八佾舞于庭，是可忍也，孰不可忍也？"

翻译 孔子谈到季孙意如（谥平）时说："他用八八六十四人在庭院里跳舞，如果这还是能够容忍的话，那还有什么是不可以容忍的呢？"

解读 3.1 这句话意思极深，让我们逐层拆解之。

第一层，这句话谈的是季孙意如之事。季孙意如是鲁国当时的权臣，也是后来赶走鲁昭公之人。季孙意如目无尊上，甚至连天子规格的舞队也敢用。这不仅没把鲁公摆在眼里，而且没把周天子摆在眼里。所以，孔子此言，是在斥责季孙意如目无尊上，无法无天。

第二层，这句话是孔子在离开季孙意如门下后说的。孔子早年能步入政坛，有赖于季孙意如的青眼。但是，孔子显然对季孙意如飞扬跋扈的行为感到不满。所以，后来孔子才离开季孙意如，投身于鲁昭公门下。

由这一层背景来看，孔子的这句话也浓缩了他早年间对季孙意如的观察与看法，即认为季孙意如行为跋扈，故而自己要远离之，与之划清界限。当然，孔子要远离的绝非季孙意如一人，而是所有违礼之人。在孔子眼里，这些人都是同一路人。

第三层，这句话被摆在第三篇"八佾"的第一句，用来统领第三篇。第三篇的主题是天下现状。而 3.1 谈的是鲁国大夫季孙意如违背礼法，甚至连天子的舞队都敢用。这便是在说，鲁国国内，从大夫开始到庶民，上上下下都不尊礼法。鲁国实在是东周这个礼崩乐坏时代一个恶的代表！

由此，再来品"是可忍，孰不可忍"这一句，可知它体现出来的是孔子对母国"哀其不幸，怒其不争"的爱恨交加的情感。这是心有大爱之人才会有的情感，"爱之深，痛之切也"。

综上可知，3.1 以季孙意如的违礼之举作为例子，谈的是鲁国国内，乃至整个东周的礼崩乐坏的现实状况，这是以小见大之写法。

3.2 三家者以《雍》彻。子曰："'相维辟公，天子穆穆'，奚取于三家之堂？"

翻译 鲁国的三桓（孟孙、叔孙和季孙）在祭祀自家先祖时，唱着只有天子在撤除祭祀先祖的祭品时才能唱的《雍》这首诗歌，撤除自家的祭品。孔子说："《雍》诗上说的'诸侯都来助祭，天子恭敬地主祭'怎么能用在三家大夫的庙堂上呢？"

解读 3.2 指向三桓，提出三桓目无君上，导致鲁国礼崩乐坏。这便将鲁国此后灭国之病灶展现出来了。

3.3 子曰："人而不仁，如礼何？人而不仁，如乐何？"

翻译 孔子说："一个人没有仁爱之心，又怎么会真正地奉行礼法呢？一个人没有仁爱之心，又如何会奏出真正的音乐呢？"

解读 这句话的意思很明确，讲仁爱之心是礼乐的精神内核，而礼乐则是仁爱之心的外在表现形式。一个人如果没有仁爱这一精神内核，是不会真心奉行礼乐的。

孔门弟子刻意将3.2与3.3摆为一组，用意明显。3.2讲三桓礼崩乐坏；而3.3则批判三桓，说他们没有仁爱之心，就算用了天子的礼制，又有什么意义呢？

3.4 林放问礼之本。子曰："大哉问！礼，与其奢也，宁俭；丧，与其易也，宁戚。"

翻译 林放问："礼的内核是什么？"孔子回答说："这是个很重大的问题啊！礼，与其搞得排场很大，不如搞得简单朴素一些；丧礼，与其仪式上搞得很周全，不如内心里真的感到哀伤。"

解读 3.4讲礼的根本是真实的情感，人如果没有真心，就算是搞了礼仪，也只不过是在做空架子表演给其他人看。因此，哪怕排场搞得很大，形式搞得很繁复，也依旧是空的、假的。

3.5 子曰："夷狄之有君，不如诸夏之亡也。"

翻译 孔子说："夷狄之地，也有君长。反倒是华夏正统之地，无君无父啊！"

解读 这句话有两种解释：第一种就是笔者采用的解释。这种解释认为孔子是在批评周朝礼崩乐坏，无父无君。这种解释有很多支持者，比如，程颐、朱熹、张居正等。

第二种解释认为："蛮夷国家虽然有君主，却不像华夏之地，哪怕亡国了，没有君主，但至少还有礼乐传统。"

3.4与3.5是一组，要合并在一起看。3.4讲的是行礼要有真心，而3.5强调现在天下之人目无君、父，甚至还不如周边的蛮族。

由此可知，3.4、3.5比3.2、3.3拓展了视野。3.2、3.3谈的是周内部的违礼现象，3.4、3.5则接着说周朝民众如果不守礼，与蛮夷无异。

3.6 季氏旅于泰山。子谓冉有曰："女弗能救与？"对曰："不能。"子曰："呜呼！曾谓泰山不如林放乎？"

翻译 季氏（可能是季康子）去泰山祭祀。孔子对冉求说："难道你不能阻止他吗？"冉求说："没办法呀。"孔子感叹道："呜呼！难道说泰山之神还不如林放懂礼吗，竟然会接受这种不合礼法的祭祀？"

解读 《礼记·王制》载："天子祭天下名山大川，诸侯祭名山大川之在其地者。"❶

---
❶ 丁鼎：《礼记解读》，中国人民大学出版社，2010，第187页。

按照礼制，只有天子才能有资格去祭祀各地名山大川，而诸侯只能祭祀自己领地内的名山大川。至于大夫，则没有资格去祭祀名山大川。季氏是大夫，没有资格去祭祀泰山，而他竟去祭祀泰山。这是严重的违礼之举。所以，孔子说，连林放都知道礼，而泰山之神竟然还接受这种违背礼法的祭祀。这显然是在委婉地批评季氏违背礼。

这句话还有另一层深意。孔子说"曾谓泰山不如林放乎"一句，是话里有话。他表面上责备的是季氏，其实是在责备冉求。

林放是经常来向孔子讨教学问，特别识礼法的一位学者。据称，林放并非孔子的学生。连这样一位不是孔子学生的人都能经常来向孔子讨教关于礼的问题、遵守礼，作为孔子学生的冉求却不能积极主动地维护礼，这让孔子感到很失望。所以，孔子特意点了林放的名字，并当着冉求的面夸赞林放。这其实是在暗中批评冉求。

由此可知，这句话的主要意思是在讲代表时代新风尚的士人要积极主动地捍卫礼，特别是在侍奉君主以后。

这一句有承上启下之作用。上承对周朝礼崩乐坏现状之批判，下启新精英应如何守礼。

3.7　子曰："君子无所争，必也射乎！揖让而升，下而饮。其争也君子。"

翻译　孔子说："君子没有什么可与别人争的。如果有的话，那就是射箭比赛了。比赛时，先相互作揖谦让，然后上场。射完后，又相互作揖再退下来，然后下堂饮酒。这就是君子之争。"

解读　3.6与3.7是同一组，谈的是作为新精英的士人如何遵守礼。

另外，本段涉及两种礼，即乡射礼与乡饮酒礼。这是士人之间交往时应该遵守的两种重要礼仪。

3.8　子夏问曰："'巧笑倩兮，美目盼兮，素以为绚兮'何谓也？"子曰："绘事后素。"
　　　曰："礼后乎？"子曰："起予者商也，始可与言《诗》已矣。"

翻译　卜商问孔子："《诗经》上说'漂亮的脸笑起来真好看啊，黑白分明的眼睛真明亮啊，好像洁白的底子上画上美丽的图案啊'。这几句话是什么意思呢？"孔子说："先有白底，然后画画。"

卜商又问："那么，是不是说礼乐也是（产生仁爱之心）之后的事情呢？"孔子说："卜商，你真是能启发我的人，现在可以同你讨论《诗经》了。"

解读　3.8重点在于"绘事后素"一句，讲的是先有一个白底，然后画画。而在当时，被孔子认为有一个白底的，被孔子寄予希望的人，主要是新精英。所以，这一句显然还是沿着3.6、3.7的主题在谈，讲的是新精英应该在内心产生仁爱之心的事。如此，新精英才能真正维护礼，也才能引领时代的新风尚。

3.9　子曰：“夏礼，吾能言之，杞不足征也；殷礼，吾能言之，宋不足征也。文献不足故也，足，则吾能征之矣。”

(翻译)　孔子说：“夏朝的礼，我能说出来，（但是它的后代）杞国却无法为我证明；殷朝的礼，我能说出来，（但它的后代）宋国却不足以为我证明。这都是由于（两国中的）相关文字资料和熟悉夏礼和殷礼的人不足的缘故。如果足够的话，我就可以得到证明了啊。”

(解读)　3.9这句话有三层含义：

第一层意思是直接的意思，即夏、商两朝的后代对祖先的礼的文献保存不善、研究不足，乃至礼失传了。

第二层意思由朱熹引宋儒谢良佐话，说：“夫子尝曰，我欲观夏道，是故之杞，而不足征也。我欲观殷道，是故之宋，而不足征也。又曰，我观周道，幽厉伤之，吾舍鲁何适矣。鲁之郊禘非礼也，周公其衰矣。”❶谢良佐指出，孔子在这里是借着说夏朝和商朝的事情，说周朝礼崩乐坏的现状。夏商两朝不尊奉礼法，乃至国家覆灭；子孙后代也不重视礼法，乃至祖宗的文化不传。如今周朝的人内心也没有仁爱之心，更不尊奉礼法。那么，周朝未来又会有什么命运呢？周朝文化又会有什么样的结局呢？如此想来，真是令人一声长叹啊。孔子这番话恰恰深刻地表达出他内心的痛苦。

第三层意思则表达了孔子期许。从反面来理解孔子的这句话，可以理解成：只要有了文献和研究礼的人，礼就能传下去。孔子将期许的目光投向了新精英，期待他们能够扛起传承中华文化正统的大旗，带领华夏民族走向团结、繁荣、兴旺的新局面。

由此可知，3.8与3.9是一组，谈的都是士人应该生起仁爱之心，将礼传承下去。

3.10　子曰：“禘自既灌而往者，吾不欲观之矣。”

(翻译)　孔子说：“对于行禘礼的仪式，从第一次献酒（洒酒）以后，我就不愿意看了。”

(解读)　“禘”，指的是天子祭祀宗庙的大祭。鲁国始祖周公旦对周朝有大功，故周成王特别赏赐在祭祀周公时行禘礼。从此以后，鲁国沿用此惯例。

“灌”指的是把酒洒在地上。在祭祀时，会让年幼的男女（称为“尸”）代替死者作为受祭者，然后祭祀者把用郁金草合着黑黍酿成的酒（称为“郁鬯”）洒在地上，让尸闻到酒的香气，以此来祈求神降临。

孔子说他看到灌礼之后，就不愿再看了。其中的缘由，古往今来，有三种说法：

第一种是朱熹的说法，认为鲁国的禘礼搞得形式大于实质，特别是在办到灌礼时，办得很是潦草。朱熹引用唐朝赵伯循的话，说：“盖鲁祭非礼，孔子本不欲观，至此而失礼之中又失礼焉，故发此叹也。”❷

第二种是孔安国的说法。在何晏、邢昺的《论语注疏》中，孔安国提出：“既灌之

---

❶　朱熹：《四书章句集注》论语集注卷一，中华书局，2011，第63页。

❷　朱熹：《四书章句集注》论语集注卷一，中华书局，2011，第63页。

后，列尊卑，序昭穆。而鲁逆祀，跻僖公，乱昭穆。故不欲观之矣。"❶

这涉及一个典故。鲁庄公有两个儿子：庶长子僖公、嫡子闵公。庄公死后，立闵公为君；闵公死后，僖公继之。按照礼法，在祭祀时，闵公的牌位应在前，僖公在后。但是，鲁公臣子为了讨好僖公的儿子鲁文公，将僖公的牌位升到了闵公之前。这叫"乱昭穆"，违背了礼法。

在禘礼中，用酒灌地来降神之后，要"列尊卑，序昭穆"。所以，孔子才说：灌礼之后"吾不欲观之矣"。

第三种是清朝刘宝楠的说法。他在《论语正义》中提到，周朝礼崩乐坏后，各国君主也违背礼制，僭越使用禘礼。而这种礼节其实只可以在得到特别优待的周公庙里举办。所以，孔子才说"吾不欲观之矣"。

这三种说法都有可能，故我把它们都列出来。但相比第三种说法，前两种说法的可能性更大些。

总而言之，这三种说法无论哪一种，都指向同一个方向，即周朝礼崩乐坏的现实。不过，理解这句话，又不可停留在"礼崩乐坏"这一现实层面，而应结合上下文综合来理解。3.6 ~ 3.9谈的是士人应如何尊礼，3.11谈禘礼的重要作用。由此可以断定，3.10谈的是第一种重要的礼，即禘礼，应该怎样才合乎礼制的问题。由这种禘礼开始，确立的是天下的人伦纲常。

3.11 或问禘之说。子曰："不知也。知其说者之于天下也，其如示诸斯乎！"指其掌。

翻译 有人问孔子关于禘祭的内容，孔子说："不知道。知道的人治理天下，应该就像把东西放在这里一样容易吧！"说话的时候，孔子指着自己的手掌。

解读 孔子不知道禘礼吗？禘礼是最重要的礼仪，是君主祭祀先祖，慎终追远的一种礼仪。通过举办禘礼，君主可以表示长幼有序的宗法伦理，强调君臣有别的政治秩序。对于如此重要的礼仪，孔子当然是熟知的。不然，在3.10中，孔子也不会说"吾不欲观之矣"了。那么，孔子为什么要这么说呢？一般认为有两个原因：

第一，不值得说。有资格行禘礼者，只有天子和鲁公，其余人没有资格行禘礼。朱熹说："非或人之所及也。"❷ 所以，跟这种人详细谈禘礼的内容，没有必要。不如谈禘礼的重要性为好。所以，孔子才避而不谈禘礼的内容，回答说："不知也。"

第二，为尊者讳。3.10谈到鲁公在举办禘礼时违礼，3.11中有一个不知道姓名的人跑出来问孔子关于禘礼内容的事，孔子当然不便多说。否则，这就是在批评鲁公违背礼法了。于是，孔子只能绕开禘礼的内容本身，谈禘礼的重要意义，即禘礼的精神。

---

❶ 何晏注、邢昺疏：《论语注疏》，《十三经注疏》整理委员会整理，北京大学出版社，1999，第38页。

❷ 朱熹：《四书章句集注》论语集注卷一，中华书局，2011，第64页。

但是，笔者以为，孔子这么说，或许还有第三层意思。孔子回避了对禘礼内容的讨论，而直接揪着禘礼的作用，即确定天下秩序，其实是在告诉士人，不要专注于礼这种形式本身，而要更关注礼背后所蕴含的精神本质，即仁爱之心。由此，才可以真正发挥禘礼的作用。这其实也是就着禘礼这种单一的礼节，回应了3.3、3.4的提法。

综上，在篇章结构上，3.10与3.11是同一组，都是在用禘礼打样板，强调在关注各种礼时，应重点关注礼的精神。

3.12　祭如在，祭神如神在。子曰："吾不与祭，如不祭。"

翻译　祭祀祖先时，就好像祖先的鬼魂真的在面前一样；祭祀外神的时候，就好像外神真的在面前一样。孔子说："我如果不能亲自参加祭祀，也不会找人代办祭祀仪式。"

解读　3.12谈祭礼，谈礼的重点是其精神，即真心。

值得一提的是，孔子并不过多强调鬼神之事。他曾说："敬鬼神而远之。"但这并不代表孔子不认为有鬼神。3.12恰恰证明，孔子认为有鬼神，只是不过度强调鬼神对人的决定作用。这也符合当时的天人观念。

发展到现代，这种鬼神观念已经不符合时代了。我们现在基本不认为有鬼神。所以，相应的祭祀礼仪，也就变成了对先人的纯粹的哀悼与缅怀。而这也恰恰证明了一点，即不论时代怎么发展、礼的形式怎么变，礼的精神内核，即真心，或曰爱的情感是不变的。因此，爱的情感始终是中国社会的主要纽带，情感轴（y轴）始终是中国社会的主轴。

3.13　王孙贾问曰："'与其媚于奥，宁媚于灶'，何谓也？"子曰："不然，获罪于天，无所祷也。"

翻译　王孙贾问孔子："（人们都说）'与其巴结奥神，不如奉承灶神'，这句话是什么意思？"孔子说："不是这样的。如果得罪了天，那祈祷又有什么用呢？"

解读　3.13颇值得玩味。"与其媚于奥，宁媚于灶"一句，是当时的俗语。奥，是房屋的西南角。古人认为，西南角有神。灶，是灶台。古人认为那里也有神。

奥神的地位要高于灶神。所以，这句话的直接意思是："与其去求高级别的神，不如去求低级别的神。"

王孙贾是卫灵公的大臣。他对孔子说这句话，是话里有话。当时，孔子周游列国，来到卫国。他为了推广自己的学说，找到了卫灵公，以及他的宠妃南子。但是，卫灵公与南子都不能赏识孔子的学问，而只是看重了孔子的名声。

王孙贾作为一个弄臣，以为孔子是来卫国求官的，且事情办得不顺利。他希望拉拢孔子，用他的名声为自己服务。他向孔子说出这样的话，暗示孔子来巴结自己。所以，这句话的弦外之音是："与其巴结卫灵公或南子，不如来求我啊？"

对于王孙贾的这番话，孔子回答得很巧妙。孔子是来传道，而不是来求官的。所以，他所说的"获罪于天"一句，其中的"天"当理解为"天道""大道"。那么，他回答的意思是：如果违背了我所信奉的大道，就算是当上了大官，又有什么用呢？

最后，3.13接续3.10 ~ 3.12，认为祭礼要注重礼的精神。但是，3.13比前面三句又提高了一个层面，3.10讲的是禘礼的内核现在被人们所废弃，要如何办才合礼；3.11讲的是禘礼的重要性；3.12讲的是要重视祭礼的精神内核，即真心；3.13则在谈祭礼的更高层面的准则，即合天道，扬正气。可见，从3.10到3.13，是一个层层递进的关系。

另外，3.12与3.13是一组，讲的都是祭礼。

3.14　子曰："周监于二代，郁郁乎文哉！吾从周。"

（翻译） 孔子说："周朝的礼制是参考了夏、商两朝，修改调整而得到的。所以，周朝的礼制是丰富而完备的！我赞同周朝的礼制。"

（解读） 3.14的意思很清楚，即周朝的礼制是对夏、商两朝礼制的集大成者。如果能够运用周朝的礼制来治理天下，天下必然会大治。而只有天下得到大治，天道才算得到了落实。所以，从篇章结构角度看，3.14是3.10 ~ 3.13所讨论内容的必然结果：恢复周礼，天下大治。

由3.14，我们还能读出一层意思，即孔子并不保守，他认同文化改革。否则，他也不会说周朝的礼乐是夏、商两朝礼乐的集大成者。孔子及其儒学是先进文化的代表，体现了时代性。

不过，孔子认同的改革是在既有文化的基础上做调整与发展，而不是对原有文化的全盘否定。全盘否定既有文化的做法，会切断中国的历史传承，破坏中国社会的情感主轴，不利于中国社会的稳步发展。

3.15　子入太庙，每事问。或曰："孰谓鄹人之子知礼乎？入太庙，每事问。"子闻之曰："是礼也。"

（翻译） 孔子到了太庙（周公庙），每件事都要询问。有人便说："谁说此人懂得礼呀，他到了太庙里，什么事都要问别人。"孔子听到此话后说："这就是礼呀！"

（解读） 这段对话应该发生在孔子在周公庙助祭期间。当然，这不是在正式祭祀时，而是在提前演习期间。孔子虽然清楚知道礼的内容，但还是要对每件事都问一遍。这体现了孔子认真严谨的态度。而这种对礼极度谦恭、谨慎的精神，恰恰是礼的精髓。所以，孔子才说："是礼也。"

从篇章结构来看，3.14与3.15是一组，讲的是要重视礼制。

3.16　子曰："射不主皮，为力不同科，古之道也。"

（翻译） 孔子说："比赛射箭，不一定要射穿靶子，因为每个人的力气大小不一样。

自古以来的规矩就是这样。"

【解读】 这段讲"乡射礼"。在举行乡射礼时，会把一块皮挂起来作为靶子（称为"鹄"），而用一块布作为它的背景。只要射中这块布，就算射中了靶子。

行乡射礼，目的在于修炼射技和德行，而不在于尚武。所以，孔子才说不一定要射穿靶子。从这个角度来理解，3.16讲的是对一种新的礼仪制度，即乡射礼的注意事项。

这番话还有另一层意思，那就是春秋时期，列国征战，功利心泛滥。而随着功利心泛滥，争强好胜的尚武之风也开始盛行，因为武者容易获得诸侯们的重用。尚武本没有问题，但如果尚武是随着功利心泛起的，那就是会导致理性轴僭越，破坏社会的情感主轴。这自然也就破坏了礼的精神内核。随着礼的精神内核被摧毁，射穿皮革也就逐渐成为行乡射礼时的规矩。所以，孔子才说出这么一番话。由此可知，3.16也回应了3.7的内容。

3.17 子贡欲去告朔之饩羊。子曰："赐也！尔爱其羊，我爱其礼。"

【翻译】 端木赐提出可以省下鲁国每月初一告祭祖庙时的那只活羊。孔子说："端木赐啊，你可惜那只羊，我却可惜那种礼啊。"

【解读】 3.17这段对话有一个背景。按照周朝的规则，天子每年冬天都会发布政令，为来年的每个月制订计划，称为朔政，或月令书。天子会把这部计划书颁发给诸侯。诸侯收到后，会将之藏于太庙。新年的每个月的初一（称为"朔"），诸侯都会宰杀一只活羊，祭告于太庙，然后把月令书取下，上朝听政。

但在当时，因为礼崩乐坏，诸侯大都不行这种告朔礼了。鲁公虽然还举办这种告朔礼，却只是派人宰杀活羊，自己不来现场，也不听政。于是，这种礼也就成了一种形式。由此，端木赐才提出：与其搞这么一套表面文章，不如直接省下一头活羊。

站在孔子的角度，他看到的是，告朔礼本身所承载的意义，即诸侯恭敬地对待天子，谦恭以为政。孔子以为，虽然现在这个礼已经成为形式，但如果把这个礼废了，那就在下坠的道路上又前进了一步。相反，现在不该为了省下一只羊而废礼，而是应该推动把礼的精神内核恢复起来。

可见，3.17谈了两层意思：接着3.16，谈一种新的礼，即告朔礼；同时，谈了要保留礼本身的传统。

由此引申，我们可以看到，孔子以为，在礼崩乐坏的时代，新精英应该继承发扬自古以来的华夏民族的文化精神，即爱的精神。这种文化精神是华夏民族所有精神的内核，纵然历经千百年，也不会有大的改变。这种文化精神引领着华夏民族向上飞升，而非纵容它继续向下坠。

幸运的是，在每个时代转换的重大关口，总会有这么一群新精英挺身而出，继承这种文化精神，并凭借它用自己的双手拎起不断下坠的时代精神，提着它向上走。正是靠着他们，我们才能保持一种不断向上跃进的朝气，虽持续数千年而不息。

孔子正是看到了深藏在礼中的这种文化精神，才这么说。

3.18　子曰："事君尽礼，人以为谄也。"

（翻译）孔子说："完全按照周礼的规定去服待君主，别人却以为这是在谄媚呢。"

（解读）3.18 这番话的表面意思是孔子在讨论现实的状况，即鲁国人已经不遵周礼、目无尊上了，乃至遵守周礼的人反而被扣上了"谄媚"的帽子。这再次反映了当时礼崩乐坏，人心不古的状况。

不过，将 3.18 摆在此处，却不只是在说这层意思。它讲了一大类新的礼，即君臣之礼。此前提到禘礼、祭礼、射礼、告朔礼等，此处又提到君臣礼。

3.19　定公问："君使臣，臣事君，如之何？"孔子对曰："君使臣以礼，臣事君以忠。"

（翻译）鲁定公问孔子道："君主应该怎样使用臣下，臣子又该怎样侍奉君主呢？"孔子回答说："君主应该按照礼的要求去使用臣子，臣子应该以忠心来侍奉君主。"

（解读）这番对话发生在鲁定公与孔子之间。鲁定公曾重用孔子。鲁定公继承被赶走的鲁昭公的位子，但缺乏政治基础，一上来就被三桓架空。孔子在第一次周游列国期间，收拢了大批士人成为其门徒，代表新精英力量。所以，鲁定公决定重用孔子。

孔子辅佐鲁定公，在鲁国推行其政治主张，讲求孝道，稳定家庭，安定社会。在孔子的治理下，鲁国的国力不断增强。但三桓尾大不掉，成了鲁国经济与社会继续发展的阻碍。于是，孔子发动了"隳三都"行动。这场行动以孔子的落败告终。这说明，在当时，新精英的力量尚不足以对抗旧精英。

此后不久，孔子离开鲁国的政治舞台，开始了周游列国之旅。也正是在此期间，士人的力量得到了进一步的增长，为儒学未来的发展与弘扬奠定了基础。

由这段历史可知，鲁定公与孔子的这番对话应该发生在孔子辅佐鲁定公期间。双方讨论的主题是关于君臣关系的事情，应该也牵涉三桓问题。所以，这番话表面上谈的是礼，其实谈的是鲁国的政治规则、政治道路的问题。鲁定公询问孔子关于政治道路的问题，而孔子则代表新精英对鲁定公提出了自己的政治主张。孔子的回答符合他一直坚持的政治纲领，即"合礼"与"忠信"相互呼应。

最后，回到篇章结构来看，3.18 与 3.19 是一组，谈的都是君臣之礼。

3.20　子曰："《关雎》，乐而不淫，哀而不伤。"

（翻译）孔子说："《关雎》这首诗，快乐而不放荡，悲哀却不痛苦。"

（解读）《关雎》谈的是男女之事。孔子这句话讲的是，青年男子对女子的追求发自内心，且遵守礼仪，动情知止。可见，3.20 涉及士昏礼。但这句话又不只有这层意思。

它摆放的位置非常特殊，处于 3.19 与 3.21 之间。3.19 是定公问政，3.21 是哀公问社稷之事，皆是关乎鲁国安定的政治大事。在这两句之间，突然插入了 3.20，谈的是男女之事。这显然非常奇怪。所以，3.20 必然别有含义。

笔者以为，这句话有承上启下之意。其中，"乐而不淫"一句，暗指孔子为鲁定公重用那段时日，那是一段充满希望的日子。在那段日子里，孔子及其门人"乐而不淫"，虽然快乐却懂得自我节制，知进退、明得失。

"哀而不伤"一句，暗指孔子为鲁哀公献策那段岁月。那是一段眼见着鲁国下坠，却无可奈何的时日。但是，孔子"哀而不伤"，虽然悲哀却知道不可挽救，故而不痛苦，而是继续向前看，通大道、尊礼仪。

由此可见，这句话讲的是孔子在鲁国的两段岁月中，依照自己对天道的理解，特别是对历史的宏观与微观走向的把握，按捺住内心的情感冲动，做出了合适的行为抉择。

另外，从更宏观的角度来看，它也可进一步引申到作为"君子"的士人身上，讲的是士人应该搞清楚历史的宏观与微观走向，在历史的上升期"乐而不淫"，在历史的下坡路中"哀而不伤"。从这个角度来看，孔子一句话说了一千年的历史，前五百年新精英群体引领社会快速上升，"乐而不淫"；后五百年此前的新精英已成为守旧群体，牵引社会下坠，而新精英群体面对社会下坠之势，奋发向上，"哀而不伤"。

3.21 哀公问社于宰我。宰我对曰："夏后氏以松，殷人以柏，周人以栗，曰使民战栗。"子闻之曰："成事不说，遂事不谏，既往不咎。"

翻译 鲁哀公问宰予（字子我），土地神的神主应该用什么木头。宰予回答道："夏朝用松木，商朝用柏木，周朝用栗木。用栗木的意思是使老百姓战栗。"孔子听到后说："已经做过的事不必再提，已经完成的事不必再挽救，已经过去的事也不必再追究。"

解读 这段对话颇有深意。"哀公问社"，这里的社，指的是土地神。祭祀土地神时，在中间要立一个木头。这就是土地神的牌位，作为神的依凭。这根木头，三代用的木料不同。夏朝用的是松木，商朝用的是柏木，周朝用的是栗木。这是这段对话的表面意思。

但是，鲁哀公问社，显然不是在问神的事，而是在问关于社稷的事情。哀公接定公的班。定公尚且不能动摇三桓的地位，哀公自然更是会受到三桓的制约。所以，鲁哀公在这里问的其实是如何动摇三桓的权势，恢复社稷正统的问题。

宰予立刻听懂了哀公话里的意思。可是这件事关系生死，不能明着谈。于是，宰予接着鲁哀公的话头，继续说社的事。不过，他也是话里有话。他说："周人以栗，曰使民战栗。"这句话表面上是在说周朝用的是栗木。但关键是，"使民战栗"四个字，道出了宰予的心思，那就是劝鲁哀公采用暴力手段，诛灭三家，让鲁国的权贵感到战栗。

在听到宰予的这番话后，孔子说了三段话。其中，第一句"成事不说"，意思是说鲁哀公被架空是既成事实，不说也罢。第二句"遂事不谏"，意思是这个局面已成定局，宰予的建议不可能改变局面。第三句"既往不咎"，意思是既然这段对话已经发生，宰予已经给出不当的建议，也是没办法的事，也就不值得再追究了。

孔子的这番话很有意思。按照一般理解，孔子是希望鲁国兴旺的，又为何要宰予不要给哀公这样的建议呢？更何况孔子自己也曾"隳三都"，又为何会阻止宰予建议诛杀三桓呢？是因为时移世易。

在定公时期，三桓自己也被下属架空，且孔子准备良久，尚且可以一试。但就算这样，孔子依旧失败了。现在，哀公本身处在被架空的状态，没有任何基础，又如何可能除得了三桓呢？所以，孔子说："成事不说，遂事不谏"，指的是这件事。

至于孔子说"既往不咎"，指的又是自己，意思是自己对这种发生过的对话，也就不用再追究了。

但是，孔子又如何会不咎呢？孔子当然是希望鲁公清理掉三桓，但是孔子认为当时条件不成熟。所以，他批评宰予，是认为当时时机不成熟。

不过，就历史的发展来看，显然这一时机再也没有成熟起来。鲁国自哀公上位后，走的是一条向下坠的道路。所以，孔子的这番话还有另一层意思，即他已经看清楚鲁国，乃至周朝的历史轨迹，那是一条走向覆灭的历史轨迹。

在看清这条历史轨迹，并知道凭人力难以改变之后，孔子也就坦然接受了。不过，孔子心里也清楚，鲁国虽亡，周朝既灭，但天下犹在。在偌大一个天下，士人的力量正在积聚。凭着士人的力量，在未来，整个天下一定会走上一条符合大道之路。对此，孔子有精确的预判。所以，孔子"哀而不伤"。

总结而言，3.19 ~ 3.21 是本篇的高潮。3.1 ~ 3.18 虽然表面上在讲礼，但其实都在重复同一个主题，即周朝礼崩乐坏。这一系列描述是令人压抑的。而 3.19 ~ 3.21 则突然给人们展示了一道天外之光，那就是"希望"。所以，儒学是一种向上提升的精神力量，它仿佛是一道光，在每个黑暗的时代，冲破重重的黑暗，投射入人们的黑色眼眸，引领整个民族向前奔跑。中华民族正是凭借着这样的向上提升的精神力量，才得以不断向前发展，长青不败。

另外，本章还有另一层深意，这需要将 3.21 和 3.20 摆在一起看。3.20 提到"哀而不伤"，而 3.21 起手就说"哀公问"。孔门弟子这是在隐射哀公没有做到"哀而不伤"，故有此问哉。

最后，从篇章结构的角度来看，3.21 这一句讲的是一种新的礼，即社祭礼。

3.22　子曰："管仲之器小哉！"

　　或曰："管仲俭乎？"曰："管氏有三归，官事不摄，焉得俭？"

　　"然则管仲知礼乎？"曰："邦君树塞门，管氏亦树塞门；邦君为两君

之好，有反坫，管氏亦有反坫。管氏而知礼，孰不知礼？"

（**翻译**）孔子说："管仲是个小人物呀！"

有人便问道："管仲节俭吗？"孔子说："他有多处采邑，他手下的人，都是一人一职，从不兼任差事，他怎么能谈得上节俭呢？"

那人又问道："那么，管仲懂得礼节吗？"孔子回答："国君大门口设立了照壁，管仲也在自家的大门口设立照壁。国君设宴招待别国国君时，在堂上有放空酒杯的设备，管仲也用这样的设备。如果说管仲知礼，那么还有谁不知礼呢？"

（**解读**）要理解3.22，必须结合2.12来看。在2.12中，孔子说道："君子不器"，意思是说，君子不能像一件器物一样，成为一个被人所驱使、心中无道的专家，而应该成为一个有德行、有决断的人。由此可知，孔子说"管仲之器小哉"，意思有两重：第一，管仲不是一个君子，而是一个器，即一个专家；第二，管仲这个器还不大，非常小。

为什么孔子认为管仲不是一个君子呢？后文给了解答，即孔子认为管仲生活奢侈，且不遵守礼法。这样的人，只能发挥专业能力，却没有道德修养，是一个典型的器。

那么，为什么孔子认为管仲是一个小器呢？众所周知，管仲辅佐齐桓公，成为春秋五霸之一。凭着这样的专业能力，管仲无论如何也应该是大器啊？这是因为管仲主张的道路与平天下之道相去甚远。管仲重视经济发展，主张以发展经济来争霸。他强调"仓廪实而知礼节，衣食足而知荣辱"。这固然让齐国出了一时的风头，却令周天下的风气变得更为糟糕。在管仲去世之后，周天下不是变得更讲仁义了、更和平了，而是变得更混乱了，礼崩乐坏的情况变得更加严重了。而且，不仅是周天下的风气变坏了，就连齐国内部的功利之风也变得更为盛行。比如，管仲去世后，一群功利小人围住了齐桓公，把齐国搞得乌烟瘴气。而在齐桓公去世后，诸公子为大位斗得天昏地暗，甚至连齐桓公的尸首在床上发霉了都没人管。所以，天下的人们并没有从管仲的改革路线上真正得到安宁太平的日子，反而吃了更大的苦头。

孔子清楚这里的背景，所以批评了管仲。但孔子并没有直接批评管仲所奉道路的错误，而是委婉含蓄地批评管仲奢侈浪费，开了不好的风头，搞得齐国人追求奢侈浪费；管仲不遵守礼节，特别是僭越了外交场合的礼节，在诸侯之中产生了不好的影响。这样对齐国社会与国家形象也起了不小的破坏作用。所以，孔子的总结是管仲不能算是大器，而只是小器。这是肯定了管仲有一定的专业能力，却也非常含蓄地批评管仲起了负面作用。

同时，值得注意的是，春秋时期，败坏天下礼制的人物有不少，此处单提管仲，是因为管仲是春秋五霸中最有势力的齐桓公手下的权臣。这样的人物，本来有机会利用齐国的霸主地位，帮助天下恢复秩序。可他非但没有这么做，反而破坏了天下秩序。这就和哀公所问的三桓相互呼应了。那么，此处提到管仲，有较强的讽刺、贬斥之意。

当然，从篇章结构的角度来看，这一篇涉及礼制中的"礼器"问题，即什么等级的人，可以使用什么样的器物。

3.23 子语鲁大师乐，曰："乐其可知也：始作，翕如也；从之，纯如也，皦如也，绎如也，以成。"

翻译 孔子给鲁国的乐官讲授乐理，说道："演奏音乐的规则是这样的：一开始各种乐器一起合奏，声音巨大而繁复，显得十分隆重；紧接着，单个乐器独奏，声音悠扬悦耳，音节分明，不同的乐器连续不断地响起，直至整首曲子最终结束。"

解读 这一篇中前半部分讲的是礼，而从 3.23 开始，讲的是都是乐。两个部分合在一起，即为礼乐。

回到这一句本身。3.23 表面的意思是孔子讲授乐的基本义理。按照一般理解，乐反映人心。一个国家的民众喜欢什么风格的音乐，反映的是当地的民风。《礼记·乐记》中说："德者，性之端也；乐者，德之华也"，说的就是这个意思。同时，好的音乐是可以感染人、教育人的，即发挥所谓"乐教"的作用。

孔子这里谈音乐的演奏规程，就是在讲"乐教"。这也是《礼记·乐记》中的说法："是故君子反情以和其志，广乐以成其教。乐行，而民乡方，可以观德矣。德者，性之端也；乐者，德之华也……是故情深而文明，气盛而化神。和顺积中而英华发外，唯乐不可以为伪。"

但这一句还有另一层含义，即如果将乐团结为一个群体，甚至一个国家，那么这句话可以这么翻译：一开始是一堆人各说各话，叽叽喳喳，吵成一团，谁都听不清谁的话；紧接着，大家达成了规则，一个接一个地说话；最后，大家达成了统一意见，确定由一个中心领导，由此形成和谐的局面。这样，这个团队就可以大成了。所以，孔子这是在借着谈乐讨论治国的问题。

最后，从篇章结构的角度来看，3.23 对应 3.22。3.22 讲管仲是"小器"，3.23 立刻接上孔子与乐器演奏大师的讨论，讨论的是演奏乐"器"时的高深乐理。

3.24 仪封人请见，曰："君子之至于斯也，吾未尝不得见也。"从者见之。出曰："二三子何患于丧乎？天下之无道也久矣，天将以夫子为木铎。"

翻译 仪这个地方的长官请求见孔子，他说："所有贤德之士来到我这个地方，我都会和他见上一面。"于是，孔子随行的学生就带着他去见了孔子。他见完出来后，（对孔子的学生们）说："你们几位何必为没有官位而发愁呢？天下无道已经很久，未来上天必将以孔夫子为木舌铃铛，号召天下人都聚集过来啊。"

解读 3.24 这段话很经典，尤其"天下之无道也久矣，天将以夫子为木铎"两句，是《论语》中的名句。

这段话的意思很明确，讲的就是"圣人不出，万古如长夜"的道理。

但是，3.24 插在 3.23 与 3.25 之间，多少有些奇怪。3.23 讲的是乐，3.25 讲的也是乐，为何在这两句之间会出现一段与乐看起来没有关系的内容呢？这就要说到"木铎"两字的含义了。

木铎，也就是铜制木舌的大铃铛。木铎有两种作用：第一种是宣布政令。古代宣布政教法令时，会有专人摇着木铎在街上巡游，以引起众人注意。第二种是采诗以献天子。许慎在《说文解字》中说："古之遒人以木铎记诗言。"这即是说，古代有专门负责采诗的乐官，他们会摇着铃铛，到民间采集诗歌，然后汇集起来，再请乐官（大师）谱上曲子，献给天子。比如，《小雅》《国风》中的很多诗就是这么采集起来的。通过这种方式，天子不用亲自私访便知天下所苦。

看懂了这一点，便可以知道3.24依旧是在谈乐。并且，这里谈了乐的两层意思：第一，乐要以仁义之说为木铎，呼唤人们聚集到一处，然后才能实现众乐器齐鸣（接3.23）；第二，乐的来源是民众的心声，当摇木铎以采民声，如此君主才能成为圣王（接3.25）。

而把孔子比作"木铎"，也有两层意思：第一，天下无道，是因为礼崩乐坏，从天子到旧精英皆无仁爱之心。所以，当以孔子等新精英为抓手，教化民众重新尊奉仁义之道。由此，才能重新聚拢人心，也才能带领华夏民族走出万古长夜（接3.23）。第二，天子无道，一个重要原因是天子闭目塞听。而导致天子闭目塞听的一个重要原因是天子被旧精英围绕，只听到吹捧阿谀之声，而听不到民间的真实声音。要解决这个问题，天子当以像孔子一样的新精英为抓手，走访各地，采集民意，倾听民声。如此，天子才能真实了解天下人之所苦，做出正确的政令（接3.25）。

综上，这一句的深意是以孔子作为新精英之代表，认为只有他们才是时代的希望、天之木铎。

3.25　子谓《韶》："尽美矣，又尽善也。"谓《武》："尽美矣，未尽善也。"

（**翻译**）　孔子在谈到《韶》这首曲子时，说："它美极了，也极好。"在谈到《武》这首曲子时，孔子说："它很美，但却不够好。"

（**解读**）　3.25讲的是《韶》和《武》两首曲子。其中，《韶》是舜时所做，《武》是周武王时所做。朱熹以为，舜通过禅让而得其位，故而其音乐平和，而武王通过诛杀纣王而得其位，故而其音乐中有杀伐之音。所以，孔子认为《韶》尽善尽美，而《武》虽美却不善。朱熹说："舜绍尧致治，武王伐纣救民，其功一也，故其乐皆尽美。然舜之德，性之也，又以揖逊而有天下。武王之德，反之也，又以征诛而得天下，故其实有不同者。"❶

但是，这种解释显然有点贬低武王伐纣的正义性的意思，不符合孔子的原意。孔子在《周易》中也曾提到："汤武革命，顺乎天而应乎人。"所以，这种解释并不妥当。

笔者以为，要理解这句，必须结合3.23、3.24来理解。3.23讲的是孔子认为团队协作当以"协商＋统一领导"为最佳机制；3.24讲的是国家治理应该打通信息渠道，建好"上情下达＋下情上达"交互的行政体系。

八佾第三

❶　朱熹：《四书章句集注》论语集注卷一，中华书局，2011，第68页。

结合这两点，可知 3.25 讲的是，孔子以为，在舜时，原本的协作机制与行政体系已经十分精美（"美"），而舜的治理也十分优秀，所以当时整个天下被治理得十分好（"善"）。

而在商纣时，在团队协作方面，不施仁义，搞出了内讧；在行政体系方面，不奉礼法，搞得上下阻遏，离心离德。最终，商纣王的暴政，逼出了武王伐纣，即以团队内讧收场，即便武王本身代表了天道正义。所以，商朝的礼法体系是精美（"美"）的，但奈何商纣无仁义，不奉礼法，治理得不好（"善"），即没有把美变成善。

如今，周朝也与商朝一样出现了不施仁义、团队内讧、不奉礼法、离心离德的情况。周朝开始于武王伐纣。周朝建立后，礼法体系是极为精美的（"美"），奈何从平王开始，天子心无仁义，不奉礼法，治理得不好（"善"）。于是，孔子说《武》虽美不善，其实并不是在说《武》本身不善，而是在说后人没有把《武》的美变成善。

由此可知，3.25 是接着 3.23、3.24 讲的，意思是国家不仅要有优秀的团队协作机制和行政体系，也要用好这些机制、制度。而要想用好这些机制、制度，最关键的是执政者有一颗仁爱的真心，并懂得约束自己的行为，不逾矩。

最后，从篇章结构的角度看，3.25 对应 3.24。3.24 讲孔子是乐器（木铎），而 3.25 则讲了古代圣人所做的绝美的音乐。这也就是说，孔子这一"乐器"所能演奏出的是古代圣王所作的绝美华章。3.24 位于 3.25 之前，孔子位于圣王之前，是圣王之先导。这真是对孔子的无上颂扬啊！

3.26　子曰："居上不宽，为礼不敬，临丧不哀，吾何以观之哉？"

（**翻译**）孔子说："执政之人不能宽厚待人，行礼的时候不严肃认真，参加丧礼时也不悲哀，这种情况我怎么能看得下去呢？"

（**解读**）3.26 打破了 3.24、3.25 中所描绘的美好期许，将人们的视界又拉回到现实：一个礼崩乐坏的惨淡末世。同时，3.26 也是对 3.1 的呼应，再次强调当时的状况实在是孔子所看不下去的。这形成了首尾呼应的结构。

第三篇描绘了"礼崩乐坏"的旧天下状况。那要怎么改造这个旧天下呢？第四篇接着讲了士人的修身问题，即内修仁道与外化仁道。通过这一修行，士人可以吸引同行之人，从而形成一股新的社会力量。这股力量是改造旧天下，构建新天下的重要基础。可以说，本篇是《论语》"上卷"这份路线图的第一步行动计划。

具体而言，本篇可分为如下五个部分：

第一部分　仁道修为：阳论（4.1）

第二部分　仁道修为：原理（4.2～4.9）

第三部分　仁道修为：外化（4.10～4.15）

第四部分　仁道修为：准则（4.16～4.25）

第五部分　仁道修为：阴论（4.26）

里仁第四

4.1　子曰：“里仁为美，择不处仁，焉得知？”

翻译　孔子说：“要待在仁义之风盛行的地方，如果你住的地方没有仁义之风，那这又如何会是一个明智的选择呢？”

解读　4.1 开宗明义，点明了本篇的主题，即倡导仁道，要与仁义之人做伴，乃至连住所都要选择仁义者的家旁边。

但本句又不可只做这一理解。本句专提“里仁”两字，是在暗示本篇的主题。本篇讲仁道修为一事。仁道之修为，是向内修，求证内心本有之仁道。那么，“里仁”两字所指者，便是人向心“里”求“仁”。而“择不处仁，焉得知”一句，则说的是聪明之人当选“择”与内心的“仁道”共“处”。所以，本句明面上讲的是与仁者相伴，其实谈的是向内求仁，与内心的仁道共处。

4.2　子曰：“不仁者不可以久处约，不可以长处乐。仁者安仁，知者利仁。”

翻译　孔子说：“没有仁心的人是无法长久地生活在贫困中的，也无法长久地感到快乐。有仁心的人则（无论在什么环境下）都可以安于仁义之道，有智慧的人还可以做很多事，以成就仁义之道。”

解读　4.2 这句话值得深入琢磨。

第一，“不仁者不可以久处约，不可以长处乐”。这句话讲的是没有仁心的人既不能安贫，也不能永久快乐。那么，什么样的人是没有仁心的人呢？按照一般理解，人只有两种高级精神状态，即情感与理性。我们称之为人的精神的两条轴线：情感轴（y轴），理性轴（x轴）。

有仁心的人，是以情感作为主要精神状态的，即以情感轴（y轴）为主轴。但这并不是说他不要理性了，而是说他以理性轴为副轴。比如：某人为了孝顺他的父亲，与他人签订协议，买下一栋大房子。此人就是运用理性，与他人协商并签订协议。但他运用理性的目的是成就对父亲的爱。这就是以理性辅助情感，即情主理副结构，写为：（y, x）。

而一个没有仁心的人，自然是以理性为主要精神状态，在内心中充满了利益的计算。这样的人是一个功利的人，又如何会安心于贫困的环境呢？他必然要挖空心思，谋取名利。

同时，这样的人对于眼前已经获得的名利的确会感到快乐，却不会长久地感到快乐。在得到一点名利后，他会感到快乐。但这种快乐会在不久之后散去，紧接而来的就是长久的空虚。而为了填补这种空虚，他就不得不继续往上爬，谋取更多的名利。

对于理性轴（x轴）的这种特点，西方哲学家有过很多讨论。比如，克尔凯郭尔（Kierkegaard）曾说：“在一只蜘蛛从一个固定的点上向下坠到它的目的地的时候，它持恒地看着自己面前的一个虚空，在此之中它无法找到落脚点，不管它怎样伸展挣扎都没用。如此也是我的状况；持恒地面对一个虚空，那驱动着我向前的，是一个我已经达到

而留在了身后的目的地。这一生活是反向而可怕的，无法让人忍受。"❶

孔子的这两句清楚地点出了功利者的精神状态，说得很准确。由此可见，孔子对人的精神内结构的理解，已经到了一个怎样通透的程度。

第二，"仁者安仁"。与理性主义者不同，有仁心的人的最终精神指向是所爱的人。但是，爱的指向也有两种极端，即极位，要么是爱自己的小家，要么是爱大家。爱小家，是私爱；而爱大家，则是公爱。

儒学认为，对两种爱做出节制，便可在人的精神中构建出一种从小家到大家，从私爱到公爱的状态。这也就是说，将你对你家人的爱向外扩，延伸到你的邻居、同乡，乃至同胞，因为这些人与你构成了一个大家。这便是以小家为中心，一圈圈地向外扩，最终形成一个大家，如图 4.1 所示。这种精神状态被称为"推己及人"，费孝通则将之称为"差序格局"。

图 4.1　家的差序格局

儒学把这种由内而外，由小家到大家的情感状态称为"仁"。处在"仁"的精神状态下的人，心怀天下大家，又何以会去求取个人的名利呢？这样的人眼里有整个天下，自然会安于"仁"。这也就是范仲淹所说的"先天下之忧而忧，后天下之乐而乐"。

第三，"知者利仁"。这句一般被翻译成："聪明人利用仁。"这种翻译明显没有吃透"利"的含义，也没有吃透孔子关于理性与情感关系的界定。

如果一个人有仁心，且有智慧，那就会形成一个情主理副结构，即 (y, x) 结构。这样的人，会以理性去寻找各种资源、机会，以成就仁。这也就是说，智者会以自己的智慧去成就"仁"，即"利仁"。所以，这里的"利"当理解为"成就""惠益"。

通过上述分析，可知 4.2 描述了以理性为主轴的精神状态与以情感为主轴的精神状态之间的冲突。在两者中，孔子显然更倾向于仁。因此，这句话的主旨是，仁优于不仁。

4.3　子曰："唯仁者能好人，能恶人。"

（翻译）孔子说："只有有仁心的人，才会爱别人，或者恨别人。"

（解读）孔子的这番话特别值得思量。这里要区分两组范畴。

第一组是情感与情绪（激情）。一个愚人会不会恨别人？比如，有人抢了一个愚人的东西，这个愚人发起狠来，打来打去。那么，这个愚人是不是在恨别人？

对这个案例的讨论，要涉及情感与情绪的区分。情感是持久的、高级的，而情绪是短暂的、低级的。笔者通常将情感与理性一并列入人性模块的范围，因为情感是专

❶　克尔凯郭尔：《非此即彼（上卷）》，京不特译，中国社会科学出版社，2009，第 9 页。

属于人的一种高级精神状态。而情绪，包括愤怒、嫉妒、快乐、愉悦等，则与欲望一并被列入本性模块的范围，因为情绪是绝大多数拥有完整神经系统的动物都有的一种低级精神状态。所以，一个愚人发起狠来，这是表达了他的情绪，而与爱、恨两者无关。这样就明确了如下情况：人之喜悦应与爱人无涉，人之愤怒应与恨人无涉。

第二组是仁者之爱、恨与功利者之爱、恨。仁者与功利者都拥有高级的人性模块，其中包含了爱、恨的情感。比如，一个功利者深爱一个金杯，日日把玩，爱不释手。再如，一个功利之人，如果被他人占取了名位，便会心怀怨怼，持久不散。如此，又怎么能说"唯仁者能好人，能恶人"呢？

这就要搞懂功利者的爱与恨的精神结构。功利者的确拥有情感这一高级精神状态，但他的情感只处于辅助地位，辅助理性作用的发挥，构成了一个理主情副的结构，即 (x, y) 结构。

在这个精神结构中，功利者虽然有爱与恨，但这些爱与恨都不是本源的，或者说最高层的。他的爱与恨是辅助理性的功利之心的。比如，功利者爱金杯，会促使功利者谋取更多黄金之物；功利者恨竞争者，会促使功利者更为激进地谋取名位。所以，他的爱与恨不是为了爱而爱，或者为了恨而恨。

相比之下，仁者就不同了。我们一般认为，情感有两种状态：爱与恨。爱与恨相反，却可以相互转换。爱他人者，如被爱人所伤害，则会产生恨意，即因爱生恨；恨他人者，如蒙受被恨者的善意，则会转而产生爱意，也即由恨转爱。但无论是爱或恨，对于仁者来说，都是本源的精神状态。他是为了爱人而爱，为了恨人而恨。所以，孔子这一句话排除了激情，也排除了功利者的爱与恨。由此可知孔子对人的精神结构领会之精准。

综上，从篇章结构的角度来看，4.3 应该与 4.2 合并在一起读，谈的都是"仁优于不仁"的问题：4.2 讲的是功利者贪得无厌，仁者安贫乐道，仁优于不仁；而 4.3 讲的则是功利者无真爱、无真恨，唯名利；仁者真爱真恨，真性情，仁优于不仁。

4.4　子曰："苟志于仁矣，无恶也。"

翻译　孔子说："如果立志于仁，总没有坏处。"

解读　4.4 有两种解释，第一种是笔者采用的解释；第二种说："如果立志于仁，就不会做坏事。"

这两种解释的差异，集中于对"恶"字的理解上。如果采用第二种解释，单独看此句，也解释得通。但如果放在篇章结构中，就解释不通了。上下文都在讲仁者之好，为何独这一句在夸仁者不做坏事呢？这明显脱节。

因此，这句话只能采用第一种解释。

4.5 子曰："富与贵，是人之所欲也；不以其道得之，不处也。贫与贱，是人之所恶也；不以其道得之，不去也。君子去仁，恶乎成名？君子无终食之间违仁，造次必于是，颠沛必于是。"

(翻译) 孔子说："富、贵是人人都想要得到的，但如果不是以符合大道的方法得到它们，就不该要；贫、贱是人人都厌恶的，但如果不是以符合大道的方法抛弃它们，就不该抽身而出。君子抛弃了仁义，又如何能成就自己的美名呢？君子哪怕是在每天吃饭的时间里，也都不会违背仁；哪怕是在最仓促的时候，也都不会违背仁；哪怕是在颠沛流离的时候，也都不会违背仁。"

(解读) 为什么仁与功利（不仁）存在冲突？是不是情感与理性存在冲突呢？答案当然是否定的。如果情感与理性有冲突，那么就不会形成 (y, x) 结构或 (x, y) 结构了。

真正存在冲突的是不同的轴线结构之间。比如，(y, x) 结构与 y 单一轴结构之间存在冲突。这也就是说，在有关情感的事务上，比如孝道，到底要不要加上理性，比如加上礼制。这就是精神的第二重矛盾。

而仁与功利之间的冲突，则是 (y, x) 结构（或 y 单一轴结构）与 (x, y) 结构（或 x 单一轴结构）之间的冲突。

从篇章结构来看，4.5 要与 4.4 合并在一起读。4.4 谈的是立志向仁的问题，而 4.5 则进一步强化了这个主题，谈君子无时无刻不离仁。4.5 提出要将"仁道"作为人的情感轴线指向的最终对象。而且，这里谈的是人要持久地追求这个"仁道"的对象，乃至于将理性的功利目的放在一边，将个人的欲望与激情放在次要位置。这便正式确立了情主理副结构，即 (y, x) 结构的地位。

最后，4.4、4.5 是对 4.2、4.3 的延伸。4.2、4.3 谈的是不仁者与仁者的精神状态，由此得出仁优于不仁的结论，而 4.4、4.5 再次直接强调了士人应该持久地追求仁，要将"仁道"作为情感的最高准则。

4.6 子曰："我未见好仁者，恶不仁者。好仁者，无以尚之；恶不仁者，其为仁矣，不使不仁者加乎其身。有能一日用其力于仁矣乎？我未见力不足者。盖有之矣，我未之见也。"

(翻译) 孔子说："我没有见过喜好仁和憎恶不仁的人。如果真的喜好仁，那么他就会觉得这世上没有什么东西能够胜过仁了。如果真的憎恶不仁，那他也就是一个仁人了，因为他将不会让那些不仁的事物加在他自己身上。（唉，）这世上真的有人肯花一天之力用在仁之上吗？我没见过有力量不足的人（可是就没有人肯这么做啊）。就算这世上真的有人感觉自己力量不足吧，可我至今也没有碰到呀。"

(解读) 4.6 讲的是一个人只要好仁，就会用全部精力来追求它，做到心无旁骛，全神贯注。而且，孔子认为，事实上，所有人都有能力这么做，可是人们却不这么做。

那么，人们都怎么做的呢？结合礼崩乐坏这一时代背景，可知当时的人们都在求取名利，为求官职或者财富而奔走。这也就造成了当时社会的风气浮躁不堪、道德败坏。这些现象都是礼崩乐坏这一时代背景下的一抹深重的黑色。

所以，孔子的这番话是讲给士人听的，是在对他们提出期待，期待他们能够真心实意地追求仁道，树立时代新风。毕竟，没有一个民族是可以靠着不断下坠的精神而得到发展。一个民族要想走出困境，得到延续，就必须要从内而外产生出一股向上提升的精神。这股向上提升的精神力量就是仁爱精神。

最后，为何每个人都有能力一直追求仁呢？

正如我们在4.3中解释过的那样，情感是一种持久的高级精神状态。但是，爱的情感并不是一下子就能达到完全的强度。这涉及情感强度的逐步加强的问题，即强度内轴线上数据位取值的问题。为了实现爱的情感的完全表达，人需要不断地追求仁。这就需要人们主观努力了。这也就是说，仁道虽然是人精神中情感的最高准则，但是否要以之为准则，还是取决于人自身的意志（深意识）的决断。人可以选择志仁，即"择仁"，也可以选择不志仁，甚至可以先志仁，半路又放弃仁。

不过，孔子告诉人们，虽然人对自我意志有选择权，但4.1 ~ 4.6已经说清楚，仁比不仁好。所以，人要追求仁道，以实现自身精神的向上提升。

同时，第二篇、第三篇也反复强调，中国社会是一个以家为基础结构的社会。在这样的社会中，情感是主轴，故而，主流的道德文化必须充分体现仁的精神。

4.7　子曰："人之过也，各于其党。观过，斯知仁矣。"

翻译　孔子说："人的过错，有多种不同的类型。考察一个人所犯的错误，就可以知道他心中的仁有几分了。"

解读　关于这句话的解释素来众说纷纭。

首先，关于"人之过也，各于其党"一句，有两种解释：第一种解释将"党"作"过错的类别"讲，这是笔者所采用的解释；第二种解释将"党"作"朋党"讲，而将本句相应解释成"人所犯的错误，总是与他那个群体常犯的错误一样"。

这两种解释虽然在含义上略有差异，却并不冲突。它们恰好展示了这句话的两个层面：第一个层面是说人的错误有各种类型；第二个层面是说不同类型的错误对应不同类型的人群。

孔子这么说，自然有所指。结合时代背景，可知天子、诸侯、大夫和富人所犯的错误并不相通。比如，天子失德无能，搞得天下礼崩乐坏；诸侯贪婪无耻，征伐不休；大夫暗中破坏，乘势夺权；富人贪求财富，生活淫逸。

其次，"观过，斯知仁矣"一句，也有两种解释：第一种解释将"仁"依旧做原意解，笔者即采用这种解释；第二种解释将"仁"通假为"人"，而将本句相应解释为"只要考察一个人所犯的过失，就能知道他属于哪一类型的人了"。这两种解释都说得通。

如果用现代哲学语言来翻译一下，那么 4.7 谈的是这样一个问题：仁的完全体，也即内心中的仁道精神，是人的情感轴的最高准则。这种仁道精神，就是有差别的爱，同时也是 1.12 与 2.4 中提到的有边界、不逾矩的爱。无论是爱，还是爱的边界，都位于人的心中，是由人自己来把握的。

但是，正如 2.4 中所述的那样，这个最终对象并不是一下子就能达到的。人们需要经过一个长期的修行过程，走一条由内而外的修行之路。这也就是说，人要先认识到情感；然后，端正情感的方向，指向内心的仁道；再逐步生发出这种情感；最终达到仁的完全体，即仁道。由此，便构成一条精神链条，我们称之为结构链。这条结构链上穿着一长串的对象，所以，它首先是一条对象链。同时，对这一系列对象，人要采取一系列的修为行为，所以，它也是一条手段链。当然，它也可以是各种不同的链条，即当我们将之对应到不同的精神支点时。

总而言之，既然它是一条漫长的精神链条，那人们就不可能一蹴而就地达到终点，除非他是像王阳明一样的圣人，而且能够有一个像龙场顿悟一样的机缘。那么，在达到最终的对象之前，人们的行为难免会出现过错。其中，有的人是完全没有生出情感的，那么，他就是一个完全理性、完全功利的人；有的人是有情感的，但情感是辅助于理性的，那么，他依旧是一个理性、功利的人，但与前一种有所区别；有的人虽有情感，但所指的方向有问题；还有的人虽然所指的方向没有问题，但情感并不充沛。

由此可知，在迈向最终的仁道过程中，处在不同阶段的人会有不同阶段的情况，就会犯下不同阶段的过错。所以，4.7 讲的其实是人如果不能积极努力，不断修行，迈向仁道，那人的精神就会不断被理性、欲望、激情所占据，从而犯下各种过错。这是仁道追求的阶段性问题。

最后，从篇章结构的角度看，4.6 与 4.7 是一体的，这两句都是对 4.4、4.5 的延伸。4.4、4.5 谈的是士人应该持久不断地追求仁；4.6、4.7 谈的是人追求仁的力量是够的，只是很多人不追求仁，乃至于犯下了形形色色的错误。因此，4.4、4.5 和 4.6、4.7 是"总—分"结构：4.4、4.5 讲人要追求仁，这是立目标；4.6、4.7 则讲不追求这个目标，人会怎么样。

4.8　子曰："朝闻道，夕死可矣。"

(翻译) 孔子说："早上得知仁道，就算当晚就死，我也满足了。"

(解读) 4.8 谈的是达到仁道后的愉悦心情。

4.9　子曰："士志于道，而耻恶衣恶食者，未足与议也。"

(翻译) 孔子说："一个士人如果一心追求仁道，却又以吃粗粮穿破衣为耻辱的话，那么，这种人就不值得跟他讲话了。"

(解读) 孔子认为，士人不能一边求仁道，一边谋求功利。毕竟，一个人不可能同时拥有两种精神结构，也不可能同时将情感的仁道与理性的功利设定为结构链的终点。人只能做出选择，要么安心地求仁道，要么一门心思地求名利。

如果一个人是以名利为最终目的，那么孔子就替新精英表达了对他的态度"未足与议也"，意思是：我们士人会将他开除群体，大家都不会去理会他。

最后，从篇章结构角度，4.9 要和 4.8 放在一起看。4.6、4.7 谈的是人不追求仁的状态；而 4.8、4.9 谈的是人追求仁的状态。这两组是正反关系。

4.10　子曰："君子之于天下也，无适也，无莫也，义之与比。"

翻译　孔子说："君子对于天下的事情，没有规定非要怎么做，也没有规定非要不怎么做，只要考虑怎么做合适，就可以了。"

解读　4.10 谈的是君子在达到仁道后的行为准则。而所谓准则，即"从心所欲，不逾矩"。至于什么是"矩"，则要具体情况具体分析。

这再次证明，仁道不是外在于人心之外的天道，而是位于人心之内的情感。只不过，这种情感并不极端，即不占据内轴线的极位，而是在两端之间来回自由拨动，即"中庸"。

值得注意的是，仁道虽然在内心之中，但它终究是要走出自己的内心，向外变成人的行为。这就是仁道外化的问题。所以，人的修为，是先由外向内，再由内向外。儒学将这个过程称为"回向"。

因此，4.10 开启了本篇的一个新的主题：士的仁道外化。

4.11　子曰："君子怀德，小人怀土；君子怀刑，小人怀惠。"

翻译　孔子说："君子追求与道德之士交往，小人追求故土的安逸生活；君子关心天下法度（一心为公），小人计较个人的得失。"

解读　4.11 中的"刑"字素来有很多种解释。一种解释认为是刑法，或者法度；一种解释将"刑"通假为"型"，认为"君子怀刑"应该理解为君子思念古往今来的圣贤、明君；还有一种解释将"型"引申为礼法。

这三种解释各有道理。这里笔者暂取第一种解释。

这句话表面上讲的是君子与小人追求上的差别，其实将这句话和 4.10 放在一起看，可知这两句话是一体的，都在讲士人仁道外化的问题：士人的仁道外化后，会产生高尚的行为。

由此可见，仁道外化之后，人的行为会与此前发生重大差别。

4.12　子曰："放于利而行，多怨。"

翻译　孔子说："沉溺于功利之心而开展行动，多生怨恨。"

解读　4.12 中的"放"字有两种解释：第一种为"依据"，孔安国即用此说；第二种为笔者所采用的解释。笔者以为，"放"如果解释为"依据"，则失去了本句应有的神韵，只有解释为"放纵""沉溺"，才能充分展示出孔子关于功利者贪鄙心态之描绘。

本句中，"多怨"两字多解释为"招致很多怨恨"，其实不然。功利者既会因为损害他人之利而招致怨恨（杨伯峻、李泽厚之说），也会因为占不得便宜而心生怨恨（钱穆之说）。所以，不如解释为"多生怨恨"，才能同时体现出两个方面的意思。

4.12说的是功利者行为会造成的不良后果。孔子是以此言告诫士人，不要一味求功利，要端正自己的行为。

4.13 子曰："能以礼让为国乎？何有？不能以礼让为国，如礼何？"

（**翻译**）孔子说："能用礼让来治理国家吗？这有什么问题吗？不能够用礼让来治理国家，又要礼制来干什么？"

（**解读**）4.13素来众说纷纭。主要争议集中在两个点上：第一，"能以礼让为国乎"一句后，是接"？"还是"，"。如果是接"，"则会翻译成"能够用礼让原则来治理国家，那还有什么困难呢？"比如，李泽厚、钱穆就采用这一断句法。另一种思路是接"？"，比如，杨伯峻便采用此种断句法。如此，这句就会翻译成笔者所采用的意思。第二，"如礼何"一句如何理解。第一种（比如钱穆）是将之翻译为"又该怎样对待礼呢"；第二种（比如杨伯峻）则解释为"怎么能实行礼呢"；❶这里采第三种，即李泽厚的解释。

回到对本句内容的分析上。本句谈的是礼法。礼法本是第三篇的主题，而本篇重点在讲仁，为何此处又突然出现了这么一句呢？

本篇从4.10开始，都在讲士的仁道回向问题。而礼法正是仁道回向的产物。

诚如我们在4.10所述，人先向内求，追求仁道。而人在达到仁道后，就会试图将仁道外化。仁道外化主要有两种方式：第一种，直接以情感的方式呈现。人可以采取行动，比如拥抱、照顾等方式来表达情感。采用这种方式，没有文字参与其中，是纯情感性的。人们在接收到行为时，也可以直接感受到行为所包含的情感。第二种，以文字、话语的方式呈现。人可以将自己的情感装入文字、话语中，以礼法、政令、谈话等方式来表达自己的情感。文字、话语本身是理性的工具，人们在接收文字、话语时，也只能以理性的方式理解之。

在这种情况下，情感是借用了理性的方式来表达自身。这也就是典型的情主理副结构，即 (y, x) 结构。至于为何情感能够借用理性的方式来表达自身，则涉及情感轴与理性轴的本体柱之间的桥接问题。通过这一桥接，情感轴可以借用理性轴认知支点下的概念域中的概念，往概念中填塞情感，并借用这些理性的形式。此事甚为复杂，此不赘述。

由上述可知，4.10中提到仁道外化的第一种方式，而4.13涉及仁道外化的第二种

❶ 杨伯峻：《论语译注》，中华书局，2009，第52页。

里仁第四

方式。孔子的意思是，仁道外化的两种方式都需要，不可偏废。所以，礼法也很重要，必须实行起来。

当然，在不同的时代，仁道外化的两种方式各有偏重。在唐以前，因为自然血缘关系的地位更高，人们偏重于第二种方式，而自宋明时期开始，随着自然血缘关系逐步过渡到拟制血缘关系，人们开始偏重于第一种方式。如今，我们比宋明时期的人们更强调拟制血缘关系，故或将更偏重于第一种方式。但这并不是说我们将舍弃第二种方式。相反，随着理性的系统结构向儒学的融入，第二种方式也将在 (y, x) 结构中找到自己的位置。这就是说，人们将结合西方现代性的系统结构的基本思路，探索一条令 y 轴标准化的道路。

最后，从篇章结构的角度，4.13 应该与 4.12 联系起来看。这两句讲的都是要遵守外化的礼，而不要追求利，否则就会招致很多怨恨。由此可知，4.10、4.11 与 4.12、4.13 是相对的两组段落。4.10、4.11 讲仁道外化所带来的正面意义；4.12、4.13 讲不推动仁道外化会带来的恶果。

4.14　子曰："不患无位，患所以立；不患莫己知，求为可知也。"

（翻译）孔子说："不担心没有名位，担心自己没有担得起这份名位的根底；不担心别人不知道自己，积极努力使自己值得别人知道。"

（解读）关于 4.14 讨论的主题，素来有争议。有人认为这是在谈人要先立功，再上位；有人认为这是在谈人要有能力，再上位。但上下文皆在讲仁道，此处如果谈立功、能力等，当然是脱节的。那么，结合上下文，可知 4.14 讨论的是人之"德"是否"配位"的问题。这句的意思是，人必须有相应的德行，如此才能担得起相应的名位，为人所知。否则，一个无德行之人，就算上位了，终究还是根底浅。

由此句也可知儒学认同的人才观，即将德列于才之前。由此，便形成这样一个排列：有德有才>有德无才>无德无才>无德有才。

最后，从内容上讲，4.14 依旧在讲仁道外化的问题，即先有德，再外化，获得名位、扬名立万，否则必不长久。

4.15　子曰："参乎！吾道一以贯之。"曾子曰："唯。"
　　　　子出，门人问曰："何谓也？"曾子曰："夫子之道，忠恕而已矣。"

（翻译）孔子说："曾参啊！我的学说都可以用一个根本的观念贯通起来。"曾参答道："是的。"

孔子走出去以后，其他学生问曾参道："夫子这是什么意思呢？"曾参回答说："夫子的学说只不过是忠和恕罢了。"

（解读）4.15 是一段非常有趣的对话，首先是孔子与曾参两人之间打了一个哑谜；

紧接着，曾参又给他的同门打了一个哑谜。

让我们把这些哑谜逐一揭秘。首先，孔子说："吾道一以贯之。"这句话的关键在"贯"字上。所谓贯，即"一理贯穿万事，万事皆有其理"之意。朱熹的"理一分殊"，即由此而发。

那么，为何"一理"能"贯万事"呢？这关涉仁道外化之特点。仁道本为一理。基于此理，人可以做出各种各样的外化行为。这就是说，基于总的精神结构设定，特别是在保持 (y, x) 结构不变的前提下，深意识依旧可在自己的抉择范围内（需要保持中庸，不走极端，不占极位），自由地对内轴线的具体取值做出适度调整。基于不同的取值，便有无数种具体的精神体系（掉演型）。将这些精神体系向外投射，便可产生无数种不同的行为。这些行为都是在坚持总的轴线结构和中庸标准的前提下做出的，它们的不同仅在于态度的取值上。这也就是所谓的"一理贯穿万事，万事皆有其理"。

其次，曾参说："夫子之道，忠恕而已矣。"这句话的关键在"忠恕"两字上。朱熹注："尽己之心以待人为'忠'，推己及人为'恕'。"[1]这也就是说，积极爱他人，是忠；己所不欲，勿施于人，为恕。所以，忠恕其实是仁道外化后的行为的主动与被动两个方面。此两者是"手段"支点下的"方式"条件的内轴线上的两个遥遥相对的数据位。在这两个数据位之间，所有的数据位（当然是无尽多的）都是可以被占据的。所以，忠恕两者无非内轴线上的两颗准星，给行为划定了范围。处于此两者之间的行为，都是可以发生的。而这也就是所谓的"中庸之道"。

同时，忠、恕又都贯彻了 (y, x) 结构，并未突破之。

综上，曾参只不过换了一种方式表达"理一分殊"的道理。

由此可知，这段对话的两个主角，孔子与曾参，是以两种不同的方式表达了同一个道理："理一分殊"的道理。

最后，从篇章结构的角度来看，4.14、4.15 讨论的是同一个主题，即仁道外化，要有基础，即忠恕之道，也即中庸之道。这是人的行为标准。基于此，人才得以立，才得以为国家做事。

可见，4.14、4.15 其实是接续了上文的主题。前文提出了仁道外化，而 4.14、4.15 则提出了仁道外化的行为基础，即忠恕之道。

4.16　子曰："君子喻于义，小人喻于利。"

翻译　孔子说："君子想的是大义，小人只知道小利。"

解读　此句尤为值得一提的是"喻"字。在何晏、邢昺的《论语注疏》中，孔安国批注："喻，犹晓也。"[2]这个批注不够准确。孔子在这里不用"晓"或"知"，单用

❶ 朱熹：《四书章句集注》论语集注卷一，中华书局，2011，第 71 页。

❷ 何晏注、邢昺疏：《论语注疏》，《十三经注疏》整理委员会整理，北京大学出版社，1999，第 56 页。

里仁第四

一个"喻"字，是有特别含义的。喻字有两层意思：第一层意思是知道、明白，强调的是君子或小人的心中为此事填塞满；第二层意思是蕴含、隐藏的意思，强调的是君子和小人将某些价值观念藏在自己的行为之中。

基于此，才可确定 4.16 在篇章结构中的位置，即此句依旧在重复仁道外化的主题，意思是君子满心是大义，所以做出的行为也蕴含了大义；小人则反之。

4.10 ～ 4.15 是有关仁道外化的总论部分。从这一条开始，就要逐项分论行为准则了。4.16 是仁道外化的第一条分论，即行喻于义。

4.17　子曰："见贤思齐焉，见不贤而内自省也。"

翻译 孔子说："见到贤人，应该向他看齐，见到不贤的人，应该自我反省（自己有没有与他相类似的错误）。"

解读 4.17 是仁道外化的第二条分论，即见贤思齐。

同时，4.17 回应了 4.16。4.16 提到"君子喻于义"，4.17 则提出"见贤思齐"，这里的"贤"指的就是行"喻于义"的君子。

4.18　子曰："事父母几谏。见志不从，又敬不违，劳而不怨。"

翻译 孔子说："侍奉父母，对他们的缺点应该委婉地劝止。如果自己的意见没有被采纳，仍然要对他们表示恭敬，不加违抗，只在心里忧愁，但不怨恨。"

解读 4.18 是仁道外化的第三条分论，即敬待父母。

4.19　子曰："父母在，不远游，游必有方。"

翻译 孔子说："父母在世，不出远门；如果不得已要出远门，也必须说清要去的地方。"

解读 此句中的"方"字有两种解释：第一种是东汉郑康成的解释，注为"常"，意思是规律、常规。"游必有方"的意思便成了：让父母能够掌握你的行动信息，即什么时候去，什么时候回。第二种是朱熹的解释，即将"方"解释为方向。这也是笔者采纳的解释。

4.19 是仁道外化的第四条分论，即陪伴父母。

另外，4.19 还要和 4.18 放在一起看。4.18 讲要敬待父母，这点的一个重要体现就是要陪伴父母，不可让父母担忧。

4.20　子曰："三年无改于父之道，可谓孝矣。"

翻译 见 1.11。

解读 4.20 是 1.11 的一部分。这里刻意重复了前文中的内容，因为孔门弟子认为，这部分内容是仁道外化分论中非常重要的一项，即第五条分论：依循父道。

4.21 子曰："父母之年，不可不知也。一则以喜，一则以惧。"

翻译 孔子说："父母的年龄，要时刻记在心中。而且，要一方面为他们的长寿而感到高兴，另一方面为他们的日渐衰老而感到忧惧。"

解读 此处有一个要点，即情感与情绪的关系问题。

4.21 要与 4.20 放在一起看，两句都在关注孝的问题。

最后，4.21 是仁道外化的第六条分论：为亲悲喜。

4.22 子曰："古者言之不出，耻躬之不逮也。"

翻译 孔子说："古代人不轻易把话说出口，因为他们以自己做不到为可耻啊。"

解读 4.22 是仁道外化的第七条分论：慎言藏拙。

4.23 子曰："以约失之者鲜矣。"

翻译 孔子说："如果一个人能够约束自己，那他就很少犯错误了。"

解读 4.23 的核心在于"约"字。孔国安、钱穆等将之解释为"俭约"，即节俭，不骄奢。杨伯峻将之解释为"用礼法约束"。❶

笔者认为这两种解释都不对。按照仁道外化之基本义理，"约"是由内而外的过程，最终达到内外皆"约"的程度。汪烜在《四书诠义》中讲："约者束也，内束其心，外束其身。"❷ 这一解释是准确的。

4.23 要与 4.22 放在一起看，这两句都在讲自我约束的问题。

最后，从篇章结构的角度来看，4.23 是仁道外化的第八条分论：自我约束。

4.24 子曰："君子欲讷于言而敏于行。"

翻译 孔子说："君子说话要谨慎，而行动要敏捷。"

解读 前文讲说话，接下来讲办事，于是，4.24 讲君子不要夸口，其实行动上根本办不到。否则，这便是惹祸之道。朱熹在《四书章句集注》中引宋儒谢良佐的话，说："放言易，故欲讷；力行难，故欲敏。"❸

另外，与本句内容类似的话在 1.14 也曾出现。

从篇章结构的角度来看，4.24 是仁道外化的第九条分论：讷言敏行。

4.25 子曰："德不孤，必有邻。"

翻译 孔子说："有道德的人是不会孤立的，一定会有思想一致的人与他相处。"

---

❶ 杨伯峻：《论语译注》，中华书局，2009，第 56 页。

❷ 汪烜：《四书诠义》卷八，第 20 页。

❸ 朱熹：《四书章句集注》论语集注卷一，中华书局，2011，第 73 页。

解读 4.25 讲有德之人必然会吸引其他人与之同行。这涉及生活世界构建中精神力两个阶段的剥取与型塑的问题。在这个过程中，有德之人可以借助语言和行为等形式，把自己的仁爱观念传递给他人；再通过他人之口，为他人所把握，并再次借助语言和行为等形式，表达认同与跟随；由此，完成两个阶段的剥取与型塑。如此循环，可汇聚越来越多的人，直至形成一个巨大的新精英群体。《论语集释》中注道："方以类聚，同志相求，故必有邻，是以不孤也。" ❶

由此可知，孔子此句看似在言虚，其实在言实。孔子是基于亲身经历，讲自己如何聚集起众多士人，围绕在自己周围，从而形成了一股不容小觑的社会力量。

4.25 是本篇的结论，讲的是通过追求仁道，实现仁道的外化，最终实现新精英的团聚。读到这里，我们才能明白，其实《论语》"上卷"是孔门弟子拿出的是一份改造旧天下的路线图，而第四篇则是这份路线图中重要一环：先修己身，后聚贤人。

回顾前文，第三篇描述礼崩乐坏的旧天下，第四篇讲述作为新精英的士人如何自我修行，如何外化仁道，乃至于相互吸引，汇聚在一起。而这也就有了改造旧天下，建设新天下的第一个基础：群体基础。

最后，从篇章结构的角度看，4.24、4.25 是一体的：君子敏于行，才能扩大影响，招揽更多志同道合之人，汇成一股洪流。

4.26 子游曰："事君数，斯辱矣；朋友数，斯疏矣。"

翻译 言偃（字子游）说："侍奉君主，太过烦琐，便会受到羞辱；对待朋友，太过烦琐，便会遭到疏远。"

解读 4.26 中的关键在一个"数"字。"数"音朔，意思为屡屡、密。所以，4.26 讲的是士人要严于律己，宽以待人。

本句所说的这点内容甚为重要。情感如果不受节制，就会表现得过于浓烈。这也就突破了中庸之道，在"烈度"条件下的内轴线上拨动到了极位。如此，就会造成两个问题：第一，令他人感到过度、压迫。这容易招致祸端。李炳南在《论语讲要》中说："事君三谏不从则去，不去则必召祸。" ❷ 第二，一旦遭到别人反感，乃至反对，则会令自我受伤，乃至因爱生恨。

何晏、邢昺在《论语注疏》中提到："此章明为臣结交，当以礼渐进也。" ❸ 这句解读得颇为深刻。它的意思是：第一，与人结交，要遵守礼节，自我约束，不可过度；第二，与人结交，要循序渐进，对方接受一点，再进一步。不可一步就把情感的烈度推到正无穷位（+∞）。

---

❶ 程树德撰：《论语集释》，程俊英、蒋见元点校，中华书局，1990，第280页。

❷ 李炳南讲述、徐醒民敬记：《论语讲要》，长江文艺出版社，2011，第72页。

❸ 何晏注、邢昺疏：《论语注疏》，《十三经注疏》整理委员会整理，北京大学出版社，1999，第53页。

最后，从篇章结构的角度来看，本句颇为特殊。4.26 看似是仁道外化的第九条分内容，即严己宽人。但其实，一方面，4.25 已经结束这一部分的内容；另一方面，本句的内容已经被分解到 4.22 ~ 4.24 中。因此，本句的真实地位，应该是对 4.1 的一个回应，从而构成一个首尾呼应的结构。

4.1 从正面讲要追求奉行仁道之人，与他团聚在一起；4.26 则从反面讲不可苛求他人，否则他人必然离你而去。这便形成了第一组一正一反的关系。

4.1 讲人要向内修，求内心之仁道；4.26 则反过来，讲仁道外化后，还要约束自己的行为。这便形成了第二组一正一反的关系。

因此，4.1 与 4.26 是一阴一阳，暗中呼应儒学的天道观念。由此观之，本篇明面上讲的是仁道，但在暗中又将仁道放在阴阳交合的天道秩序之下，此真乃巧思妙构也。

公冶长第五

第四篇给出了路线图的第一个支点，即聚集同道士人。那这些同道士人要符合哪些标准呢？第五篇接着来讲这个问题。

第五篇总结出士人应该拥有的二十九种品格。同时，这二十九种品格也是士人在旧时代里生存所需要具备的防身之技。从这个意义上来讲，第五篇也是士人在礼崩乐坏时代里自保的一份生存手册。

另外，本篇的编排方式依旧是句与句之间两两成对，这符合中国古人的阴阳交合的美学意境。

本篇可分为如下三个部分：

5.1 子谓公冶长："可妻也，虽在缧绁之中，非其罪也！"以其子妻之。

（**翻译**）孔子评论公冶长说："可以把女儿嫁给他，他虽然被关在牢狱里，但他本身并没有罪！"于是，孔子就把自己的女儿嫁给了他。

（**解读**）公冶长是孔子的学生。皇侃在《论语义疏》中引用了《论释》中的一个故事，说公冶长会说鸟语。他用鸟语帮助一个老妇，告知其儿子死于河边，故而被人误会为凶手，被抓入了监狱。此后，他又凭借此本事，帮助官府找到翻了的运粮车，证明自己的能力，而得以获释。笔者以为，此故事颇为奇怪，不足为信。

在此句下，皇侃还引用了范宁的话："公冶长行正获罪，罪非其罪，孔子以女妻之，将以大明衰世用刑之枉滥，劝将来实守正之人也。"这是说孔子，想通过嫁女儿这件事，表明天下礼崩乐坏，国家滥用刑律。笔者以为，此说同样没有凭据，不足为信。

关于本句，还有一种解释，认为孔子是看中了公冶长的德行，故而决定将女儿嫁给他。不过，此说也有争议。比如，王充在《论衡》中提到："据年三十可妻邪，见其行贤可妻也？如据其年三十，不宜称在缧绁；如见其行贤，亦不宜称在缧绁。何则？诸入孔子门者，皆有善行，故称备徒役。"❶王充的意思是，孔门中贤人众多，不少人德行出众；且公冶长年过三十，在年龄上并不占据优势。为何孔子独独选择把女儿嫁给公冶长呢？

笔者以为，孔子嫁女儿给公冶长的行为，应是一个明确的政治符号。当时，孔子正在大范围地聚拢士人。这些士人大多虽有才能，却因为出身寒微而遭到旧精英的排挤，人生坎坷。公冶长德行上佳，但身陷囹圄，且年过三十都还没娶上妻子。由此可见公冶长人生之坎坷。所以，公冶长在新精英中很具有代表性。

孔子选择嫁女儿给公冶长，这可以充分表明孔子看重新精英之德行，而不看重他们在当下的地位。通过这些行为，孔子向众人表示自己愿意与士人相伴前行，甚至不惜把女儿嫁给一个囚徒。孔子这么做，必然会在士人群体中引起良好的反响，得到他们的认可，并能发挥出鼓舞士气之作用。

同时，结合本篇之主题，即如何甄别贤人，孔门弟子将公冶长放在本篇第一句，也恰好说明了孔子这一行为在后辈士人心中的分量。

因此，从篇章结构的角度来看，孔门弟子将公冶长放在这一篇的第一句，有给士人打一个样板、树一个榜样的意思，即告诉其他士人，要像孔子一样，选择有德行之人作为自己的同伴。

5.2 子谓南容："邦有道，不废；邦无道，免于刑戮。"以其兄之子妻之。

（**翻译**）孔子评论南宫括（字子容）说："国家有道时，他能够为国家做事；国家无道时，他也可以避免被处罚。"于是就把自己的侄女嫁给了他。

解读 南宫括，据朱熹在《四书章句集注》中说，是孟懿子之兄、孔子弟子。所以，南宫括作为权贵子弟，离开这一身份，与新冒头的士人打成一片。此人甚有远见。

关于本句，朱熹评了两句。第一句是："不废，言必见用也"，意思是不废，不一定是出来当官，也可能只是做一个外围的以私人身份帮着办事的人。根据这一说法，杨伯峻的"总有官做"的解释，便不成立。第二句是："以其谨于言行，故能见用于治朝，免祸于乱世也。"❶ 由此可见，南宫括是一个颇为谨言慎行的人，故而得以免祸。

孔子将侄女嫁给他，除看重南宫括的德行以外，当然也有很多其他方面的考虑。而孔门弟子将此事放在本篇第二句，上接5.1，恰好反映出孔子的这一行为对后辈士人的影响。从扩大士人群体基础的角度来考虑，除核心圈应由有德行的士人构成以外，外围圈也可以适度吸纳愿意转投过来的旧精英。相比新精英，旧精英拥有一定的权位，手里掌握的社会资源也更多，可以为新精英提供成长所急需的庇护与支撑。

孔子通过将侄女嫁给南宫括，给后辈士人打了一个很好的样板，告诉士人不要与旧精英彻底对立，而是要注重甄别和结交旧精英中的开明者。如此，士人的路才能走得开阔、顺当。孔门弟子当然参透孔子的这层深意，故而把这件事放在5.2的位置，紧接着公冶长一事来谈。而且，他们在之后也的确是这么干的。比如，由子夏一门走出的弟子，特别是法家诸杰，大多与各国君主通力合作。也正是在秦国国君的支持下，法家才得以清剿旧势力，从而为天下新秩序的构建理清了路子。

除这点之外，5.2也说了孔门弟子认为士人应该拥有的第一种品格：谨行。

5.3　子谓子贱："君子哉若人！鲁无君子者，斯焉取斯？"

翻译 孔子评论宓不齐（字子贱）说："这个人是君子啊！如果说鲁国没有君子，他又是从哪里得到这种德行的呢？"

解读 宓不齐系孔子弟子，比孔子小30岁。孔子称赞自己的弟子，当然首先是在夸赞他的德行上佳。所以，孔子说的第一句是："君子哉若人！"

但是，这一句接下去那句，却是在说因为鲁国有君子，所以宓不齐才会修成这种德行。那么，鲁国君子有谁呢？排在头一位的当然是孔子本人。所以，孔子这句话，是在说正是因为跟着孔子本人刻苦学习，宓不齐才得以修成一身良好的德行。

鲁国的君子除了孔子以外，还有孔子的学生以及孔子的朋友，比如林放。这些人中绝大多数都是士人。所以，孔子这句话，也是在说因为跟士人打成一片，宓不齐才得以修得一身良好的德行。

结合这两点，可知5.3讲的是士人应该具备见贤思齐的品格。

另外，5.3可以与5.2合并在一起理解。5.2讲的是孔子把自己的侄女嫁给一个贤

❶ 朱熹：《四书章句集注》论语集注卷一，中华书局，2011，第75页。

人，而 5.3 则讲士人应该见贤思齐。

最后，从篇章结构的角度来看，5.3 讲的是士人应该拥有的第二种品格：向贤。

5.4　子贡问曰："赐也何如？"子曰："女，器也。"曰："何器也？"曰："瑚琏也。"

（翻译）端木赐问孔子道："老师，你看我端木赐怎么样？"孔子说："你是一件器物。"端木赐追问道："是什么器物呢？"孔子说："是放在宗庙中盛黍稷的瑚琏。"

（解读）5.4 是端木赐直接问孔子对自己的看法。这符合端木赐的性格，他是比较自负的。蕅益大师引李卓吾的话说："卓吾批'问'处云：'也自负。'"❶ 这当与端木赐出身富裕之家的背景有关系。

对于端木赐的这一提问，孔子直接给出了回答："一个器物。"2.12 中，孔子说："君子不器。"所以，孔子这个回答是在说端木赐还不是君子。孔子此言，当是对端木赐的自负性格说的，即认为端木赐修身不够。

端木赐不死心，继续追问。孔子就给出了更为准确的界定，即"瑚琏"。包咸注："瑚琏，黍稷之器。夏曰瑚，殷曰琏，周曰簠簋，宗庙之器贵者。"❷ 所以，孔子对端木赐的评价是：他是很贵重的器物。这也就是说，虽然端木赐没有达到君子的高度，但依旧很值得赞赏。

从篇章结构的角度来看，5.4 讲了一个反例，即自负之人，尚不足以成为君子。所以，反过来理解，那就是士人应拥有的第三种品格：戒骄。

5.5　或曰："雍也仁而不佞。"子曰："焉用佞？御人以口给，屡憎于人。不知其仁，焉用佞？"

（翻译）有人说："冉雍（字仲弓）这个人有仁德但不善辩。"孔子说："何必要能言善辩呢？靠伶牙俐齿和人辩论，常常招致别人的讨厌，这样的人我不知道他是不是一个仁人，所以，何必要能言善辩呢？"

（解读）5.5 要和 5.4 放在一起看。5.4 讲的是端木赐是一个器。那么，为什么端木赐是一个器呢？5.5 给出了暗示，即太伶牙俐齿。端木赐是孔门四科中言辞的代表，善于雄辩。孔子说他因为过于自负而老是夸夸其谈，却不知反思。

孔门弟子在编辑这两段时，故意把 5.5 与 5.4 分开，不在 5.4 中直接揭示端木赐被孔子批评的原因，而只在 5.5 中给出暗示，这是有意在为端木赐做遮掩。

最后，从篇章结构的角度来看，5.5 讲的是士人应该拥有的第四种品格：讷言。

公冶长第五

❶ 蕅益大师：《四书蕅益解》，江谦补注，雷雪敏点校，中国水利水电出版社，2012，第 75 页。

❷ 何晏注、邢昺疏：《论语注疏》，《十三经注疏》整理委员会整理，北京大学出版社，1999，第 55 页。

5.6 子使漆雕开仕。对曰:"吾斯之未能信。"子说。

(翻译) 孔子想让漆雕开(字子开)去当官。漆雕开回答说:"我对这件事还没有自信呀。"孔子听了很高兴。

(解读) 孔子一贯推荐弟子从政,而漆雕开却拒绝了孔子的要求。那孔子为何会很高兴呢?对此,李炳南在《论语讲要》中引东汉郑玄的话,说:"善其志道深。"❶皇侃引范宁的话说:"孔子悦其志道之深,不汲汲于荣禄也。"❷

由此可见,漆雕开并非真的拒绝为官,而是表示为国担责,责任重大,自己感到战战兢兢、如履薄冰。这既是一种谨慎低调的态度,又是一种不重功名利禄的态度。孔子听到这样话,知道漆雕开的修为很深,故而很高兴。

从篇章结构的角度来看,5.6讲的是士人的第五种品格:低调。

5.7 子曰:"道不行,乘桴浮于海。从我者其由与?"子路闻之喜。子曰:"由也好勇过我,无所取材。"

(翻译) 孔子说:"如果我主张的道行不通,我就乘上木筏子到海外去。能跟从我的大概只有仲由吧!"仲由听到这话很高兴。孔子接着说:"仲由啊,你的好勇精神远远超过了我,其他方面却没有什么可取之处。"

(解读) 5.7中的"材"字,有三种解释:第一,为木材,即制作"桴"的材料。此说为郑玄、钱穆所采。第二,通假为"哉",故此句念为"无所取哉"。此说见于皇侃的《论语义疏》。笔者亦采此说。第三,朱熹在《四书章句集注》中提到:"材,裁也",❸即解释为剪裁。由此,此句便解释为"不知道如何裁夺分辨事理"。李泽厚也同意此说,但将此句解释为"不知如何裁剪自己。"

根据上下文,可知孔子是在说仲由好勇,但自身修为不足。蕅益大师对本句批注道:"正为点醒子路而发,非是叹道不行。"❹由此可知,这里当采第二种说法。

另外,5.7当与5.6结合起来读。5.6讲漆雕开低调,而5.7则倒过来,讲仲由过于自信。一正一反、一阳一阴,相映成趣。

最后,从篇章结构的角度来看,5.7讲的是士人的第六种品格:德勇。

5.8 孟武伯问:"子路仁乎?"子曰:"不知也。"

又问。子曰:"由也,千乘之国,可使治其赋也,不知其仁也。"

"求也何如?"子曰:"求也,千室之邑,百乘之家,可使为之宰也,不

❶ 李炳南讲述、徐醒民敬记:《论语讲要》,长江文艺出版社,2011,第77页。

❷ 皇侃:《论语义疏》,中华书局,2013,第101页。

❸ 朱熹:《四书章句集注》论语集注卷一,中华书局,2011,第76页。

❹ 蕅益大师:《四书蕅益解》,江谦补注,雷雪敏点校,中国水利水电出版社,2012,第76页。

知其仁也。"

"赤也何如？"子曰："赤也，束带立于朝，可使与宾客言也，不知其仁也。"

（**翻译**）仲孙彘问孔子说："仲由可以说是一个仁人吗？"孔子说："我不知道。"

仲孙彘接着追问。孔子说："仲由啊！一个有千乘兵车的大国，可让他去管理军事工作。但是如果问到他是不是一个仁人，我就不知道了。"

仲孙彘又问："那么，冉求（字子有）怎样呢？"孔子说："冉求呀！一个有一千户人家的采邑，或者一个拥有上百辆兵车的大夫之家，可以让他去做一个总管。但是如果问到他是不是一个仁人，我就不知道了。"

仲孙彘又问："那么，公西赤（字子华）怎样呢？"孔子说："公西赤呀！可以让他穿上礼服，站在朝堂上接待外宾。但是如果问到他是不是一个仁人，我就不知道了。"

（**解读**）仲孙彘在 2.6 中出现过。

5.8 谈了士人的三种才能，即军事、行政、外交。但拥有这些才能，都不足以达到仁。这说明，仁者不能只有才能，而应有良好的修为。

因此，本句讲了士人应有的第七种品格：广博。

5.9 子谓子贡曰："女与回也孰愈？"对曰："赐也何敢望回？回也闻一以知十，赐也闻一以知二。"子曰："弗如也，吾与女弗如也！"

（**翻译**）孔子对端木赐说："你和颜回两个相比，谁更强一些呢？"端木赐回答说："我怎么敢和颜回相比呢？颜回他听到一件事，就可以推知十件事；而我呢，知道一件事，只能推知两件事。"孔子说："的确是赶不上他，我同意你的话，是赶不上他。"

（**解读**）"吾与女弗如也"一句有两种解释：第一种是汉儒马融、郑玄的解释，认为这句应该解释为"我和你都比不上颜回啊"；第二种是朱熹的解释，也即笔者采用的这种解释。这两种解释都是成立的。

另外，5.9 要和 5.8 结合起来看。5.8 讲的是士人要广博，而 5.9 则对之做出了解释，讲要从广博到由一知十的地步。

最后，从篇章结构的角度来看，5.9 讲了士人的第八种品格：精进。

5.10 宰予昼寝，子曰："朽木不可雕也，粪土之墙不可杇也，于予与何诛？"子曰："始吾于人也，听其言而信其行；今吾于人也，听其言而观其行。于予与改是。"

（**翻译**）宰予（字子我）在白天睡懒觉。孔子说："一块腐朽的木头是无法雕刻的，一面用粪土垒的墙壁是无法粉刷的。所以，对于宰予这个人，还有什么值得责备的呢？"孔子说："起初，我对于别人，是听了他说的话便相信了他的行为；现在我对于别人，听了他讲的话还要观察他的行为。在宰予这里，我改变了观察人的方法。"

解读 5.10 有两句话。这两句话并非在同一时间讲出，但两句讲的都是宰予怠惰一事。由此可知，宰予的怠惰行为令孔子极为失望。另外，后文有孔子批评宰予不仁之言。可见，宰予令孔子失望之处，当不止一处。

最后，从篇章结构的角度来看，5.10 讲了士人的第九种品格：勤勉。

5.11 子曰："吾未见刚者。"或对曰："申枨。"子曰："枨也欲，焉得刚？"

翻译 孔子说："我没有见过刚强之人。"有人回答说："申枨就是这样的人。"孔子说："申枨这个人欲望太多，怎么能刚强呢？"

解读 这段话讲的欲望与刚强的关系。当欲望占据精神的主导地位，即本性模块的欲望轴线（l轴）成为精神体系的主轴时，而其他轴线，包括情感轴（y轴）和理性轴（x轴），是不能发挥什么大的作用的。没有人性模块的节制，本性模块的短期性就会展露无遗。这样的人，当然不可能刚强起来。

5.11 要与 5.10 结合起来看。5.10 讲的是宰予懒惰，5.11 接着讲欲望太多之人（包括贪睡的宰予）是不可能刚强的。

最后，从篇章结构的角度来看，5.11 讲了士人的第十种品格：节欲。

5.12 子贡曰："我不欲人之加诸我也，吾亦欲无加诸人。"子曰："赐也，非尔所及也。"

翻译 端木赐说："我不想别人强加什么给我，我也不想这样强加给别人。"孔子说："端木赐呀，这不是你能办到的。"

解读 端木赐所言，乃仁恕之道。孔子以为端木赐尚未达到这个水准，故用话点了他一下，以为激励。

刘宝楠在《论语正义》中引程瑶田的话，说："仁者，人之德也；恕者，行仁之方也。尧舜之仁，终身恕焉而已矣。子贡曰：'我不欲人之加诸我也，吾亦欲无加诸人。'此恕之说也。自以为及，将止而不进焉，故夫子以'非尔所及'警之。"❶

最后，从篇章结构的角度来看，5.12 讲了士人的第十一种品格：仁恕。

5.13 子贡曰："夫子之文章，可得而闻也；夫子之言性与天道，不可得而闻也。"

翻译 端木赐说："老师讲《诗》《书》《礼》《乐》等内容，是可以听到的。但我从未听老师讲过关于性与天道的内容。"

解读 本句有两个要点。首先，关于"文章"，朱熹的解释是："文章，德之见乎

---

❶ 刘宝楠：《论语正义》卷六，中华书局，1990，第182页。

外者，威仪文辞皆是也。"❶ 朱熹认为，孔子的文章，见于他的言谈举止之间，是道德学问。这点是公认的。

其次，关于"夫子之言性与天道，不可得而闻也"，朱熹的解释是："夫子之文章，日见乎外，固学者所共闻；至于性与天道，则夫子罕言之，而学者有不得闻者。盖圣门教不躐等，子贡至是始得闻之，而叹其美也。"❷

张栻的解释是："性与天道，则非闻见之所可及。其惟潜泳积习之久，而有以自得之。自得之，则性与天道亦岂外乎文章哉？"❸

郑汝谐的解释是："性与天道至难言也，夫子寓之于文章之中。……夫子示人以其端，欲学者至于自得。"❹

蕅益大师的解释是："言'性'言'天'，便成文章。"❺

钱穆的解释是："孔子之教，本于人心以达人道，然学者常教由心以及性，由人以及天，而孔子终不深言及此。故其门人怀'有隐'之疑，子贡发'不可得闻'之叹。及孔子殁，墨翟、庄周昌言天，孟轲、荀卿昌言性，乃开此下思想界之争辩，历百世而终不可合。可知圣人之深远。"❻

由此可见，几乎所有儒学大家对此句均达成了一个共识，即性与天道是更高级的内容。人随着修行的不断加深，到最后，方得把握此两者。

笔者以为，此种解释，不能令人满意，因为这依旧没有令读者理解此两者为何物？笔者尝试来解释一下。

首先，何为"性"？性是人的精神体系。人的精神体系中有两大区域：人性、本性，其下还有很复杂的结构。

人的精神体系本是和谐的（善性）。但受到外在干预，精神体系会出现内在矛盾，比如，人性区域与本性区域之间会出现矛盾。人本该以人性性作为外在表达，却被本性所控制，表现出猛烈的欲望或情绪。我们将这种状态称为人的精神矛盾。

精神矛盾的出现，说明人的精神体系内部的和谐状态被打破，而人的行为也会因此失矩。所以，要调和人的精神矛盾，使人的精神回到和谐的状态。

那么，如何回到这种和谐状态呢？这就需要不断修道。这里的道是"仁道"。仁道虽在人的内心中，却是结构链的最顶端。它高高在上，仿佛通到精神的天穹一般。所以，我们也称之为"天道"。所谓天道，其实就是对仁道的形象化的说法。

❶ 朱熹：《四书章句集注》论语集注卷一，中华书局，2011，第 77 页。
❷ 朱熹：《四书章句集注》论语集注卷一，中华书局，2011，第 77 页。
❸ 张栻：《论语解》卷第三，商务印书馆，1937，第 34 页。
❹ 郑汝谐：《论语意原》卷一，四库全书版，第 32 页。
❺ 蕅益大师：《四书蕅益解》，江谦补注，雷雪敏点校，中国水利水电出版社，2012，第 78 页。
❻ 钱穆：《论语新解》，九州出版社，2011，第 112 页。

那仁道又是什么呢？仁道其实就是精神的和谐状态。所以，所谓修道，其实就是达到人的精神的和谐状态，即在深意识的主导下，建立情主理副（y，x）的轴线结构，并妥善安排其下的所有支点、条件和数据位，做到中庸。

在这种和谐的精神体系中，精神力承载着符合"中庸"准则的态度，不断向外投射。当精神力最终穿出精神体系，表达为行为时，这种行为是符合"从心所欲，不逾矩"的最高准则的。这种行为，本身就是一篇宏大的道德"文章"。

由此，"仁道"其实就是"天道"，也就是"性"，也就是"文章"。它们之间没有什么分别。孔子述而不作，其所作所为本身就是"文章"，这"文章"无时无刻不体现了"性与天道"。这么说来，"性与天道"不可能"不可得耳闻"。

那如何理解端木赐这句话呢？这就需要将5.13与5.12结合起来读。5.12讲的是端木赐的修为不够，5.13接着讲，正因为端木赐修为不够，所以误以为只有孔子讲述的才是文章，而看不到孔子的所作所为更是大文章，更看不到这篇大文章中蕴藏的"性与天道"。

最后，从篇章结构的角度来看，5.13讲的是士人的第十二种品格：悟道。

5.14　子路有闻，未之能行，唯恐有闻。

翻译　仲由在听到一条道理但没有能亲自践行前，唯恐又听到一条新的道理。

解读　5.14讲的是士人的第十三种品格：践行。

5.15　子贡问曰："孔文子何以谓之'文'也？"子曰："敏而好学，不耻下问，是以谓之'文'也。"

翻译　端木赐问道："为什么给孔圉一个'文'的谥号呢？"孔子说："因为他聪明又好学，不以向他地位卑下的人请教为耻，所以给他一个谥号叫'文'。"

解读　孔圉，亦称仲叔圉，卫国大夫，其谥号为"文"，故称为文子。

当初，卫国的太叔疾娶了宋国子朝的女儿，她的妹妹随嫁。后来，子朝因故逃出宋国。孔圉就让太叔疾休了子朝的女儿，然后把自己的女儿孔姞嫁给了太叔疾。但太叔疾却派人把他前妻的妹妹安置在"犁"这个地方，为她修了一座宫殿，并作为自己的第二位妻子。孔圉为此大为恼怒，准备派兵攻打太叔疾。孔子劝说孔圉打消念头，孔圉就把女儿强行要了回来。

孔圉这种把女儿要来要去的行为，不符合礼法。所以，对5.15，钱穆解释说："《左传》载其人私德有秽，子贡疑其何以得谥为'文'，故问。"❶

另外，5.15要与5.14结合起来看。5.14讲的是士人要积极践行道理，在践行一条道理

---

❶　钱穆：《论语新解》，九州出版社，2011，第113页。

前，唯恐听到一条新的道理；5.15接着讲士人在做事时，要好学、不耻下问。

最后，从篇章结构的角度来看，5.15讲的是士人的第十四种品格：好学。

5.16　子谓子产："有君子之道四焉：其行己也恭，其事上也敬，其养民也惠，其使民也义。"

（**翻译**）孔子评价公孙侨（字子产）说："公孙侨有君子之道的四方面：自己的行为谦恭有礼，侍奉君主有敬心，爱养百姓有恩惠，劳役百姓合时宜。"

（**解读**）公孙侨的身份是郑国公室，郑穆公之孙，以公孙为氏，字子产。

对于这样一个属于旧精英的人物，孔子为何要夸赞他呢？据《左传》记载，公孙侨在郑国当了22年国相，不仅自己廉洁奉公，死后家无余财，而且为国家做了很多有益的事情，推动了郑国的中兴。公孙侨去世后，家里甚至连下葬的钱都没有。郑国人闻之纷纷痛哭，以示哀悼。

《左传》"昭公二十年"记载，孔子听到公孙侨去世后，评价道："古之遗爱也。"所以，孔子盛赞公孙侨，是因为他承继了先贤的德行。而这些德行，也正是孔子希望新精英具备的，即谦恭、诚敬、惠民、合宜。

所以，从篇章结构的角度来看，5.16讲了士人的第十五种到第十八种品格：谦恭、诚敬、惠民、合宜。

5.17　子曰："晏平仲善与人交，久而敬之。"

（**翻译**）孔子说："晏婴（字仲，谥平）善于和人交往，而且，就算相处久了之后，他仍能敬重别人。"

（**解读**）对于5.17的内容，钱穆解释道："交友久则敬意衰，晏子于人，虽久而敬爱如新。此孔子称道晏子之德。孔门论人，常重其德之内蕴，尤过于其功效之外见。" ❶

另外，5.17要和5.16结合起来看。5.16讲的是士人在待人接物方面的四德，而5.17讲的则是士人与人交往时的态度。

最后，从篇章结构的角度来看，5.17讲的是士人的第十九种品格：久敬。

5.18　子曰："臧文仲居蔡，山节藻棁，何如其知也？"

（**翻译**）孔子说："臧辰藏了一只大龟，龟室中的柱头斗拱上刻有山水，梁的短柱上画了藻草，整个龟室装饰得像天子供奉祖宗的祖庙一般。他（这么做），又怎么能算得上是智慧之士呢？"

（**解读**）臧辰，鲁国大夫，博学广知，不耻下问，所以得到了"文"的谥号。但他

❶　钱穆：《论语新解》，九州出版社，2011，第115页。

在承担鲁国政事期间，不拘礼法，用装饰有天子祖庙花纹的屋子养龟，并用龟为鲁国占卜。这就有逾越礼制，且崇信鬼神之嫌。而孔子又素来主张"敬鬼神而远之"，所以，孔子认为他算不上是"智慧之士"。

朱熹评价说："当时以文仲为知。孔子言其不务民义，而谄渎鬼神如此，安得为知？《春秋传》所谓'作虚器'，即此事也。"❶

刘宗周在《论语学案》中评价说："智者不惑于鬼神，谓其见理明；而趋避，决不假以鬼谋之事也。文仲以智称，不过挟数任术、私智揣摩，正所谓大智之贼耳。即居蔡一事可知也。"❷

基于上述点评可知，臧辰名义上是为民占卜，其实是在以方术为自己擅权提供方便，"不务民义"。

最后，从篇章结构的角度来看，5.18讲的是士人的第二十种品格：务民。

5.19 子张问曰："令尹子文三仕为令尹，无喜色；三已之，无愠色，旧令尹之政，必以告新令尹。何如？"子曰："忠矣。"曰："仁矣乎？"曰："未知，焉得仁？"

"崔子弑齐君，陈文子有马十乘，弃而违之。至于他邦，则曰：'犹吾大夫崔子也。'违之。之一邦，则又曰：'犹吾大夫崔子也。'违之，何如？"子曰："清矣。"曰："仁矣乎？"曰："未知，焉得仁？"

翻译 颛孙师问孔子说："令尹斗榖多次担任楚国的令尹一职，脸上没有显出高兴的神色，几次被免职，脸上也没有显出怨恨的样子。而且，他每次被免职时一定会把自己手头的一切政事全部告诉给前来接任的新令尹。您觉得这个人怎么样呢？"孔子说："可以算得是忠了。"颛孙师追问道："算得上仁吗？"孔子说："没有智慧，又怎么能算得上是仁呢？"

颛孙师又问道："崔杼杀了他的君主齐庄公。陈须无家里有四十四马，但他却舍弃不要了，离开了齐国，到了另一个国家。到那里之后，他说，这里的执政者也和我们齐国的大夫崔杼差不多，说完便离开了。他又到了另一个国家。在那里，他说，这里的执政者也和我们的大夫崔杼差不多，说完又离开了。这个人您看怎么样？"孔子说："可以算得上清高了。"颛孙师说："可以说是仁了吗？"孔子说："没有智慧，又怎么能算得上是仁呢？"

解读 5.19涉及多个人物。第一个是令尹子文。据孔国安注：令尹子文，楚大夫，芈姓，斗氏，名榖，字於菟。此人位居楚相，多次起落，面无喜怒，的确是一个忠臣。但是，他做了一件错事，即推举自己的弟弟子玉成为令尹。结果，子玉在率领楚军与

---

❶ 朱熹：《四书章句集注》论语集注卷一，中华书局，2011，第78页。

❷ 刘宗周：《论语学案》，载吴光主编：《刘宗周全集》，浙江古籍出版社，2007，第330页。

秦、晋两国作战时，大败。子玉也被楚成王赐死。皇侃引用李充的话，对这一句批注道："子玉之败，子文之举，举以败国，不可谓智也。贼夫人之子，不可谓仁。"❶

所以，斗縠的确是不智的。而既然没有智慧，又如何可以算得上仁呢？这里有两点需要注意：第一，"未知，焉得仁？"一句，钱穆、李泽厚、杨伯峻等皆翻译为"不知道，这又如何算得上仁呢？"这种方式没有翻译出"焉得"两字的意思，明显是误译。这句中，应将"知"通"智"，如此才可得到正确之解释。第二，为何儒学认为仁者一定要有智慧？儒学虽然讲人要有爱的情感，却并不以情感轴为单一轴，而是建立了情主理副结构，即（y, x）结构。这即是说，儒学认为，人要有理性的知识，并以此知识来辅助或节制情感之表达。而人的情感在回向，向外表达时，也会借助理性。如此，人的情感才是有节制的。所以，拥有智慧对于贤人来说，是一个非常重要的标准。而斗縠的做法只见私情，未见节制，故而是不智，亦未见仁。

第二个是崔子。崔子，姜姓，崔氏，名杼，谥武，又称崔武子，春秋时期齐国大夫。崔杼在齐执政二十多年，当国秉政，位高权重。后来，齐庄公与崔杼之妻东郭姜通奸，多次去崔杼家，还把崔杼的帽子赏给别人。崔杼大怒，在国内发动叛乱，杀死庄公。

第三个是陈须无。陈须无，谥文，故称陈文子，或田文子，齐国大夫。陈须无家里有一定的家产，却因为不愿与崔杼同朝为官，不愿受崔杼这样的人摆布，遂逃离。此后，他试图找一个清明的国家，却一直没有找到。故而，他一直没有为官。这说明他是一位清雅、清高之士。但此人并非一个智慧之人。李炳南在《论语讲要》中说："何以未智，齐君昏，未闻文子进谏，亦未闻其阻崔子之弑君，是为不智，又何能称为仁者。"❷此言甚切。

综上，这段对话主要在讲忠诚、清高之人，如果没有智慧，也不能算是一个仁人。

另外，5.19要和5.18结合起来看。5.18讲的是臧辰借养龟一事，看似有智慧，其实在图谋门户私计，颇有心计；5.19讲了两人，第一个斗縠忠诚，却略有私心，乃至在推举人上栽了跟头；第二个陈须无清雅，完全没有私心，却没有足够的智慧避免不幸的发生。于是，这两段最终都落到一个"知"上。其中，5.18中的臧辰是有小知而无大知，而5.19中的两人则有忠诚和清高，却没有知。

从篇章结构的角度来看，5.19讲了士人的第二十一种品格：智慧。

5.20　季文子三思而后行，子闻之，曰："再，斯可矣。"

(翻译)　季孙行父做每件事之前要考虑很多次。孔子听到后，说："考虑两次也就行了。"

(解读)　季孙行父，谥号"文"，故史称"季文子"，为鲁国正卿，季武子之父。

一般认为，孔子此言在于讥讽季孙行父遇事多虑，权谋甚深，乃至这些思虑最终

❶　皇侃：《论语义疏》，中华书局，2013，第101页。

❷　李炳南讲述、徐醒民敬记：《论语讲要》，长江文艺出版社，2011，第84页。

都变成了为一己之私之考量。朱熹在《四书章句集注》中引程子的话说："程子曰：三则私意起而反惑矣，故夫子讥之。"❶笔者以为，这一解释虽然正确，但不深刻。此句背后，另有玄机。

其时，庄公子遂（谥襄，史称"襄仲"）权势甚大，杀嫡立庶，把文公庶子立为国君，是为鲁宣公。三桓中与他争权的孟孙氏被赶出鲁国，军功甚大的叔孙氏也被压制，唯季孙行父（季文子）谨小慎微，表面上依附于襄仲。私底下，为了扩大自己的势力，季孙行父推行改革，采用初税亩，将被困在井田制上面的奴隶、农民们解放出来。季氏及三桓中其余两家纷纷抢占这些开垦私田的"隐民"。由此，越来越多的人口依附于三桓，三桓的力量日益壮大，手中直接或间接控制的私田日益增多，而国家控制的人口则不断减少，国家的税赋则随之减少。

宣公十八年，公子遂卒，其子公孙归父执政。三桓的强盛让宣公和权臣公孙归父倍感不安，于是公孙归父前往晋国请兵。可惜公孙归父还没成功搬来晋国军队，宣公就死了。季孙行父趁机发难，备述襄仲当政时的弊端。公孙归父听到消息后，逃到齐国躲避。季孙行父由此开始执政，辅佐宣公、成公、襄公三代鲁国国君。

可见，季孙行父走的是一条司马懿式的权谋之路。他一路上用尽机谋，绝非等闲之辈。由此可知，孔子此言，是在嘲讽季孙行父的阴险、不坦荡。

最后，从篇章结构的角度来看，5.20讲了士人的第二十二种品格：坦荡。

5.21 子曰："宁武子，邦有道，则知；邦无道，则愚。其知可及也，其愚不可及也。"

翻译 孔子说："宁俞这个人，当国家有道的时候，他就表现得很聪明；当国家无道的时候，他就装傻。他的那种聪明，别人是可以做得到的，而他的那种装傻的做法，别人就做不到了。"

解读 宁俞，谥号"武"，卫国大夫。宁俞曾辅佐卫文公与卫成公。卫文公时，政治清明，宁俞发挥了重要作用。

卫成公时，政治混乱。晋文公借故讨伐卫国，卫成公因此出逃。在这一时期，宁俞表现出了"愚"的一面。这是在躲避卫成公背后势力的锋芒。

后来，卫成公在周天子的协调下复国。当时，卫国有两派势力，一派是留在卫国国内的亲晋国的势力，另一派是跟着卫成公出逃的反晋国的势力。此时，宁俞捐弃前嫌，出面协调卫国国内的这两派势力，推动两者共同辅政。

可见，宁俞的所谓"愚"，其实是不趋炎附势，投靠其他势力，而是忠诚君主，并为君主之复起保存力量。从这个角度看，宁俞本人不管遇到什么境况，都是一如既往，他的品

---

❶ 朱熹：《四书章句集注》论语集注卷一，中华书局，2011，第79页。

行并没有发生什么改变。真正改变的只是时代，以及人们评价智慧与愚蠢的标准啊！在礼崩乐坏的时代，人们把行恶当成有智慧，自然也就把宁俞的坚守义举当成愚蠢的行为了。

看懂了这一点，我们也可以知道，宁俞的这一做法，比5.2中提到的南容要更高一层。南容独善其身，顺势而变，而宁俞心系国家，矢志不渝。这是一般人学不来的。孔子正是基于这一背景，对宁俞做出了极高的赞誉，称赞他"坚守"。

孔子培养的新精英未来大多要参与政治，韬晦对于他们当然是一项很重要的生存手段。由此可知，本篇其实也是士人在礼崩乐坏时代里的一份生存手册。

另外，5.21要与5.20结合起来看。5.20讲的是季孙行父在不利时，搞阴谋诡计，以图谋扩大自己的势力；5.21则倒过来，讲了一个心胸坦荡的人的例子。一反一正，一阴一阳，相映成趣。

总而言之，5.21讲了士人的第二十三种品格：坚守。

5.22　子在陈，曰："归与！归与！吾党之小子狂简，斐然成章，不知所以裁之。"

（翻译）孔子在陈国时，说道："回去吧，回去吧。鲁国故土这群与我志同道合的学生们有志向，但行为粗率简单；会做文章，但尚未明大道，不知如何自我节制。（他们都等着我去好好栽培呢。）"

（解读）孔子周游列国，来到陈国，思念故土，故发此言。

5.22这段话讲了士人的第二十四种品格：自律。

5.23　子曰："伯夷、叔齐不念旧恶，怨是用希。"

（翻译）孔子说："伯夷、叔齐不记过去的冤仇，所以怨恨也就稀少了。"

（解读）5.23中"怨是用希"一句，有两种解释：第一种解释为别人对他们的怨恨也就少了；第二种解释为他们心头的怨恨也就少了。笔者以为，两种解释都成立，且应该同时被采纳，故合并翻译成"所以怨恨也就稀少了"。

此句中所涉伯夷、叔齐让国之事，大体情节是：伯夷、叔齐是商朝孤竹国的王子，伯夷为长、叔齐为幼。旧君去世前，曾立叔齐为储君，但众人以维护礼制之名，推伯夷为新君。伯夷坚辞不受，逃往他国。叔齐见状，也坚辞不受，逃亡他国。故此两人皆有让国之美名。

孔子此话，是在夸奖两人胸襟宽阔，不念旧恶。

另外，5.23要与5.22结合起来看。5.22讲的是孔子思念故土；5.23借着伯夷、叔齐的事情，表达的意思是孔子不念旧恶，愿意为鲁君效力。

最后，从篇章结构的角度来看，5.23讲了士人的第二十五种品格：豁达。

5.24 子曰：“孰谓微生高直？或乞醯焉，乞诸其邻而与之。”

（**翻译**）孔子说：“谁说微生高这个人直率？有人向他讨点醋，他并不直说没有，暗地却跑到邻居家里要了点给对方。”

（**解读**）微生高，也作尾生高。史书对他记载有一段“抱柱守信”的故事：尾生高与一女子约会于桥下，但女子尚未至，大雨突至，发起大水。尾生高守诺，抱柱死等，结果被大水淹死。人皆以正直、直率称道尾生高。

孔子以为，此人博取虚名，为求好名声，不直言自己的状况，还要找邻居借醋。尾生高的这种做法，很体现当时礼崩乐坏的社会风气。当时的人们都不择手段地博取名利，甚至为之丢掉了自己的性命。

总之，5.24讲了士人的第二十六种品格：直率。

5.25 子曰：“巧言、令色、足恭，左丘明耻之，丘亦耻之。匿怨而友其人，左丘明耻之，丘亦耻之。”

（**翻译**）孔子说：“嘴上说着讨好的话、脸上装出讨好的面容、身体扮出恭顺的样子，左丘明认为这样是可耻的，我也认为是可耻的。内心藏匿怨恨，外表却与人亲近，左丘明认为这样是可耻的，我也认为是可耻的。”

（**解读**）首先，5.25中，孔子批了两种令人厌恶的做派，第一种是谄媚，第二种是笑里藏刀。这两种做派有个共同点，即虚伪。对此，李炳南批注道：“足乃手足之足。巧言出于口，令色现于容，足恭表于足。足恭之义，欲前不进也……此三者皆虚情。”❶

其次，孔子提到左丘明。左丘明为鲁国史官，曾为孔子写的《春秋》做传，史称《左传》。由此可知，左丘明是懂《春秋》之义理的。蕅益大师批注道：“读此，便知《春秋》宗旨。《春秋》只是扶三代之直道耳！”❷

再其次，5.25要与5.24放在一起看。5.24讲的是微生高假装直率，其实以之博取名利；而5.25则对这种人做出点评，认为这种巧言令色之人，令人可耻。

最后，从篇章结构的角度来看，5.25讲了士人的第二十七种品格：真诚。

5.26 颜渊、季路侍。子曰：“盍各言尔志？”
　　子路曰：“愿车马、衣轻裘，与朋友共，敝之而无憾。”
　　颜渊曰：“愿无伐善，无施劳。”
　　子路曰：“愿闻子之志。”
　　子曰：“老者安之，朋友信之，少者怀之。”

（**翻译**）颜回、仲由两人侍立在孔子身边。孔子说：“你们何不各自说说自己的志向？”

---

❶ 李炳南讲述、徐醒民敬记：《论语讲要》，长江文艺出版社，2011，第88页。

❷ 蕅益大师：《四书蕅益解》，江谦补注，雷雪敏点校，中国水利水电出版社，2012，第80页。

仲由说："我愿意拿出自己的车马、衣服、皮袍，同我的朋友共享，哪怕用坏了也无所遗憾。"

颜回说："我愿意不夸耀自己的长处，不把困难的事情交给别人。"

仲由向孔子说："想要听听您的志向。"

孔子说："我的志向是抚恤老人，让老人心身皆安；以诚信待人，让朋友们信任我；以慈厚之心待青年子弟，让他们得到关怀。"

（解读）对5.26的解法，自古皆同，认为三个人的话分别代表仁的三个层次。

程子说："夫子安仁，颜渊不违仁，子路求仁。"

《论语正义》中提到："子路重伦轻利，不失任恤之道，义者之事也；颜子劳而不伐，有功而不德，仁者之事也；夫子仁覆天下，教诚爱深，圣者之事也。"❶

可见，孔子的这番话，达到了天下大同的高度。

综上，5.26讲了士人的第二十八种品格：安仁。此种品格之境界比5.13中所提到的求仁又高了一个层次。

5.27　子曰："已矣乎！吾未见能见其过而内自讼者也。"

（翻译）孔子说："算了吧！我还没有看见过能够看到自己的错误后，能在内心里责备自己的人啊。"

（解读）5.27讲是自讼。所谓自讼，就是自我悔改。

那么，问题是自讼为何是最后一种品格，而且孔子说从未见过到有人能够做到呢？因为自讼极难。

此前二十八种品格要想实现，皆不易。但纵然不易，它们都处在深意识，即意志，主动选择下，是在较低级的精神模块，比如意识、元意识等中实现的。而自讼则是在深意识模块中实现的，是人的意志的自我否定、自我悔改。

深意识是人的最高的精神模块，它可以指令其他精神模块，令它们调整其内在的结构设置。这些调整虽然不易实现，但至少还有一个更高级的精神模块作为上层的节制力量，指令完成这些调整。而上升到自讼层次时，就完全成了深意识模块的自我节制、自我否定。

深意识模块的自我否定是极难实现的。一方面，深意识毕竟是空的，只以流入的精神力中的态度作为自我决断之依据。所以，总要有足够多精神力承载着不同的态度，才有可能推动深意识的改变。另一方面，深意识地位又极高，维系着整个精神体系的稳定。深意识改变了，精神体系的整体结构设定都要随之做出调整。所以，深意识并不轻易做出改变。

出于此两者，可知人大都只会沿着自己的道路前进，而极难对自己的行为做出改变。这是人的行为惯性。而人的改变，通常发生在遇到大的变故时。人遇到此类变故

---

❶ 刘宝楠：《论语正义》卷六，中华书局，1990，第202页。

后，会做出沉痛反思，并改变自己的行为。在生活世界中，我们通常将这种情况称为"变成熟"。这种情况在人的一生中极少，且并不确定它是否会将人引向好的方向。而在礼崩乐坏的环境下，人们大都会被引向坏的方向。故而，孔子说他从未见过此类人。

另外，5.27 要与 5.26 摆在一起看。5.26 讲的是士人要求仁、不违仁、安仁；而 5.27 则讲在这个过程中，人要常常自我反省，即自讼。

最后，从篇章结构的角度来看，5.27 讲的是士人的第二十九种品格：自讼。

5.28　子曰："十室之邑，必有忠信如丘者焉，不如丘之好学也。"

(翻译) 孔子说："即使只有十户人家的小村子，也一定有像我这样讲忠信之人，只是他不如我那样好学罢了。"

(解读) 此句颇值玩味。先说第一个层面的解读。"十室之邑，必有忠信如丘者焉"一句，指向 5.1，暗指以公冶长为代表的士人。这些人数量庞大，哪怕是只有十户人家的小村子里，都一定有此类人物。

"不如丘之好学也"指向 5.2 ~ 5.27，意思是忠信之人要成长为贤士，就需要像孔子这样好学，最好是直接跟随孔子学习。只有经过学习，此人才能培养出 5.2 ~ 5.27 中所述的士人品德。

由此，5.28 不仅呼应了 5.1，也回应了 5.2 ~ 5.27，可谓对本篇全部内容的总结性回溯。

再说第二个层面的解读。5.1 中提到的公冶长，为如今山东诸城市贾悦镇近贤村人氏。近贤村自古为一个小村，符合"十室之邑"的描述。所以，5.28 也从地理层面回应了 5.1。但 5.28 没有局限于鲁国近贤村的"十室之邑"这么一个地理空间概念中，而是在以小见大，讲整个周天下的事。孔子这句话的深意是，如果连近贤村这样的"十室之邑"中都有忠信之人，那么整个周天下当有为数众多的青年才杰。他应该多花精力把他们都找出来，聚集起来。

综上，从 5.1 到 5.28，完成了一个地理空间上的拓展，即从鲁国的"十室之邑"拓展到了周天下。5.28 既是对 5.1 的呼应，也是对 5.1 的拓展。而只有从这个角度，我们才能更为深刻理解 5.1 中孔子嫁女行为的标志性意义，即告诉整个周天下的士人：孔门重视青年才杰，哪怕是身陷囹圄之人，也不排斥。青年才杰尽可以投身到孔门之下，跟随孔子学习仁道。

第五篇讲选人的标准。选完人后，接下来要谈的是这些人该怎么办的问题。于是，第六篇讲士人要如何参与社会事务，即士人参与社会事务时的行为准则问题。通过有效地参与社会事务，士人群体可以快速扩大社会影响，打牢社会基本盘。如此，士人才能完成从群体基础（士人群体）向社会基础（天下民心）的转变，从而构建出一个理想的天下。

　　本篇可分为如下三个部分：

　　第一部分　心怀天下：天下（6.1）

　　第二部分　行为准则：凡二十八（6.2～6.29）

　　第三部分　能近取譬：家（6.30）

雍也第六

6.1 子曰:"雍也可使南面。"

(翻译) 孔子说:"冉雍这个人,可以让他去做大官。"

(解读) 冉雍,比孔子小 29 岁。6.1 中的"南面"一句,有歧义。根据《易经》,南边是离卦,"离为明",代表火、光明。所以,古之圣人皆临南而治。朱熹解释此句说:"南面者,人君听治之位。言仲弓宽洪简重,有人君之度也。"❶ 这也就是说,朱熹认为,孔子是在说冉雍有成为帝王之资。但李炳南、杨伯峻等不同意这种看法。李炳南提出:"古注考诸经传,不独天子称南面,凡为诸侯,卿大夫,有土有爵者,亦即有治民之权者,皆得称为南面。……从引申之义,即是说,冉雍,可以使其从政。"❷

笔者以为,孔子不可能说出冉雍可以当帝王的话,否则便是谋权篡位之言,有违孔子所遵循的礼法。基于此,此句只可解释为让冉雍去当官。但既然这里用的是"南面"一词,那么这个官位的级别肯定不低。

最后,从篇章结构分析,本篇的主题是士人如何参与各种具体社会事务,以构建一个理想的社会。从政素来是孔门认为的参与具体社会事务的主要途径,而 6.1 讲的又是冉雍可以去当大官,所以,孔门弟子将此句放在本篇的开头,为的是表示从政是孔门弟子认同的参与社会事务的最佳路径。

6.2 仲弓问子桑伯子,子曰:"可也,简。"
仲弓曰:"居敬而行简,以临其民,不亦可乎?居简而行简,无乃大简乎?"子曰:"雍之言然。"

(翻译) 冉雍问孔子:"您怎么看子桑伯子这个人?"孔子说:"还可以吧!他办起事很简单。"

冉雍接着说:"如果内心重视政务而办起事来简单便捷,由这样的人来治理民众,不好吗?如果内心存着对政事简单敷衍的态度而办起事来又简单草率,那不就太简单了吗?"孔子说:"冉雍这句话说得对。"

(解读) 这句话讲的是参与政治事务,要心中存有对事务的严肃重视的态度,办事简单、便捷、不烦琐,而不能简单敷衍了事。

由此可知,6.2 谈的是士人参与社会事务的第一准则:心存恭敬,行事简捷。

同时,6.2 依旧以冉雍为主角,且由他说出一句通达之言,也是以此证明为何孔子会在6.1 中说出"雍也可使南面"这样的话。通过 6.2 可知,冉雍的确是一位十分有修为的君子。

❶ 朱熹:《四书章句集注》论语集注卷一,中华书局,2011,第 81 页。

❷ 李炳南讲述、徐醒民敬记:《论语讲要》,长江文艺出版社,2011,第 91 页。

6.3 哀公问:"弟子孰为好学?"孔子对曰:"有颜回者好学,不迁怒,不贰过,不幸短命死矣,今也则亡,未闻好学者也。"

(翻译) 鲁哀公问孔子:"你的学生中有谁爱好学习呢?"孔子回答说:"有个叫颜回的爱好学习。他不拿别人出气,不重犯同样的错误,可惜不幸早逝。现在没有了,我再没有听见过谁好学了。"

(解读) 6.3 中的"迁怒"一词值得探讨。为何人会迁怒?这其实是情感与情绪的一个共同特点。情感轴与情绪轴都有一个支点,即对象。这就是说,情感与情绪都指向某个对象。

这涉及两个问题:第一,对象容易失去。比如,爱某个人,而这个人去世了,爱的对象就失去了。此时,主体如果要继续表达情绪或情感,就不得不重新寻找对象,或曰以精神力承载新的态度,填入对象支点下的内轴线。在这种情况下,人就表现出了对象的迁移,表现在怒火上便为"迁怒"。第二,对象的范围容易扩大。关于情感,人们常见的情况是"爱屋及乌";而关于情绪,人们也常见愤怒扩大化,即迁怒他人。为何会如此呢?因为情感或情绪的对象下内轴线的数据位容易向 $+\infty$ 极位偏移,即从面向自己,扩大到面向其他人。由此,便产生出上述"爱屋及乌""迁怒他人"等现象。

那要如何避免此种现象呢?有两种办法:第一,深意识直接介入,重新设定对象支点下的内轴线取值;第二,深意识指令理性轴介入,对情感轴或情绪轴做出节制。

6.3 应当与 6.2 合并在一起读。6.2 讲的是士人对政事要心存恭敬,6.3 接着讲士人对政事要好学。人只有恭敬了,才会积极参与事务,揣摩事务中的学问。

最后,从篇章结构的角度来看,6.3 谈的是士人参与社会事务的第二准则:不行迁怒、不犯贰过。

6.4 子华使于齐,冉子为其母请粟,子曰:"与之釜。"
请益,曰:"与之庾。"
冉子与之粟五秉。
子曰:"赤之适齐也,乘肥马,衣轻裘。吾闻之也,君子周急不继富。"

(翻译) 公西赤出使齐国,冉有替他的母亲向孔子请求接济一些米。孔子说:"给她六斗四升。"

冉有请求增加。孔子说:"再多给她二斗四升。"

最后,冉有给了米八十石。

孔子说:"公西赤出使齐国,驾着肥马拉的车,穿着轻暖的皮衣。我听说,君子周济困急之人,而不周济富人使之变得更富。"

(解读) 本句的意思是,冉有为公西赤的母亲求米。孔夫子同意给六斗四升,够吃一个月。可是,冉有觉得有些少,再次提出请求。孔夫子又增加了一些。冉有还觉得少。一下子,增加了不少数量。这里有两个争议:第一,"五秉"到底是多少?目前有两种说法：一种说法认为是米八十斗；另一种说法是米八百斗。第二，多出来的米来自哪里？钱穆、李炳南等先生以为是冉有从孔子库房中私自多拨了一些。但问题是，如果是冉有从孔子库房中私自多拨了一些，也不可能一下子多拨十倍，乃至百倍。这么多米，需要很多人搬运，闹出的动静一定很大，不容易私自拨出。

皇侃的说法是："孔子与粟既竟，故冉子又自以己粟八十斛与之也。"❶这也就是说，是冉有从自己的俸禄中贴补的。这种说法比较合理。

回到对 6.4 的解释上。6.4 谈的是士人参与社会事务时，要乐于帮助他人。如此，士人群体才能扩大社会影响，打牢社会基础。但在这么做时，士人必须遵循周急不济富的准则。

综上，6.4 谈的是士人参与社会事务的第三准则：周济急困，不济富人。

6.5 原思为之宰，与之粟九百，辞。子曰："毋，以与尔邻里乡党乎！"

（**翻译**）原宪担任孔子的家宰。孔子给他俸禄九百斗小米。原宪辞让不收。孔子说："不要推辞，拿去给你的邻里乡亲们吧！"

（**解读**）原宪，字子思，孔子弟子，比孔子小 36 岁。包咸批注："孔子为鲁司寇，以原宪为家邑宰。"❷

关于 6.5 的内容，何晏、邢昺的《论语注疏》中提到："此章明为仕受禄之法。……孔子与之粟九百斗，原思辞让不受。……孔子禁止其让，言禄法所得，当受无让也。"❸这也就是说，本句讲的是士人的一个行为准则：当受无让。

朱熹顺便还指出了此句与 6.4 之间的联系："常禄不当辞，有余自可推之以周贫乏，盖邻、里、乡、党有相周之义。"❹所以，按照孔子的意思，士人应该当受无让，并用多出来的财富周济穷人（6.4），以扩大士人的影响，打牢士人群体的社会基础。

总之，6.5 谈的是士人参与社会事务的第四准则：当受无让，推以济贫。

6.6 子谓仲弓曰："犁牛之子骍且角，虽欲勿用，山川其舍诸？"

（**翻译**）孔子对冉雍说："耕牛产的牛犊，它身上长着赤红色的毛，头上长着整齐的角。哪怕人们（觉得它出身不好）不想用它来祭祀，难道山川之神会舍弃它吗？"

（**解读**）6.6 是孔子对他的学生冉雍说的。此句有一个背景：冉雍的父亲是一个贫贱之人，而且品性不好。孔子发现冉雍的自卑心理，借此话激励他，即英雄不问出处。当时像冉雍这种出身卑贱的新精英为数不少，孔子一视同仁，以同样的态度对待所有前来学习的年青士人。

---

❶ 皇侃：《论语义疏》，中华书局，2013，第 128 页。
❷ 何晏注、邢昺疏：《论语注疏》，《十三经注疏》整理委员会整理，北京大学出版社，1999，第 72 页。
❸ 何晏注、邢昺疏：《论语注疏》，《十三经注疏》整理委员会整理，北京大学出版社，1999，第 72 页。
❹ 朱熹：《四书章句集注》论语集注卷一，中华书局，2011，第 83 页。

对于本句，刘宗周说："此疑夫子策励仲弓之意。言人当自奋于流俗，而不可安于自弃也。圣贤豪杰，只在人当身分内为之则是，虽天亦不得而限之。犂牛之子，生而贱者也，骍而且角，山川用之矣，人其可以生禀自弃哉？困勉可一，下愚可移也，亦曰'学焉而已矣'；学之至，则气禀之驳者，幡然一变而近道。虽曰不希圣希贤，吾不信也。骍且角，盖取喻于变化气质者。"❶

所以，6.6讲的是士人参与社会事务的第五准则：不论出身，天生我材。

6.7　子曰："回也，其心三月不违仁，其余则日月至焉而已矣。"

(翻译) 孔子说："颜回啊，他的心能三个月不偏离仁道，而其他人则只是一天或一个月暂时依循仁道而已。"

(解读) 本句中，"三月"有两种解释：一种认为是"长久""一直"之意；另一种认为是实指"三月"之意。笔者采后说。

6.7当与6.6合起来理解。6.6讲的是士人不要为自己的出身而羁绊，而要相信自己凭借才干一定能够得到机会；6.7接着讲，虽然要不论出身，却要论仁道修为。而在当时的新精英中，只有颜回达到了"三月不违仁"的修为水准，其他人的修为并不出色。如果不修行仁道，则新精英与旧精英没有什么本质区别。在这种情况下，社会公众又如何会信任他们，并愿意追随他们呢？所以，孔子希望他们关注仁道，不违仁道。

6.7讲的是士人参与社会事务的第六准则：修行仁道，不违仁道。

6.8　季康子问："仲由可使从政也与？"子曰："由也果，于从政乎何有？"
　　　曰："赐也可使从政也与？"曰："赐也达，于从政乎何有？"
　　　曰："求也可使从政也与？"曰："求也艺，于从政乎何有？"

(翻译) 季孙肥问孔子："仲由这个人怎么样，让他负责管理国家政事可行吗？"孔子回答说："仲由做事果断，让他管理国家政事有什么难的吗？"

季孙肥又问："端木赐这个人如何，让他负责管理国家政事可行吗？"孔子回答道："端木赐通达事理，让他管理政事有什么难的吗？"

季孙肥第三次提问道："那冉求这个人怎么样，让他负责管理国家政事可行吗？"孔子回答说："冉求很有才能，让他管理国家政事有什么难吗？"

(解读) 6.8有两层含义：第一，从表面上来看，季孙肥提问孔门诸子之能耐，孔子逐一作答。这说明孔子注重推举后辈新人，让他们各尽其能。程子曰："季康子问三子之才可以从政乎？夫子答以各有所长。非惟三子，人各有所长。能取其长，皆可用也。"❷第二，从深层上来揣摩，6.8提问的是季孙肥。关于此人的背景，以及他与孔子之间的关系，

---

❶ 刘宗周：《论语学案》，载吴光主编：《刘宗周全集》，浙江古籍出版社，2007，第330页。

❷ 朱熹：《四书章句集注》论语集注卷一，中华书局，2011，第84页。

参见 2.20。季孙肥希望孔子推举人才到自己门下，供自己使用。但孔子从内心中并不希望让自己的弟子充实大夫的门庭，而是希望他们能帮助鲁公建功立业。鉴于这种特殊的人物关系和孔子复杂的内心状态，李炳南说："此句是活语，季康子为鲁三家之一，目无国君，是以孔子不答以肯定之词，但说三弟子各有所长，听其自决而已。"❶ 这一分析颇有见地。

最后，从篇章结构的角度来看，6.8 讲的是士人参与社会事务的第七准则：推举贤能，各展所长。

6.9 季氏使闵子骞为费宰。闵子骞曰："善为我辞焉。如有复我者，则吾必在汶上矣。"

（翻译） 季氏派人请闵损去做他家的费邑宰。闵损对来请他的人回复说："请你帮我多说几句好话，推辞掉吧！如果下次还来召我的话，那我就要跑到汶水那边去了。"

（解读） 闵损，字子骞，鲁国人，比孔子小 15 岁，以孝名闻天下，二十四孝之一，与颜回齐名，被称为"笃圣"。

当时，季氏专权，孔子不愿辅佐他，孔门弟子当然也不愿辅佐他。所以，季氏派人来请闵损，闵损极力拒绝。程子感叹说："仲尼之门，能不仕大夫之家者，闵子、曾子数人而已。"❷

但 6.9 还有更深一层的意思。6.9 紧接 6.8。6.8 说的是孔子向季氏推荐自己的学生。在这句中，并没有直接揭示孔子内心的不情愿。毕竟，孔子曾受惠于季氏，不便直接表达这种态度。所以，孔门弟子只说了孔子推荐学生一事，这叫"为尊者讳"。

但是，孔门弟子又想把孔子以及整个孔门的这种态度表达出来。于是在 6.9 中，闵损直截了当地拒绝了季氏的邀请，而且语带威胁："如果你们下次再来的话，那我索性就跑到汶水那头去了。"这个态度很决绝，一点脸面也不给季氏留。如此，孔门弟子也就婉转地把孔门集体的态度表达了出来。

孔门弟子在编辑 6.8 ~ 6.9 时，既给孔子留足了脸面，又充分表达了自己的态度。将这两句连在一起看，让人不得不感叹孔门弟子心思之深沉，以及孔门弟子德行之高尚。

最后，从篇章结构的角度来看，6.9 讲的是士人参与社会事务的第八准则：忠心报国，进退有度。

6.10 伯牛有疾，子问之，自牖执其手，曰："亡之，命矣夫！斯人也而有斯疾也！斯人也而有斯疾也！"

（翻译） 冉耕重病，孔子去探问他，从窗外握着他的手，说："没办法啊，这就是命

❶ 李炳南讲述、徐醒民敬记：《论语讲要》，长江文艺出版社，2011，第 96 页。

❷ 朱熹：《四书章句集注》论语集注卷一，中华书局，2011，第 84 页。

啊！这样的人怎么会生这样的病啊！这样的人怎么会生这样的病啊！"

解读 冉耕，字伯牛，鲁国人，比孔子小7岁，他是孔子最早的学生之一。孔子在鲁国做大司寇、代理国相事务时，曾任命他作中都宰。此后，他又随孔子周游列国。返回鲁国后不久，他身患重病。孔夫子前来探望，从窗外握着他的手，说出了这样一番感人至深的话。由此可见孔子与弟子之间真情实意。

在本段中，孔子又提到"命矣夫"三个字。宋朝的陈祥道在《论语全解》中提到："由生而生者，常也；由生而死者，不幸也；由死而生者，幸也。扬子曰：命，不可避者也。颜氏之子，冉氏之孙，以其无避也，此所谓'顺受其正'也。"❶ 所以，在此句中，孔子也表达了生死有命、顺受其正的意思。

将6.10与6.8 ~ 6.9放在一起读，可以隐隐看出这几句之间的一条暗线。6.8 ~ 6.9讲孔门弟子拒绝辅佐不臣之主，而此种行为难免会引来祸端；6.10接着说生死有命、顺受其正，便在暗中表达了孔门弟子这种人生观，即哪怕面对祸端，孔门弟子也不愿意委曲求全、与贼同朝，而时刻准备着顺受其正。

最后，从篇章结构的角度来看，6.10讲的是士人参与社会事务的第九准则：生死有命、顺受其正。

6.11 子曰："贤哉，回也！一箪食，一瓢饮，在陋巷。人不堪其忧，回也不改其乐。贤哉，回也！"

翻译 孔子说："贤德啊，颜回！一竹筐饭食，一瓜瓢清水，住在破旧的屋子里，别人都忍受不了这种穷苦带来的忧愁，而颜回却能不改变他自得其乐的劲头。贤德啊，颜回！"

解读 6.11讲的是颜回安贫乐道。赵岐、孙奭在《孟子注疏》中提到："当乱世安陋巷者，不用于世，穷而乐道也。"❷

但此句之意又不能停留在字面。将6.11与6.8、6.9、6.10联系起来看，可知此句讲的是，士人如果拒绝了权臣的邀请，又无法为君主效力，则要做好一点，即退而修身，安贫乐道。否则，他必然会被穷苦所困，不堪其忧。同时，综合6.10与6.11，6.10讲的是士人对待生死的做法，6.11讲的是士人对待贫富的做法。

最后，从篇章结构的角度来看，6.11讲的是士人参与社会事务的第十准则：穷则修身，安贫乐道。

6.12 冉求曰："非不说子之道，力不足也。"子曰："力不足者，中道而废。今女画。"

翻译 冉求说："不是我不喜欢老师的道，而是我力量不足啊。"孔子回答说："力

---

❶ 陈祥道：《论语全解》卷三，四库全书版，第23页。

❷ 赵岐注、孙奭疏：《孟子注疏》，北京大学出版社，2000，第278页。

量不足的人，走到半路上才停下。而你在一开始就划定了边界，然后从此止步不前。"

（解读）李炳南指出，本句的背景是冉求跟随孔子学习之后，偏重于学艺，而不求道。他说："冉求非不好学，观其才艺可知，盖偏重于艺，缺于求道之心，是以孔子勉其上进。" ❶

从篇章结构的角度来看，6.12 讲的是士人参与社会事务的第十一准则：勉力而为，不断前进。

6.13 子谓子夏曰："女为君子儒，无为小人儒。"

（翻译）孔子对卜商说："你要做君子儒，不要做小人儒。"

（解读）理解 6.13 的关键是分别君子儒与小人儒。关于此两者，共有两种解释。

第一种认为两者之差异，在于公私之别。持此说者以为君子儒志在天下，而小人儒只关心自家之得失。

第二种认为两者之差异，在于虚实之别。钱穆说："推孔子之所谓小人儒者，不出两义：一则溺情典籍，而心忘世道。一则专务章句训诂，而忽于义理。子夏之学，或谨密有余，而宏大不足，然终可免于小人儒之讥。而孔子之善为教育，亦即此可见。" ❷ 这也就是说，小人儒专注于故纸堆之考究，虽然满口大道理，但并无半点学问落到实处，终究是一个空头理论家。而君子儒则处处、时时、事事为实学，无一点学问不可用于实践。

笔者以为，第二种解释更为合理。笔者的理由是：首先，君子儒、小人儒，皆是儒。而一旦被承认为儒，便皆与一般的小人不同。由此，君子儒、小人儒之差异，断然不会与君子、小人之差异相同。否则，孔子在此处应该说的君子、小人，而不用专门加上一个"儒"字。其次，本篇的主题是士人如何参与社会生活。义利之别，第四篇中已经谈过，此处没有再予重复之必要。结合上述两点，可知应排除第一种说法，而采用第二种说法。

综合这一结论，可知孔子的意思是，教导卜商要学实学，积极参与社会事务，而不要沉溺于书本。那孔子又何出此言呢？这是因为卜商在"孔门四科"中文学较好，一个颇有才华的文化人。而文化人的一个经常会犯的毛病就是，两脚悬空、脱离实际。孔子看到卜商的这个特点，故以此言激励之。

6.13 当与 6.12 结合在一起看。6.12 讲的是士人求学问，一开始就止步不前的情况；6.13 讲的是士人求学问，虽然不是止步不前，但始终两脚悬空、不落地的情况。

最后，从篇章结构的角度来看，6.13 讲的是士人参与社会事务的第十二准则：热心实学，积极实践。

---

❶ 李炳南讲述、徐醒民敬记：《论语讲要》，长江文艺出版社，2011，第 98 页。

❷ 钱穆：《论语新解》，九州出版社，2011，第 140 页。

6.14 子游为武城宰。子曰："女得人焉尔乎？"曰："有澹台灭明者，行不由径。非公事，未尝至于偃之室也。"

（**翻译**）言偃做了武城的宰。孔子问他说："你在那里求得贤人了吗？"言偃回答说："有一个叫澹台灭明的人，走路时从来不走捷径；如果没有公事，便从不到我的屋里来。"

（**解读**）澹台灭明，字子羽，东周时期鲁国人。孔子弟子，比孔子小 39 岁。

6.14 中值得解释的一点是"行不由径"一句。所谓行不由径，是周礼的一种。周朝实行井田制，其中周围八块是私田，中间一块是公田。井田外围的路叫"路"，中间围绕公田的路叫"径"。周礼规定，人如果不是私田的主人，就只能走路，而不能走径，踩到别人的田里去。春秋时，礼崩乐坏，不再有人遵守这样的规定。人走路皆贪图方便，而澹台灭明却能遵守此礼。由此可知，此人内心诚明，遵守礼法。

最后，从篇章结构的角度来看，6.14 讲的是士人参与社会事务的第十三准则：行不由径，不走后门。

6.15 子曰："孟之反不伐，奔而殿。将入门，策其马，曰：'非敢后也，马不进也。'"

（**翻译**）孔子说："孟侧不夸耀自己。鲁国军队战败撤退时，他冲上前去，主动殿后。快到城门口时，他说：'不是我敢于殿后，是我的马不够快啊！'"

（**解读**）孟侧，字之反，鲁国大夫。

6.15 的背景是公元前 484 年，齐鲁之战中，孟侧所在一路战败撤退。孟侧主动殿后。

6.15 当与 6.14 结合在一起看。6.14 讲的是士人为君主办事要走正路，不能私情请托、走后门；而 6.15 讲的则是士人为君主办事要出力，不居功。

从篇章结构的角度来看，6.15 讲的是士人参与社会事务的第十四准则：有功不伐，居功不傲。

6.16 子曰："不有祝鮀之佞，而有宋朝之美，难乎免于今之世矣。"

（**翻译**）孔子说："如果没有像祝鮀般的巧言，以及像宋朝般的美貌，想在当下避免灾祸那就很难了呀。"

（**解读**）6.16 有两个背景信息：第一，"祝鮀之佞"。祝鮀，字子鱼，卫国大夫。祝是掌管宗庙的官。祝鮀颇有口才，善谄媚，哄得卫灵公十分开心，得到卫灵公的宠信。卫灵公宠信佞臣，相反，忠言自然也就听不进去了。第二，"宋朝之美"。宋朝是宋国的公子，是个美男子。他来到卫国，据传与卫灵公的夫人南子有染。南子很喜欢他，卫灵公很宠信南子，但宋朝却因美色得到了卫灵公的宠信。

结合上述两个背景，可知孔子此句是在讽刺卫灵公当政昏聩，乃至于小人佞臣当道。皇侃引范宁的话说："祝鮀以佞谄被宠于灵公，宋朝以美色见爱于南子。无道之世，并以取容。孔子恶时民浊乱，唯佞色是尚。忠正之人，不容其身。故发难乎之谈。将以激乱世，亦欲发明君子全身远害也。" ❶ 所以，本句的意思是君子应该在无道之世，全身远害。

最后，从篇章结构的角度来看，6.16 讲的是士人参与社会事务的第十五准则：无道之世，全身远害。

6.17　子曰："谁能出不由户？何莫由斯道也？"

（**翻译**）孔子说："出入屋子，谁能不走正门呢？为何现在就没有人肯走正道呢？"

（**解读**）6.17 中的道，指仁义之道。朱熹在《日讲四书解义》中说："道之在人，如君臣、父子、昆弟、夫妇、朋友，以至一作止、一语默之间，莫不各有当然之道。" ❷ 所以，仁义之道，乃中国之正道。

6.17 当与 6.16 结合起来读。6.16 讲的是世风日下，礼崩乐坏的状况，并主张士人在此世道下要全身远害；6.17 讲的是在这个礼崩乐坏的情况下，没有人肯走正道，但士人要扛起大旗，树立新风。

从篇章结构的角度来看，6.17 讲的是士人参与社会事务的第十六准则：行为端正，不离正道。

6.18　子曰："质胜文则野，文胜质则史。文质彬彬，然后君子。"

（**翻译**）孔子说："质朴多于文采，成为主导，人就会显得粗野鄙俗；文采多于质朴，成为主导，人就会流于浮华虚荣。文采与质朴配合恰当，人才可以变成一个君子。"

（**解读**）6.18 有很多人解释过，但笔者以为他们虽然都解释得清楚，却不够透彻。所以，让我们重新来解释一遍本句。

意识模块有两个轴线：情感轴（y 轴）与理性轴（x 轴）。理性下认知支点的内容条件（以及其他支点对应的条件）下的某条内轴线的两端是形式与质料。换句话说，理性轴线下的态度，在向外表达时，通常是内容与形式并具的。但问题是，在这种表达中，是形式占主导，还是内容占主导？如果该条内轴线的取值偏向形式，则形式占主导；反之，则内容占主导。形式占主导，则虚伪；内容占主导，则朴素。

以上是理性轴线下的情况。情感轴下的情况则要复杂一些，分为两种：第一种，情感轴下的态度直接向外投射。情感轴下的感受支点也有内容条件（其他支点皆有对应的条件）。在内容条件下，两端分别是质（质朴）与文（文采）。此时，如果情感轴线下的态度直接向外表达，比如，展示充满爱意的表情爱，那么质占主导则野（粗鄙），文占主导则史（浮华）。第二种，情感轴下的态度借助理性的形式向外投射。情感轴下的态度向外表达时，也可以不借助情感轴自己的表达渠道，而是借助理性轴下

---

❶ 皇侃：《论语义疏》，中华书局，2013，第 139 页。

❷ 朱熹：《日讲四书解义》卷五，四库全书版，第 62 页。

的表达渠道，比如，说出一段充满爱意的文字。此时，情感的内容就会通过本体柱，转化为理性的质料，填入理性轴下的内轴线中，成为这些内轴线上的态度。由此，质与文的关系，便转化成了质料与形式的关系。

从本句来看，孔子同时说了这两种情况。换句话说，孔子既说了情感轴下的质与文的关系，又暗示了此两者转化后的质料与形式的关系。

孔子的意思是，作为一个君子，不能偏重于质或文，而是应该做到两者的比例相对均衡。这也就是说，在内轴线上，应该取一个靠近中间位的值，这也就是所谓的中庸之道。

最后，从篇章结构的角度来看，6.18讲的是士人参与社会事务的第十七准则：文质彬彬，君子作风。

6.19　子曰："人之生也直，罔之生也幸而免。"

(翻译) 孔子说："人能在世上活下去，靠的是正直；而（现如今）之所以那些不正直的人还活着，是因为他们侥幸免于祸患而已。"

(解读) 6.19要和6.18结合起来读。6.18讲的是士人要文质彬彬，而6.19特别指出，文质彬彬的本质是为了体现士人的正直。所以，结合这两句，文质彬彬中的"质"也可理解为"正直"。

6.19讲的是士人参与社会事务的第十八准则：为人正直，率性谓道。

6.20　子曰："知之者不如好之者，好之者不如乐之者。"

(翻译) 孔子说："懂得它的人，不如爱好它的人；爱好它的人，又不如以它为乐的人。"

(解读) 对于6.20，古今众多解读皆围绕学问之道展开。比如，包咸认为此句表达的意思是："学问，知之者不如好之者笃，好之者不如乐之者深。"[1] 而朱熹在《四书章句集注》中引尹彦明的话说："知之者，知有此道也。好之者，好而未得也。乐之者，有所得而乐之也。"[2]

但笔者以为，将此句中的"之"解释为"学问"或"道"有待斟酌。本篇都在讲士人参与社会事务的准则，断然没有在此处突然改变话锋，重复第四篇主题的道理。所以，本句所讲的不是一般的学问之道，而是回向之后的为人处世之道。这里的"之"应该解释为"处世之道"。所以，本句的意思是："懂得为人处事之道者，不如爱好与人打交道者；爱好与人打交道者，不如以与人交往为乐者。"

故而，6.20讲的是士人参与社会事务的第十九准则：善与人交，以之为乐。

[1] 何晏注、邢昺疏：《论语注疏》，《十三经注疏》整理委员会整理，北京大学出版社，1999，第86页。

[2] 朱熹：《四书章句集注》论语集注卷一，中华书局，2011，第65页。

6.21 子曰："中人以上，可以语上也；中人以下，不可以语上也。"

(翻译) 孔子说："面对比普通的士优秀一些的人，可以跟他说一些高深的东西；面对比普通的士资质差一些的人，不应跟他说高深的东西。"

(解读) 朱熹在《日讲四书解义》中解 6.21 时提到："此一章书是言因材施教之意也。人资质有高下，学问有浅深，教人者当观其力量如何，不可以概施也。上下岂有定哉？奋志图功，下学亦可以上达；因循玩忽，中人亦等于下愚。总在人之自励何如耳。❶ 这也就是说，朱熹认为，孔子在本句中讲的是因材施教的问题，并将人的智慧分为三等，根据不同的等级，教授深浅不同的学问。这种说法得到了张栻、李炳南、钱穆等一众认同。

但笔者以为，结合上下文，这种说法值得探讨。本篇的主题是士人参与社会事务的准则，而非如何教授学生。所以，本句不应该解释为如何对弟子因材施教，而应该解释为士人如何与不同的人交往。

从这个角度来理解，本句中的"中人以上""中人以下"，都不可只从智慧角度理解，而应该指的是包含社会地位、见识、智慧等的综合体。也就是说，"中人"指的是普通的士；"中人以上"指的是有一定社会地位、见识阅历、智慧的高人，比如，士中的贤人、大夫中的有远见之人等；"中人以下"指的则是还不如普通的士的人，比如普通的百姓。

本句中的"语上"，指的是谈论高级别的事务，比如，对政局的见解，特别是改变社会风气、重塑天下秩序的道路等。

综合上述两点，6.21 应该解释为："面对比普通的士更高层面的人，可以跟他谈谈高级一些的事务；而面对还不如普通的士的人，就不必跟他多费口舌了。"

另外，6.21 当与 6.20 结合起来理解。6.20 讲的是要乐于与人交往；6.21 则更进一步，讲了在与人交往时，要区分交往的对象，做到有针对性地讲话。

综上，6.21 讲的是士人参与社会事务的第二十准则：善于识人，看人说话。

6.22 樊迟问知。子曰："务民之义，敬鬼神而远之，可谓知矣。"
问仁，曰："仁者先难而后获，可谓仁矣。"

(翻译) 樊须向孔子请教什么是智慧。孔子回答说："致力于提倡民众应该遵循的道德，敬重鬼神但不以它们作为你行动的挂碍，就可以称为智了。"

樊须接着又请教什么是仁。孔子说："先不计困难投入，然后才会有所得，就可以称为仁了。"

(解读) 6.22 中的"先难而后获"一句有两种解释：第一种是笔者所采用的解释，孔国安、杨伯峻等也采用此解释；第二种则解释为"抢着做难办的事情，而收获则勇于居于人后"，范宁、程子等采用此解释。这两种解释都说得通，但笔者以为，按照后一种

❶ 朱熹：《日讲四书解义》卷五，四库全书版，第 62 页。

解释得出的含义在 6.15 中已经出现，此处没必要重复出现。故笔者采用前一种解释。

最后，从篇章结构的角度来看，6.22 讲的是士人参与社会事务的第二十一准则：敬而远之，先难后获。

6.23　子曰："知者乐水，仁者乐山。知者动，仁者静。知者乐，仁者寿。"

翻译　孔子说："智者喜好水，仁者喜好山。智者常动，仁者常静。智者快乐，仁者高寿。"

解读　6.23 揭示了中国古人的天人观。中国古人以为天人合一。人居于天地之间，体天地之情，法天地之理。所以，人的每个行为，皆参合天地之理，顺理而行。

孔子的这句话正揭示了这一点。他谈道："智"者效法"水"，"水"对应"动"，又对应"乐"。水是动的，人效法水，不停地运动，生龙活虎，别有乐趣。

他又谈道："仁"者效法"山"，"山"对应"静"，又对应"寿"。山是不动的，人效法山，安安静静，获得长寿。

这也可以理解成：仁是最终的大道，就像山一样永远不变，永续存在。而为了实现这一最终的大道，人们所采取的智谋就像水一样，没有固定的形态，变化万千，别有生趣。可见，这段话体现的是儒学的中庸观念，即随心所欲不逾矩。

蕅益大师解释本句说："形容得妙。'智者''仁者'，不是指两人说。乐者，效法也。智法水，仁法山。法水故动，法山故静。动故乐，静故寿。山水同依于地，动静同一心机，乐寿同一身受，智仁同一性真。若未达不二而二，二而不二，则仁者见之谓之仁，智者见之谓智矣。" ❶

所以，孔子这段话，讲的是人参合天地之理而行，动静不二。

另外，6.23 要与 6.22 摆在一起看。6.22 讲的是士人对待知和仁的两种做法，即敬而远之与先难后获。而 6.23 更进一步，提到了知者和仁者要分别效法水和山，取其中的动、静、乐、寿之意。

最后，从篇章结构的角度来看，6.23 讲的是士人参与社会事务的第二十二准则：顺理而行，动静不二。

6.24　子曰："齐一变，至于鲁；鲁一变，至于道。"

翻译　孔子说："齐国一改变，就可以达到鲁国的样子，鲁国一改变，就可以达到先王之道了。"

解读　关于 6.24，先学的解释大都认为孔子这是在"尊王贱霸"。比如，朱熹在《四书章句集注》中说："孔子之时，齐俗急功利，喜夸诈，乃霸政之余习。鲁则重礼教，崇

---

❶ 蕅益大师：《四书蕅益解》，江谦补注，雷雪敏点校，中国水利水电出版社，2012，第 85 页。

信义，犹有先王之遗风焉，但人亡政息，不能无废坠尔。"❶这就是说，齐国崇尚霸道，故而与鲁国有一定的差距；鲁国先王重礼，但后代君王不尊礼，故而也需要改革。

但是，本句如果只做这一理解，应该出现在第三篇，而非第六篇。孔门弟子将6.24放在本篇中，必有深意。笔者以为，6.24中的"齐一变，至于鲁"一句，意在讲士人应不求功利；而"鲁一变，至于道"，则讲的是士人应不改正道。

所以，6.24讲的是士人参与社会事务的第二十三准则：不求功利，不改正道。

6.25　子曰："觚不觚，觚哉！觚哉！"

翻译　孔子说："觚这种酒器已经不再是觚了，还怎么称之为觚呢！还怎么称之为觚呢！"

解读　本句中的"觚"是行礼所用的酒器。《韩诗外传》中记载："觚，寡也，饮当寡少也。"❷这就是说，"觚"这种礼器，意在戒人贪饮，所以被设计成上圆下方，腹部有棱角。但是，周朝的人酗酒，为了加大容量，将"觚"腹部的棱角改为圆弧。于是，戒人少饮之义没有了，名不副实。孔子看到改造后的"觚"，故而感叹。

但孔子的这句话，是典型的话中有话。朱熹在《四书章句集注》中引程子的话，揭示了此句的深意："觚而失其形制，则非觚也。举一器，而天下之物莫不皆然。故君而失其君之道，则为不君；臣而失其臣之职，则为虚位。"❸所以，孔子是借着感叹"觚"而感叹当下君不君、臣不臣，政治上名不副实的状况。

6.25当与6.24结合起来看。6.24讲的是齐、鲁两国礼崩乐坏的情况，而6.25则进一步讲了天下礼崩乐坏的情况。这两句的意思其实是一致的，即要求士人安守本分，坚守正道，不要为名利而折腰。

最后，从篇章结构的角度来看，6.25讲的是士人参与社会事务的第二十四准则：安守本分，坚守正道。

6.26　宰我问曰："仁者，虽告之曰：'井有仁焉。'其从之也？"子曰："何为其然也？君子可逝也，不可陷也；可欺也，不可罔也。"

翻译　宰予问孔子说："如果对一个笃信仁道的人说：'仁道就在那口井里'，那他会不会跳下去呢？"孔子回答说："怎么会跳下去呢？君子可以被喊到井边来看，却不会跳下去；可以被骗过去，却不会做出糊涂事。"

解读　6.26中，"井有仁焉"一句中的"仁"有两解：一通"人"，故本句做"有人掉入井中"解；一做本意，笔者采用这种解法。

这段对话讨论的问题很有趣。宰予将仁放在一个危险境地，问孔子：求仁的人会

---

❶　朱熹：《四书章句集注》论语集注卷一，中华书局，2011，第87页。

❷　陈寿祺：《五经异义疏证》，上海古籍出版社，2012，第11页。

❸　朱熹：《四书章句集注》论语集注卷一，中华书局，2011，第87页。

不会为此甘冒危险，乃至于把自己的命丢掉？

这个问题其实是一个悖论，因为仁者首先是一个智者。除非被骗，否则智者是不会主动做糊涂事的。宰予当也明白这一点。所以，他的提问属于话里有话，背后的含义是：仁者会不会为了求一个虚假的仁之名，而犯傻，做出愚蠢的行为？

这一背后的含义还要做现实的投射，意指孔子背离天下的风向，以身犯险，在外人看来有贪慕虚名的意味。

孔子一下就听懂了宰予的意思。所以，他的回答很到位：仁者除非被欺骗，是不会自己做出傻事的。

从这段对话中，可知宰予与孔子的视野层次不同。宰予站在普通人的立场看孔子，以为孔子沽名卖直，而事实上，孔子是发自真心地坚守仁道，矢志不渝。而且，孔子在打出坚守仁道的大旗后，有一大批新精英快速聚拢在他身边。通过孔子的这番努力，东周纷乱的历史走向了唯一的方向，即风清气正的新未来。在由孔门走出的法家新精英的领导下，天下重归于一统。所以，孔子的道路是正确的，并不是求虚名。但在当时的环境下，这一切才刚刚冒头，"中人以下"是看不透其中的玄机的。

钱穆说："世有愚忠愚孝，然不闻有愚仁。盖忠孝有时仅凭一心，心可以愚；仁则本于心而成德，德无愚。"❶ 此句点评十分到位。

不过，钱穆还指出了此段对话的另一层深意："宰我此章之问，或虑孔子罹于祸而微讽之。如子欲赴佛肸、公山弗扰之召，子路不悦。宰我在言语之科，故遇此等事，不直谏而婉辞以讽。"❷ 这一层深意没有历史佐证，故笔者节录在此，仅供大家参考。

最后，从篇章结构的角度来看，6.26讲的是士人参与社会事务的第二十五准则：不求虚名，离陷远罔。

6.27 子曰："君子博学于文，约之以礼，亦可以弗畔矣夫。"

翻译 孔子说："君子广泛学习诗书等典籍，又能用礼来检束自己，如此便可以不背离大道了！"

解读 6.27要与6.26摆在一起理解。这两句都在讲求仁。6.26从反面的角度讲士人在求仁的道路上，须不求虚名；而6.27则从正面的角度讲士人要学文、约礼，做好这两点，便不会远离仁道了。

最后，从篇章结构的角度来看，6.27讲的是士人参与社会事务的第二十六准则：博学于文，约之以礼。

❶ 钱穆：《论语新解》，九州出版社，2011，第148页。

❷ 钱穆：《论语新解》，九州出版社，2011，第148页。

6.28　子见南子，子路不说。夫子矢之曰："予所否者，天厌之！天厌之！"

翻译　孔子去见南子，仲由听到后不高兴。孔子指天发誓说："我如果做了任何有违仁道的事情，老天会弃绝我，老天会弃绝我。"

解读　6.28素来有很多讲法。南子是卫灵公的夫人，卫国实际的掌权人。她派人召见孔子，孔子推脱却没有推脱掉，不得已而前去见了一面。此事被仲由知道后，仲由发了火。

关于仲由为何会发火，众说纷纭。一说，仲由是担心孔子与南子有男女之事。此说实在是无稽之谈。仲由跟随孔子多年，如何会不知道孔子的人品？

一说，孔子为推行大道，委屈去见一个荡妇。仲由担心孔子的名节受损，故而发火。这种说法也很奇怪，因为如果仲由是为孔子的名声担心，那么孔子不应如此对天赌誓，而是应该宽慰仲由说自己的名声不会因此受损。

一说，孔子拒绝了卫国的权臣弥子瑕，却又去见了南子。仲由认为，孔子多此一举。既然要在卫国推行大道，直接给弥子瑕做家臣也是一样的，何必要去见南子。此说也很奇怪。一方面，我们无法确定弥子瑕拉拢孔子是否发生在孔子见南子之前；另一方面，如果真如此说，孔子先拒绝弥子瑕，后见了南子，那么孔子对仲由的回答，应该是向他解释此做法的利弊，比如，南子毕竟是一国之主母，为国家考虑多，而弥子瑕是大臣，考虑私利多，见南子更有利于孔门主张之推广等。而孔子的回答却是对天赌誓。这很违背常理。

笔者以为，此章这么理解或许更为合理：孔子见南子后，卫国陡然间传出了很多乱七八糟的传闻。毕竟，南子在卫国也有不少政敌，他们想借此事攻击南子。仲由听到这些传闻后，发了火。仲由发火不是对孔子的品行有怀疑，而是感觉孔子掺和卫国这些乱七八糟的事情，引起这些传闻，一方面有损孔子的名节，另一方面给孔子的安全带来威胁。而且，仲由这通火，恐怕不只是他个人的情绪表达，也代表了新精英中很多人的看法。

孔子连忙解释说：为了求大道，应当矢志不渝，哪怕遇到了一点点危险，在权衡利弊，保证性命无虞的情况下，还是应该为大道试一试。所以，他对天赌誓说，自己做的每一点尝试，都是值得的。如果有做错的地方，就让老天爷抛弃他。

孔子此言，一方面，是在表明心意，证明自己行为坦荡；另一方面，是在表示自己权衡了利弊，以图巩固新精英团队，避免团队内部因为此事出现分歧，乃至分裂。

孔子说自己权衡了利弊，而且说到做到。事后，孔子便带队离开了卫国。

最后，从篇章结构的角度来看，6.28讲的是士人参与社会事务的第二十七准则：权衡利弊，勇敢尝试。

6.29　子曰："中庸之为德也，其至矣乎！民鲜久矣。"

翻译　孔子说："中庸之德，可算是最高的了吧！百姓中没有它，已经很久了！"

解读 以上讲了很多行为准则，6.29讲了所有行为准则的最高准则，即中庸之道。孔门弟子以为，上述所有行为准则都要以中庸作为准则。比如，第二十七准则中的"权衡利弊"，在实施时必须中庸，不可过度，否则便会变成盘算门户私计。

综上，6.29讲的是士人参与社会事务的第二十八准则，也是最高准则：中庸之道，不偏不倚。

另外，6.29可与6.28结合起来看。6.28讲的是孔子在大道与团队名声之间权衡，做了尝试，这本身就是对6.29中提到的中庸之道的一个实践。

6.30　子贡曰："如有博施于民而能济众，何如？可谓仁乎？"子曰："何事于仁，必也圣乎！尧、舜其犹病诸！夫仁者，己欲立而立人，己欲达而达人。能近取譬，可谓仁之方也已。"

翻译 端木赐说："如果一个人能广施恩惠，并能救济民众，怎么样呢？这可以称得上是达到仁了吗？"孔子回答说："这何止是达到仁了呢，这就是圣人了呀！连尧、舜都很难达到吧！所谓仁者，是想要自己立起来，就要先帮助别人立起来；想要自己达，就要先帮助别人达。从眼下的事情一点点做起来，最后达到远方，这是实现仁的方法啊。"

解读 6.30的意思很明确，讲的是端木赐好高骛远，提出了不切实际的问题。孔子用话点化他，要他从身边的小事做起。朱熹在《四书章句集注》中引吕氏的一段话，说："子贡有志于仁，徒事高远，未知其方。孔子教以于己取之，庶近而可入。是乃为仁之方，虽博施济众，亦由此进。"❶

从篇章结构的角度看，6.30颇值玩味，此句呼应6.1。6.1讲冉雍可以去当大官。这是说士人要积极投身政界，在政坛上呼风唤雨，影响天下大局，以构建出一个理想的天下。而6.30却反其道而行之，讲士人要从小处着眼，从身边的小事做起。

6.1与6.30，一大一小，一远一近，一天一地，可谓阴阳合和，首尾呼应。这符合中国传统的天人观念，即人事也要符合天理。

同时，从6.1到6.30，也说明了这样一种思路：孔门弟子一起手便放眼天下（国），到头来，却一刻也没有离开实处，始终从身边的小事（家）做起。这道破了孔门弟子"家国一体"的观念。

综上，第六篇的篇章布局既体现了天人观念，又表达了家国一体的理念，颇为符合中国人的传统美学观。

雍也第六

❶ 朱熹：《四书章句集注》论语集注卷一，中华书局，2011，第89页。

述而第七

第六篇讲士人参与社会事务的行为准则。第七篇接续前文，讲士人参与社会事务的方式。第一种参与方式是教学，即通过教授弟子，弘扬仁爱正道，来参与社会事务。教学是孔门最正统的参与社会事务的方式，毕竟孔子为"万世师表"。

孔门教学，不只言传，更重身教。所以，本篇所提及的诸多内容都与孔子的身教有关。围绕这一思想，本篇还列举了士人在传道时，自身要做到的多个方面，而这些方面也是士人要以身教的方式传授给弟子的内容。

第七篇顺序可能被后人打乱了，其中有一句话出现的位置可能不对，笔者在文中做了说明。

本篇的具体结构如下：

第一部分　中庸之道：信而好古（7.1）

第二部分　传道守则：凡十八点（7.2 ~ 7.37）

第三部分　中庸之道：威而不猛（7.38）

7.1　子曰："述而不作，信而好古，窃比于我老彭。"

翻译　孔子说："我传述而非创作仁道，笃信并爱好古代的事情，我私下觉得自己达到了老彭的高度。"

解读　7.1 中的"老彭"有两种解释：第一种来自《大戴礼记》，认为是商朝初年的贤大夫；第二种来自杨慎，认为是老子和彭祖两人。多数先学认同第一种说法。

此外，关于为何孔子之所以要自比老彭，张栻认为，是因为"老彭亦'述而不作，信而好古'者也"。

回到本句的内容。孔子此言，是在说自己传授古代文化的方式。他删定《诗经》《尚书》，却没有留下一本关于自己主张的作品，甚至连《论语》都是出自孔门弟子之手。这叫"述而不作"。

孔子编修《春秋》，追述过往的事件；同时修订《礼》《乐》。这叫"信而好古"。

对此，朱熹给了一个准确的评价："孔子删诗书，定礼乐，赞周易，修春秋，皆传先王之旧，而未尝有所作也，故其自言如此。盖不惟不敢当作者之圣，而亦不敢显然自附于古之贤人；盖其德愈盛而心愈下，不自知其辞之谦也。然当是时，作者略备，夫子盖集群圣之大成而折衷之。其事虽述，而功则倍于作矣，此又不可不知也。"❶

孔子的这一做法，奠定了中国数千年文化思想界传道士的基本做法。从孔门弟子开始，皆以"我注六经"作为思想的主要传述形式，以"六经注我"作为思想的主要创新形式。比如，孔门弟子编写了《论语》。《论语》虽然主要汇编的是孔子本人的言论，表达的却是孔门弟子想要表达的意思。孔门弟子几乎没有说什么话，却通过编辑先师的话把自己要表达的意思传递了出来。这叫"述而不作，信而好古"。这种传道做法的精髓，是继承与创新并具，符合中庸之道。

对于我们这个时代的新精英，即专业人才而言，他们在教授自己的学生时，同样要依循德业并具的做法，即在传授专业知识的同时，也要言传身教，传授为人之德行。而他们所传授的德行，同样也要采撷孔子思想的精髓，并与当下的情况做一融合。

最后，从篇章结构的角度来看，孔门弟子将 7.1 放在本篇的开头位置，意在用此句引领全篇。第七篇讲士人教学时要注意的各个方面，而 7.1 讲孔子传道时，述而不作，信而好古的做法。这就确定了本篇的基调，即士人传道的基本准则——中庸之道。因此，本篇是以传道的中庸之道作为开篇。

7.2　子曰："默而识之，学而不厌，诲人不倦，何有于我哉？"

翻译　孔子说："默默记住所学之物，勤奋学习而不厌弃，教导别人却不倦怠，这些事对我来说有何难呢？"

---

❶ 朱熹：《四书章句集注》论语集注卷一，中华书局，2011，第 90 页。

解读 7.2 中的"何有于我哉"有两种解释：一种认为这是孔子的谦虚之词，翻译为"这些事我做到了多少呢"，另一种就是笔者所采纳的这种解释。

严格说来，这两种解释都成立。但是，结合上文，在 7.1 中，孔子自比老彭，便没有道理在 7.2 中又开始谦虚起来。而且，从篇章结构来看，本句讲的是对学问的态度，即不畏难。所以，孔子这句话应该是在强调自己充分做到了这三点。这表明孔子对学问不畏难的态度。

关于本句的意思，李炳南解释说："此说求学修道之法。首将所学默记于心中。其次须知，学无止境，故须学不厌足。如此则非记问之学，故可以诲人。但非一诲而成，故须不倦。孔子是圣人，教人亦望其能成圣人，未至于成，则不能倦。" **❶**

最后，从全篇的主旨来看，7.2 讲的是士人教学时要注意的第一点：自勉。

7.3　曰："德之不修，学之不讲，闻义不能徙，不善不能改，是吾忧也。"

翻译 孔子说："不修养品德，不讲授传播学问，听到道义却不能不断追求，知道了有不好的地方却不能改正。这些都是我的忧虑呀！"

解读 7.3 要与 7.2 联系起来看，这一组都在讲自勉。不过，7.3 比 7.2 更进一步，讲的是传道路上常自忧。

7.4　子之燕居，申申如也，夭夭如也。

翻译 孔子平日闲暇时，样子端庄而安闲，神色愉悦而舒展。

解读 7.4 中的"申申"一词有两种解释：一种是颜师古的注释，解为"整饬之貌"，意思是穿戴整齐、庄重；另一种是朱熹的解释，"其容舒也"**❷**，意思是神态端庄且安详。

那么，为何孔子能够如此神态安详、庄重呢？这就要和 7.3 结合起来看了。这是因为孔子日常修身，所以就算是在家闲居，也能做到如此安详、端庄。

最后，7.4 讲的是士人对待日常闲暇的态度：申且夭。不过，从篇章结构来看，7.4 无法归入上下任何一组，似乎是多出来的一句，而挪到 7.27 处则更通顺。这或许是后世在传承时，搞乱了顺序。

7.5　子曰："甚矣吾衰也！久矣吾不复梦见周公。"

翻译 孔子说："我真是衰老得太厉害了，已经很久都梦不到周公了。"

解读 孔子年轻时，想要复兴周礼，推动天下之正统合一。而到年老时，他意

---

❶ 李炳南讲述、徐醒民敬记：《论语讲要》，长江文艺出版社，2011，第 110 页。

❷ 朱熹：《四书章句集注》论语集注卷一，中华书局，2011，第 91 页。

识到凭自己的力量，恐怕很难实现这一点了。所以，此句中的"梦见周公"未必是实指，而是借此事来表达心中所想。

张栻评价这句话时说："夫子梦见周公之心，周公思兼三王之心也。方夫子盛时，庶几道之将行，以周公之事业措之天下，虽梦寐间亦思存周公之为，而若见其人也。至于既老而力衰，知道之终不可行也，故曰久矣不复梦见焉。"❶这一点评是到位的。

但是，也应该看到，孔子说自己老年时不再梦到周公，也说明他心有不甘，人老而心不老。所以，这句表达的是孔子对未尽之大道不甘心的态度。

最后，从全篇的主旨来看，7.5讲的是士人教学时要注意的第二点：志道。

7.6 子曰："志于道，据于德，依于仁，游于艺。"

翻译 孔子说："以道为志向，以德为根据，以仁为依靠，游憩于（礼、乐等）六艺的范围之中。"

解读 7.6讲的是人的精神体系的五大设定，具体而言："志于道"，讲的是在深意识的抉择下，以道为精神的形式结构之设定准则；"据于德"，讲的是以德为理由支点；"依于仁"，讲的是以y轴为主轴；"游于艺"，讲的是以艺为手段、措施支点。

7.5与7.6是同一组，都在讲士人志道。不过，7.6比7.5更进一步，不仅讲志道，还讲了传道所据之种种。

7.7 子曰："自行束脩以上，吾未尝无诲焉。"

翻译 孔子说："只要有人拿着十条干肉作为拜师礼来见我，我就没有不给他教诲的。"

解读 7.7中的"束脩"一词，素有争议。一说认为是十余条干肉。比如，朱熹认为束为十脡，而脩是干肉脯，所以，束脩是十条干肉。古人见师要送拜师礼，以示对老师的尊重。十条干肉为薄礼，而玉帛之物则为厚礼。一说认为是到了戴修饰的年龄，一般指十五岁以上。束脩，指束带修饰，引申为生活能自理的青年。一说认为是能够反省、约束自己的人。束脩，指束身脩行，引申为上进向学，且有一定的自我约束、反省能力的人。笔者采用通说，即第一种说法。

按照第一种说法，孔子这句话的意思是，只要士人对自己表示尊重，愿意对自己奉老师之礼，自己便愿意对之加以教诲。所以，孔子这是在说自己诲人不倦。

当然，也有观点认为，孔子必须收礼，才愿意教学生，是否对利益看得太重了？其实，孔子这话要反过来理解，那就是如果学生不送点礼的话，或许心里就不

❶ 张栻:《论语解》卷第四，商务印书馆，1937，第50页。

会重视老师的教导。要知道，十条干肉的金额本来就不大，而孔子是担任过鲁国丞相的人，根本不会在乎这点礼。所以，孔子这么做的目的，无非是要学生重视从他那里学到的学问。

综上，从篇章结构的角度来看，7.7讲的是士人教学时要注意的第三点：诲人。

7.8　子曰："不愤不启，不悱不发，举一隅不以三隅反，则不复也。"

翻译　孔子说："教导学生，不到他心里想弄通却实在弄不通的时候，我是不会启发他的；不到他嘴里想说出却实在说不出来的时候，我是不会开导他的。我举出一个方向，如果他不肯触类旁通地推出其余三个方向，那我就不会再说什么了。"

解读　7.7与7.8是同一组，要连起来看。7.7讲的是只要学生愿意主动来请教孔子，孔子表示自己将诲人不倦。而7.8接着讲前来请教的学生，应当自行勉励向学。如果学生怠惰不屑，或老师教什么就背什么，则孔子不会再教诲之。朱熹评价说："上章已言圣人诲人不倦之意，因并记此，欲学者勉于用力，以为受教之地也。"❶

最后，7.7与7.8是同一组，都在讲教诲人。其中，7.7讲收弟子入门，7.8讲启发学生。

7.9　子食于有丧者之侧，未尝饱也。

翻译　孔子在有丧事的人旁边吃饭，从来就没有吃饱过。

解读　对于7.9，何晏有一句点评颇为精要："丧者哀戚，饱食于其侧，是无恻隐之心。"❷

所以，7.9讲的是士人教学时要注意的第四点：身教。

7.10　子于是日哭，则不歌。

翻译　孔子参加完丧礼，就一天不会再吟唱诗歌。

解读　7.10中的"哭"，朱熹在《四书章句集注》中的说法是："哭，谓吊哭。"❸

对于7.10，钱穆评价说："余哀不欢，是其厚；余欢不哀，则为无人心。"❹

最后，从篇章结构来看，7.9与7.10是同一组，都在讲士人"身教"一事。

---

❶ 朱熹：《四书章句集注》论语集注卷一，中华书局，2011，第92页。

❷ 何晏注、邢昺疏：《论语注疏》，《十三经注疏》整理委员会整理，北京大学出版社，1999，第87页。

❸ 朱熹：《四书章句集注》论语集注卷一，中华书局，2011，第92页。

❹ 钱穆：《论语新解》，九州出版社，2011，第160页。

7.11 子谓颜渊曰："用之则行，舍之则藏，惟我与尔有是夫！"

子路曰："子行三军，则谁与？"

子曰："暴虎冯河，死而无悔者，吾不与也。必也临事而惧，好谋而成者也。"

（翻译）孔子对颜回说："用我呢，我就去干；不用我呢，我就藏起来，只有我和你才能做到这点吧！"

仲由问孔子说："老师，如果让您统率三军，那么您会和谁一起同行呢？"

孔子说："赤手空拳斗老虎，徒步涉水过河，死了都不会后悔的人，我是不会和他在一起同行的。我要找的，一定是遇事小心谨慎，善于谋划而能完成使命的人。"

（解读）7.11 的内容颇为有趣。一开始，孔子感慨天下无道，自己只能用舍行藏。而他在这么感叹时，顺便也带上了最能懂他的颜回。

这话被旁边的仲由听到了。于是，仲由用话激孔子，意思是：统率三军，总要靠勇武之人，而不能靠颜回这样的文弱书生吧？

孔子快速接过话头，说跟你这样的莽夫是没法一起共谋大事的。要谋我们所想的大事，必须要个能成事的人，也就是有智谋之人，那就是颜回。

所以，师徒两人说了一圈，还是回到原点，那就是夸颜回，而仲由则蹭了一鼻子灰。

孔子此话当然不是没有道理的。孔子谋划的是培养新精英，复兴天下大道的大事业。这一事业关系重大，当然要谋定而后动。仲由并不是一个合适的共事对象，而这也符合"中人之下不可语上"的准则。但这并不是说此事不需要仲由参与。仲由的特点是勇武、执行力强。到整个计划的实施阶段，仲由会是一位非常优秀的执行者。

最后，从全篇的主旨来看，7.11 讲的是士人教学时要注意的第五点：守道。

7.12 子曰："富而可求也，虽执鞭之士，吾亦为之。如不可求，从吾所好。"

（翻译）孔子说："如果富贵可以用合乎仁道的方式求得，即使是执鞭贱职，我也愿意去做。如果不能这么求得，那我还是做自己所爱好的事情吧。"

（解读）7.12 中的"执鞭之士"有两种解释：一种解释为王侯出门的仪仗。王侯出门时，有人拿着鞭子，站在道路两旁，对于挡道者予以阻拦、威吓。此种解释见于《周礼·秋官》。另一种解释为守门人。守门人多执鞭。此种解释见于《周礼·地官司徒·司市掌节》。

回到本句的内容。本句的核心意思是，求富贵不是一件不好的事情，只是求富贵的途径必须合于仁道。李炳南说："可求，不可求，以道为准。富而可求也者，假使合乎道，虽执鞭之士，吾亦为之。富如不可求，乃不合乎道，则唯从吾所好，

而不求也。"❶

另外，7.11 和 7.12 是同一组，要连起来看，讲的都是士人要先自己守道，然后再行道。

7.13　子之所慎：齐、战、疾。

(翻译)　孔子谨慎对待的有三件事情：斋戒、战争、疾病。

(解读)　7.13 中，"齐" 通 "斋"。

本句讲的是孔子要审慎对待的三件事。对此，张栻的评价是："事神莫严于齐，用人莫重于战，养身莫切于疾，故尤致其慎焉。"❷ 也就是说，这三件事，关乎祭祀、用人与养生。这正好是从政者需要面对的三件大事。恭敬、慎重地对待这三件事，士人能更好地影响众人。

最后，从全篇的主旨来看，7.13 讲的是士人教学时要注意的第六点：敬心。

7.14　子在齐闻《韶》，三月不知肉味。曰："不图为乐之至于斯也。"

(翻译)　孔子在齐国听到了《韶》乐，长时间不知道肉味。他说："想不到舜编谱的音乐竟然美到了如此的境界。"

(解读)　孔子在齐国听到了《韶》乐。此处有两个需要补充的背景：第一，据《孔子年谱》，孔子在昭公二十五年来到齐国。当时，他是 35 岁。第二，《韶》乐是舜所作，原本在陈国。春秋时，陈国公子出逃到齐国，也就把《韶》乐带到了齐国。

孔子之所以听到《韶》乐而长时间不知道肉味，是因为他沉浸于此。李炳南引用 "竹氏《会笺》" 的话，评论说："不知肉味，如发愤忘食，圣人好乐之至也。"❸

综上，7.13 和 7.14 是同一组，都在讲士人一心敬道，对任何事都满心恭敬。

7.15　冉有曰："夫子为卫君乎？"子贡曰："诺。吾将问之。"
　　　　入，曰："伯夷、叔齐何人也？"曰："古之贤人也。"曰："怨乎？"
　　　　曰："求仁而得仁，又何怨？"
　　　　出，曰："夫子不为也。"

(翻译)　冉求问端木赐道："老师会帮助卫国国君吗？"端木赐说："哦，那我去问问他。"

于是，端木赐就进屋问孔子："老师，您说伯夷、叔齐是什么样的人呢？"孔

❶ 李炳南讲述、徐醒民敬记：《论语讲要》，长江文艺出版社，2011，第 121 页。

❷ 张栻：《论语解》卷第四，商务印书馆，1937，第 52 页。

❸ 李炳南讲述、徐醒民敬记：《论语讲要》，长江文艺出版社，2011，第 121 页。

子回答道："古代的贤人啊。"端木赐又问道："他们心里有怨恨吗？"孔子回答道："他们求仁而得到了仁，为什么会有怨恨呢？"

端木赐从屋里出来，对冉求说："老师不会帮助卫君。"

解读 7.15有个历史背景。当时，孔子生前第五次，也是最后一次来到卫国。而就在那时，卫国正面临一场战事。作战的双方是父子关系。

首先是卫灵公的太子蒯聩。卫灵公生前宠爱南子。南子跋扈，太子蒯聩设计，想要杀死南子。但因为没有成功，蒯聩不得不出逃他国。卫灵公死后，南子原本想要扶公子郢上位，但郢辞掉了，给出的理由是太子蒯聩的儿子辄还在。于是，卫国人拥立辄上位。

当年六月，晋国赵鞅领兵帮助蒯聩，要夺回国君的位置。当然，晋国的这一做法，是要借机入侵卫国。齐景公与晋国国君有宿怨，出兵来帮助卫国抗击晋国军队。蒯聩见势不敌，只得离开。

所以，这是一出"父子争国"的人伦大戏。当时，孔子正在卫国，并且受到卫国的礼遇。孔门弟子不知道孔子是不是要帮助卫国国君辄对抗他的父亲蒯聩。所以，由冉求挑头，端木赐行动，向孔子询问下一步该怎么办？这其实是在问孔子，新精英群体是否要参与卫国的这场政治斗争。

端木赐负责代表新精英群体向孔子发问。端木赐是孔门中善于言辞之人，所以，他向孔子发问的方式也很艺术。他没有直接提出问题，而是顾左右而言他，以窥探孔子的心迹。

端木赐问了伯夷、叔齐之事。伯夷、叔齐曾经让国。所以，端木赐的意思是，伯夷让国后，是否会怨恨他的父亲？而叔齐让国后，是否会怨恨他的哥哥？

如果孔子回答说"会"，那就表示他认可卫国两父子为了国家大打出手一事，即表示他会出面支持卫君，替儿子教训父亲。

最后，孔子的回答是"不会"。所以，端木赐就出来对士人给出了否定的答案。

从全篇的主旨来看，7.15讲的是士人传道的第七点：求仁。这也就是说，士人传道，为的是求仁，而不是为了求富贵。这就说明了士人传道的根本意义。

7.16 子曰："饭疏食饮水，曲肱而枕之，乐亦在其中矣。不义而富且贵，于我如浮云。"

翻译 孔子说："吃粗粮，喝白水，弯着胳膊当枕头，乐趣也就在其中了。用不正当的手段得来的富贵，对于我来讲就像是天上的浮云一样。"

解读 7.15与7.16是一组，讲的是士人求仁，而不苟且求富贵。

7.17 子曰："加我数年，五十以学《易》，可以无大过矣。"

翻译 孔子说："如果让时光倒流数年，让我回到五十岁的时候学习《易》，那我就可以没有大的过错了。"

解读 根据《史记·孔子世家》记载，孔子68岁回到鲁国后，得到藏在鲁国秘府的《易象》。《易》有两个版本：一个是《易经》，另一个是据传由文王所做的《易象》。前者是通版，后者是文王用来"德演"的灭商之术，秘而不传。孔子偶然读到了《易象》。他根据《易象》解读《易》，"韦编三绝"，豁然开朗，于是说出这番话。

而这句话中的"50岁"一说，大体的意思是孔子在50岁后，参与鲁国高层政治。孔子认为，如果他在此前能学习到《易象》，穷尽其理的话，那就能避免很多问题，不至于有后来的困顿了。

《易》之所以有这种神奇的效果，是因为《易》解的是天理。古人认为天人合一，天理即人理，天理与人理一体。所以，由《易》理解天理，便可更好地理解人道也。以上是7.17的字面意思。

再结合全篇的主旨来看，7.17讲的是士人教学时要注意的第八点：正道。这也就是说，士人教学，要用正确的方法，避免走歪路，从而令传道之事误入歧途。

7.18 子所雅言，《诗》、《书》、执礼，皆雅言也。

翻译 孔子有时会讲雅言。诵《诗》、读《书》、赞礼时，用的都是雅言。

解读 什么是雅言？何晏引了孔国安的说法："孔曰，雅言，正言也。"[1] 这也就是说，孔子在诵读时，会把音读正，或曰读准，特别是对方言、多音字等情况来说。

从篇章结构来看，7.17与7.18是一组，讲的是正反两方面：7.17讲的是孔子老年得《易》而感慨早年之误；7.18讲的是孔子尽可能以正确的方式传道。这都暗示士人要走正确的道路来传道。

由此可知，7.17与7.18为一组，都在讲正道一事。

7.19 叶公问孔子于子路，子路不对。子曰："女奚不曰：其为人也，发愤忘食，乐以忘忧，不知老之将至云尔。"

翻译 沈诸梁向子路问到孔子，子路一时回答不出。孔子说："你何不说：'他这个人啊，发愤用功，连饭都忘了吃，快乐而忘了忧愁，连自己将要老去都不知道，如此而已。'"

解读 沈诸梁，字子高，是楚国叶县尹，僭称公，故称叶公。

关于7.19，很多先学都认为这是在讲孔子好学。比如，钱穆评价这段说："此

---

❶ 何晏注、邢昺疏：《论语注疏》，《十三经注疏》整理委员会整理，北京大学出版社，1999，第91页。

章乃孔子之自述。孔子生平，惟自言好学，而其好学之笃有如此。学有未得，愤而忘食；学有所得，乐以忘忧。学无止境，斯孔子之愤与乐亦无止境。如是孳孳，惟日不足，而不知年岁之已往，斯诚一片化境。"❶

但结合上下文，可知这段依旧是在讲孔子传道一事。所以，"发愤忘食，乐以忘忧"一句，不可理解为孔子好学的状态，而应理解为孔子发愤传道的状态。所以，7.19 的字面意思是说孔子坚持传道，以之为唯一志业，乃至发愤忘食，乐以忘忧。

由此可知，从全篇的主旨角度看，7.19 讲的是士人教学时要注意的第九点：发愤。

7.20 子曰："我非生而知之者，好古，敏以求之者也。"

（翻译）孔子说："我不是生来就懂，而是因为我爱好古道，勤奋不懈追求而得来的啊。"

（解读）7.20 中的"之"，一般理解为"仁道"。笔者以为这一理解不妥。如果理解为"仁道"，则本句应解释为孔子好学。那么，本句的内容与上下文脱节。所以，"之"应该理解为传道。

由此，7.19 与 7.20 属于同一组，谈士人要发愤传道。

7.21 子不语怪、力、乱、神。

（翻译）孔子平时不谈怪异、勇力、叛乱、鬼神的事情。

（解读）对于 7.21，朱熹在《四书章句集注》中引用谢良佐的话说："圣人语常而不语怪，语德而不语力，语治而不语乱，语人而不语神。"❷ 这也就是说，孔子认为这些事不利于培养人的德性，反而会扰乱人的心智，故而不讲。这也就是本句的主题，即士人在传道时，要避免讲谬论，以归正谬误，斥邪崇正。

所以，从全篇的主旨角度看，7.21 讲的是士人教学时要注意的第十点：归正。

7.22 子曰："三人行，必有我师焉。择其善者而从之，其不善者而改之。"

（翻译）孔子说："三个人一起走路，其中必定有人可以作我的老师。我学习他善的那部分品行，而以他的不善的那部分品行作为自己的前车之鉴，来改掉我自己的缺点。"

（解读）7.21 与 7.22 归于同一组，都在谈士人要归正谬误，斥邪崇正一事。

7.23 子曰："天生德于予，桓魋其如予何？"

---

❶ 钱穆：《论语新解》，九州出版社，2011，第 169 页。

❷ 朱熹：《四书章句集注》论语集注卷一，中华书局，2011，第 95 页。

（翻译）孔子说："老天把德赋予我，桓魋又能把我怎么样呢？"

（解读）据《史记》记载，孔子周游列国时来到宋国。宋国的君主景公想要迎接孔子，权臣司马桓魋害怕孔子会取代自己的地位，予以劝阻。但宋景公依旧坚持己见，司马桓魋于是私下带领民众，攻击孔子。当时，孔子正与弟子在树下讲习礼节。司马桓魋派人拔掉那棵大树，孔子等人赶忙从那里逃离。弟子们见势不妙，大喊道："快跑啊。"见此情景，为了安抚众弟子的情绪，团结众人，孔子说出了这句话。

由此可知，7.23 讲的是士人教学时要注意的第十一点：团结。

7.24　子曰："二三子以我为隐乎？吾无隐乎尔。吾无行而不与二三子者，是丘也。"

（翻译）孔子说："学生们，你们认为我有什么隐藏吗？我对你们没有任何隐藏啊。我没有什么事情不是和你们一起干的，这就是我的为人啊。"

（解读）对于 7.24，朱熹的解释是孔子的弟子认为孔子对他们留了一手，没有把所有学问传授给他们。朱熹说："诸弟子以夫子之道高深不可几及，故疑其有隐，而不知圣人作、止、语、默无非教也。"❶

但这种说法似乎说不通。对本句的前半截，按照朱熹的解释没有问题，但关键在后半截。如果是弟子认为孔子留了一手，那孔子只该说自己没有任何隐藏，为何还要说自己什么事情都是与弟子一起干的呢？按照这句话的口风，弟子所怀疑的应该不是学问传不传，而是其他事情，比如，事业有没有一起干。

所以，对这句话正确的理解应该是孔子带领士人一起搞事业。但士人怀疑孔子没有把全部的行动计划告诉自己，而是自己单独谋划了什么。所以，他们集体向孔子发问，遂有孔子的这一辩白。故而孔子此言，明显有澄清事实、团结众人之意。

最后，从全篇主旨来看，7.23 与 7.24 同属于一组，讲的都是士人在传道时，要注意团结人心。

7.25　子以四教：文、行、忠、信。

（翻译）孔子教授学生四个方面的内容：文献、行为、忠诚、信义。

（解读）7.25 讲的是孔子讲授的四个方面。对于这四个方面，皇侃在《论语义疏》引东晋李充的话，认为这是由浅入深的关系，说："典籍辞义谓之文，孝悌恭睦谓之行，为人臣则忠，与朋友交则信。此四者，教之所先也。故以文发其蒙，行以积其德，忠以立其节，信以全其终也。"❷

❶ 朱熹：《四书章句集注》论语集注卷一，中华书局，2011，第 95 页。

❷ 皇侃：《论语义疏》，中华书局，2013，第 172 页。

最后，从全篇的主旨来看，7.25 讲的是士人教学要由浅入深，逐步充实。所以，7.25 是士人教学时要注意的第十二点：深浅。

7.26　子曰："圣人，吾不得而见之矣；得见君子者，斯可矣。"
　　　　子曰："善人，吾不得而见之矣，得见有恒者，斯可矣。亡而为有，虚而为盈，约而为泰，难乎有恒矣。"

(翻译) 孔子说："圣人，我是不可能看到了，但如果能看到君子，这就可以了。"

孔子说："善人，我不可能看到了，但如果能见到始终如一保持好的品德的人，这就可以了。本来没有，却装作有；本来空虚，却装作充实；本来穷困，却装作富足，这样的人是难于始终如一地保持好的品德的。"

(解读) 7.26 多有争议。这一段有两个"子曰"。朱熹以为第二个"子曰"是衍文，是多余的。而清朝的刘宝楠认为这两个"子曰"不属于同一时期，应该保留。程树德还提出，在古本的《论语》中，这两个"子曰"属于两章，而不是同一章。这一点十分重要，直接决定了 7.25 在本篇中的地位。

仅从内容上看，7.25 与 7.26 是挂钩的，都在讲士人传道，不能一步到位，而应该先从低层开始，逐步充实。如此，才可达到善人，乃至圣人的高度。

7.27　子钓而不纲，弋不射宿。

(翻译) 孔子钓鱼，只用有一个鱼钩的钓竿钓鱼，却不用系着许多鱼钩的大绳钓鱼；用系着生丝的箭射鸟，只射飞鸟，不射停宿在巢中的鸟。

(解读) 7.27 讲的是孔子对自然的观念，即追求与自然和谐共处，不过多从自然中索取。但这句与上下文都没有联系，似乎是排版错乱。

结合前文的 7.4，可知两句所谈的内容相近，都在谈和谐一事。只不过 7.27 谈的是人与自然的和谐状态，而 7.4 谈的是孔子本人的和谐状态。所以，笔者以为，应将 7.4 移到此处，作为接着 7.27 的一句。

如果这么调整，那么 7.4 与 7.27 都在讲士人在传道时，要通过自己的言语举止，表现出天人合一的和谐状态，由此才能让弟子感受到天人秩序。所以，7.4 与 7.27 讲的是士人教学时要注意的第十三点：和谐。

7.28　子曰："盖有不知而作之者，我无是也。多闻，择其善者而从之；多见而识之，知之次也。"

(翻译) 孔子说："有这样一种人，可能他什么都不懂，却在那里凭空创造，而我从来没有这样做过。多听，选择其中好的来学习；多看，然后记在心里，这是仅次于'生而知之'的智慧。"

解读 根据包咸的说法，7.28 的背景是，"言时人盖有不知理道，穿凿妄作篇籍者，我即无此事也。"❶也就是说，当时有人穿凿附会，按照自己的意思来著书立说。而孔子赞同的是 7.1 中提到的"述而不作，信而好古"。所以，孔子说了这番话。

本句讲的是士人传道时，要让弟子看到好的东西，而不能盯着坏的方面。同时，传道者自己不能凭空捏造。所以，从全篇的主旨来看，7.28 讲的是士人教学时要注意的第十四点：启善。

7.29 互乡难与言，童子见，门人惑。子曰："与其进也，不与其退也，唯何甚？人洁己以进，与其洁也，不保其往也。"

翻译 （人们认为）很难与粗野的互乡人打交道，但孔子却接见了那里的一位少年，孔门弟子很疑惑。孔子说："我是在肯定他的上进心，而不是肯定他的粗野啊，又何必要做得那么过分呢？人家把自己弄得整整齐齐地来见我，我们要肯定他的行为修养，而不要死抓住他过去的粗野一面不放。"

解读 关于互乡人为何难与打交道一事，郑玄的解释是："其乡人言语自专，不达时宜"❷，意思是当地人说话粗野、傲慢。所以，孔子见当地的童子，就惹得他的弟子不快了。弟子以为，孔子见这样的人，对孔门的事业无益，而且言语中也难免受到对方顶撞，没有必要见他们。

孔子认为，对人要有包容之心，要看到对方当下的优点，而不要只盯着对方过去的缺点。

所以，7.28 与 7.29 同属一组，讲的都是士人在教学时，要启迪弟子看到善的一面。

7.30 子曰："仁远乎哉？我欲仁，斯仁至矣。"

翻译 孔子说："仁很远吗？只要我想要达到仁，仁就来了！"

解读 对于 7.30 提到的仁不远的问题，有很多种理解。何晏、邢昺在《论语注疏》中引包咸的话，说："仁道不远，行之即是。"❸而朱熹提出："仁者，心之德，非在外也。放而不求，故有以为远者；反而求之，则即此而在矣，夫岂远哉？"❹

但是，笔者觉得上述解法都有点偏狭。结合 7.31 可知，仁不仅在心中、行为里，还在身边。只要真心向仁，随处皆是仁。这也就是说，教学者要引导弟子体悟

❶ 何晏注、邢昺疏：《论语注疏》，《十三经注疏》整理委员会整理，北京大学出版社，1999，第 94 页。

❷ 皇侃：《论语义疏》，中华书局，2013，第 175 页。

❸ 何晏注、邢昺疏：《论语注疏》，《十三经注疏》整理委员会整理，北京大学出版社，1999，第 95 页。

❹ 朱熹：《四书章句集注》论语集注卷一，中华书局，2011，第 96 页。

到一点，即只要真心向仁，随处皆是仁。

所以，从全篇的主旨来看，7.30讲的是士人教学时要注意的第十五点：体仁。

7.31　陈司败问：“昭公知礼乎？”孔子曰：“知礼。”
孔子退，揖巫马期而进之，曰：“吾闻君子不党，君子亦党乎？君取于吴，为同姓，谓之吴孟子。君而知礼，孰不知礼？”
巫马期以告，子曰：“丘也幸，苟有过，人必知之。”

（翻译）陈司败问孔子道：“鲁昭公知礼吗？”孔子说：“知礼的。”

孔子退出去后，陈司败向巫马施（字子期）作了个揖，请他上前说话，然后对他说：“我听说君子是不会有门户私计的，难道君子也会包庇他人吗？鲁君从吴国娶了一位同姓的夫人，称她为吴孟子。鲁君如果这样做还算知礼的话，那谁还不知礼呢？”

巫马施把这些话转告给了孔子。孔子说：“我真幸运啊，如果有过错，人家一定会知道。”

（解读）孔子路过陈国。陈国的司败（等同于宰相）来见孔子，语出刁难。孔子一下就听出了对方话里有话。

此事有一个背景。鲁昭公是周公之后，姬姓。他曾经迎娶吴国泰伯之后。泰伯是周公的伯祖，也是姬姓。按照《周礼》，同姓不婚。所以，鲁昭公违背了周礼。

孔子知道对方来者不善，但面对这个难题，又不能不回答。他的做法是替自己的国君遮掩。《论语注疏》引孔国安的话，说：“讳国恶，礼也。圣人道弘，故受以为过。”❶孔国安的意思是，孔子是为君主受过，用一句谎言，将君主之过转换为自己之过。

此可见孔子的用心良苦。但无论怎么说，孔子的确是说了谎话。所以，孔子最后的回复很巧妙，他用一句坦诚的话，表示自己一心向仁，不仅他犯错的行为本身体现了仁，而且只要他“欲仁”，那么，身边处处皆有仁，随处体悟仁道，哪怕别人是在揪他的把柄。

最后，从全篇主旨来看，7.30与7.31是同一组，表示士人教学时，要引导学生真心向仁，处处体仁。孔门弟子在此处特意选了7.31这一段，也可见他们的用心深刻。此段中，孔子本无过，却以一个过错，体现了仁。而且，孔子还躬身体悟他人之仁。这真可谓“我欲仁，斯仁至矣”之典范。

7.32　子与人歌而善，必使反之，而后和之。

（翻译）孔子与别人一起唱歌，遇到唱得好的，必定请他再唱一次，然后自己跟着一起唱。

❶　何晏注、邢昺疏：《论语注疏》，《十三经注疏》整理委员会整理，北京大学出版社，1999，第96页。

解读 7.32讲的是孔子学习别人的优点，哪怕只是一点不起眼的优点，也要跟对方发扬这种优点。朱熹在《四书章句集注》中评价说："必使复歌者，欲得其详而取其善也。而后和之者，喜得其详而与其善也。"❶ 所以，本句讲的是，士人要以行动扬善。

所以，7.32讲的是士人教学时要注意的第十六点：扬善。

7.33 子曰："文，莫吾犹人也。躬行君子，则吾未之有得。"

翻译 孔子说："就文章方面来说，我的水平大概和别人差不多。但就身体力行做一个君子来说，那我还远远不及啊。"

解读 朱熹在《日讲四书解义》中提到："此一章书是孔子勉人以实行也。"❷ 所以，7.33是在劝人以行动扬善。

由此可知7.32与7.33同属一组，讲的都是士人要以实际行动扬善。

7.34 子曰："若圣与仁，则吾岂敢？抑为之不厌，诲人不倦，则可谓云尔已矣。"
公西华曰："正唯弟子不能学也。"

翻译 孔子说："如果说我是圣人与仁人，那我岂敢当呢？不过，我是不厌地为之努力，不倦地教导弟子，也就这样了吧。"

公西赤（字子华）说："这正是我们这些弟子们还学不来的啊！"

解读 7.34讲的是孔子为传道，永不厌倦，终生不倦。所以，7.34讲的是士人教学时要注意的第十七点：毕生。

7.35 子疾病，子路请祷。子曰："有诸？"子路对曰："有之。《诔》曰：'祷尔于上下神祇。'"子曰："丘之祷久矣。"

翻译 孔子病重，仲由为他向神灵祈祷。孔子问："有这回事吗？"仲由回答说："确实有。《诔文》上说：'为你向天地神灵祈祷。'"孔子说："我已经祈祷很久。"

解读 对于7.35，朱熹在《四书章句集注》中的点评是："圣人未尝有过，无善可迁。其素行固已合于神明，故曰：'丘之祷久矣。'"❸ 这也就是说，孔子毕生向道、传道，乃至神明亦感应其之善。故而，孔子才说："丘之祷久矣。"

由此可知，7.34与7.35同属一组，讲的都是士人毕生弘道一事。不过，7.35

---

❶ 朱熹：《四书章句集注》论语集注卷一，中华书局，2011，第96页。
❷ 朱熹：《日讲四书解义》卷六，四库全书版，第27页。
❸ 朱熹：《四书章句集注》论语集注卷一，中华书局，2011，第98页。

比 7.34 更进一步，提到了圣人毕生弘道，合于神明一说。这就将第七篇拉到了一个高峰。

7.36　子曰："奢则不孙，俭则固。与其不孙也，宁固。"

翻译　孔子说："奢侈就会不谦逊，节俭就会寒酸。与其不谦逊，宁愿寒酸。"

解读　对于 7.36，朱熹在《四书章句集注》中的点评是："奢俭俱失中，而奢之害大。"❶ 但笔者以为，这句讨论的不是奢侈与节俭的关系，而是传道路上，士人的精神状态。士人传道，当然不能不谦逊，否则便无法真正传道。但因为贫困而穿着破烂，显得寒酸一事，则不会对士人的传道产生影响。士人只要内心安定，就不会因为寒酸而影响自己的传道事业。

所以，7.36 这句回到士人本身，讲的是士人传道时表现出的状态，那就是安定。

从本篇主旨看，7.36 讲的是士人教学时要注意的第十八点：安定。

7.37　子曰："君子坦荡荡，小人长戚戚。"

翻译　孔子说："君子心胸宽广，小人经常忧愁。"

解读　7.37 讲的也是士人内心安定的状态。

所以，7.36 与 7.37 是同一组，讲的是传道的士人的状态：安定。

另外，值得特别品味的是，孔门弟子之所以将 7.36、7.37，而非 7.34、7.35 作为本篇的最后一组，显然是因为他们认为传道的士人内心的安定状态，才是最为重要的，是传道事业的压舱石。而这也就暗合了 7.1 中提到的中庸之道。

7.38　子温而厉，威而不猛，恭而安。

翻译　孔子看起来温和而又严厉，威严而不凶猛，谦恭而又安详。

解读　7.38 讲的是孔子平时的状态，即严格符合中庸之道。

从篇章结构来看，7.1 与 7.38 首尾呼应，体现在三个方面：

第一，都表现出孔子传道时严格依循最高准则："中庸之道"；

第二，7.1 讲孔子"言传"，7.38 讲孔子"身教"；

第三，7.1 讲的是孔子对待古代事物的中庸，而 7.38 讲的是孔子当下的中庸。

所以，7.1 言传"古道"，7.38 身教"今义"，可谓古今呼应，言行合一。而在古今之间，言行之中所包含的，正是夫子所传的天下正道。

❶　朱熹：《四书章句集注》论语集注卷一，中华书局，2011，第 98 页。

泰伯第八

　　第七篇讲士人传道。第八篇接续上文，讲士人参与社会事务的第二种方式，即从政。第八篇鼓励士人出仕，并讲述了士人从政时要注意的诸方面。

　　本篇的结构是：

　　第一部分　君主之德：三让天下（8.1）

　　第二部分　从政要务：凡九大点（8.2～8.20）

　　第三部分　君主之德：天意在民（8.21）

8.1 子曰："泰伯，其可谓至德也已矣！三以天下让，民无得而称焉。"

翻译 孔子说："泰伯，可以称得上至德了吧！他三次把天下让出去，百姓都找不出合适的词来称赞他。"

解读 关于泰伯三让天下一事，其原委大概如下：在周国暂且还是商朝边缘的小国时，其君主是古公亶父，后被周文王尊为周太王。

周太王有意立自己的三子季历为储君，因为季历的儿子姬昌有圣人相。姬昌也就是后来的周文王。

但是，周太王有三个儿子，长子泰伯、次子仲雍、三子季历。按照礼法制度，周太王应该传位给泰伯。泰伯知道周太王的心意，有意让位于三弟。仲雍也遵从泰伯的主张。

然后就是三让天下一事。关于此事，先学有争议。这里以郑玄的注为准。郑玄认为："太王疾，太伯因适吴、越采药，太王殁而不返，季历为丧主，一让也。季历赴之，不来奔丧，二让也。免丧之后，遂断发文身，三让也。"❶这段话的意思是，在周太王去世时，泰伯正好去南方采药。在得到周太王去世的消息时，泰伯没有返回，故意把治丧的资格让给季历，这是一让。然后，季历去找泰伯，让泰伯回来主持丧礼，并继承王位，泰伯没有回去，这是二让。最后，丧事办完后，泰伯断发文身，表示自己已经没有资格继承王位了，这是三让。

泰伯让国，为的是周国未来之发展。这是心怀天下，不带一点私人利益之考量的美德。朱熹评价说："让之为德既美矣，至于三，则其让诚矣。以天下让，则其让大矣。而又能隐晦其迹，使民无得而称焉，则其让也非有为名之累矣。此其德所以为至极而不可以有加也。"❷

结合本篇的主旨，可知孔门弟子将8.1放在本篇的开头，是因为让国之美是一种至高的治国之道。儒家认为，如果一个君主能够有这种无我的精神，国家又何愁治理不好呢？

所以，第八篇开篇给出的是一幅孔门弟子认为的最完美的人间图景。

8.2 子曰："恭而无礼则劳，慎而无礼则葸，勇而无礼则乱，直而无礼则绞。君子笃于亲，则民兴于仁；故旧不遗，则民不偷。"

翻译 孔子说："过于谦恭而不符合礼，就会（因为谄媚）变得劳苦不堪；过于谨慎而不符合礼，就会（因为畏惧）显得拘谨不安；过于勇猛而不符合礼，就会

❶ 何晏注、邢昺疏：《论语注疏》，《十三经注疏》整理委员会整理，北京大学出版社，1999，第100页。

❷ 朱熹：《论语或问》卷八《泰伯》，《朱子全书》第六册，上海古籍出版社、安徽教育出版社，2002，第757页。

（因为莽撞）显得粗野笨拙；过于直率而不符合礼，就会（因为不留余地）显得尖刻伤人。君子如果能厚待自己的亲属，那么在百姓中就会兴起仁的风气；如果（君子带头）不遗弃旧的东西，那么百姓也就不会崇尚新的东西。"

解读 8.2讲的是从政的士人要遵守的两个方面的内容：第一是守礼，第二是厚待自己的亲友，以作为天下之表率。这也就是说，士人作为新精英，应该以身作则，从自己开始，树立一种新的道德风尚。由此，才可以改变天下的风气，令民风归厚。

所以，从全篇主旨看，8.2讲的是士人从政时要注意的第一个方面：尊礼厚亲。

8.3　曾子有疾，召门弟子曰："启予足！启予手！《诗》云：'战战兢兢，如临深渊，如履薄冰。'而今而后，吾知免夫！小子！"

翻译 曾参在病重临终之时，喊他的弟子们来到床前，对他们说："拉开被衾看看我的脚！看看我的手！《诗经》上说：'要小心翼翼啊，就好像站在深渊旁边，又好像踩在薄冰上面。'从今往后，我知道我的身体不会再受到任何毁伤了！弟子们！"

解读 8.3讲的是曾参临终前，以身教的方式，向学生传授孝道。而且，这次讲的是"身体发肤，受之父母，不敢毁伤，孝之始也"的道理。

朱熹的评价是："曾子平日以为身体受于父母，不敢毁伤，故于此使弟子开其衾而视之。……曾子以其所保之全示门人，而言其所以保之之难如此；至于将死，而后知其得免于毁伤也。"[1]

笔者以为，虽然现代人的很多理念有所改变，但强调"身体不敢毁伤"还是很有必要的。保护好自己的身体，既是为了让父母不用担心，也是为了保护自己的健康。

最后，从全篇的主旨来看，8.2与8.3属于同一组，讲的是士人在从政时，要尊礼厚亲。如此，士人才能在乱世之中开立新的社会风尚。

8.4　曾子有疾，孟敬子问之。曾子言曰："鸟之将死，其鸣也哀；人之将死，其言也善。君子所贵乎道者三：动容貌，斯远暴慢矣；正颜色，斯近信矣；出辞气，斯远鄙倍矣。笾豆之事，则有司存。"

翻译 曾参病重，仲孙捷来探望。曾参对仲孙捷说："鸟在将要死的时候，鸣叫声是很哀伤的；人在将要死的时候，说的话是富含善意的。君子应该重视道的三个方面的内容：容貌举止庄重，这样可以避免显得粗暴、放肆；神态气色端正，这样可以显得更为诚实可信；说话要注意自己的言辞和语气，这样可以远离鄙陋和错误。至于笾豆等细琐的礼仪事务，则由专门负责这些事的人去办就好了。"

解读 仲孙捷，鲁国孟孙氏第十一代宗主，谥号敬，故也称孟敬子，孟武伯之

---

[1] 朱熹：《四书章句集注》论语集注卷一，中华书局，2011，第99页。

子。据说他还是孟子的曾祖父。

8.4讲的是曾参病重临终，鲁国掌握实权的人夫仲孙捷来做礼节性的探访。之所以说这是礼节性的探访，是因为两人的政治立场相互对立。也正因为两人立场对立，所以曾参开口四句，都在表明自己没有恶意。

紧接着，曾参对仲孙捷做了一番教化，主要意思是为政之人，要注重个人修养，因为这些是礼的内核。

所以，结合全篇主旨来看，8.4讲的是士人从政时要注意的第二个方面：勤于修身。

8.5 曾子曰："以能问于不能；以多问于寡；有若无，实若虚，犯而不校。昔者吾友尝从事于斯矣。"

翻译 曾参说："有能力的人却向无能力的人请教；学问深厚的人却向学问浅薄的人请教；明明很有学问，却感觉自己没有什么学问；明明满腹经纶，却表现得虚怀若谷；纵然被他人冒犯了，也不计较。从前我有位朋友就是这样的人。"

解读 历来先学都认为曾参的这句话说的是颜回。

8.4与8.5同属一组，讲的是士人从政时，要勤于修身。不过，8.4的重点在于言辞行为要庄严、审慎，而8.5的重点则在于对待学问要谦虚、谨慎。

8.6 曾子曰："可以托六尺之孤，可以寄百里之命，临大节而不可夺也。君子人与？君子人也。"

翻译 曾参说："可以把年幼的君主托付给他，可以把国家的政事委托给他，面对安危存亡的紧要局面，却丝毫不会屈服动摇。这样的人就是君子吧？的确是君子啊。"

解读 8.6讲的是士人要有受命于危难之际的担当与能力。本句中的托孤、面对危难，皆系国家危难之际。

对于本句，李炳南评价说："承受托孤与寄命之人，一旦面临国家存亡的大关节时，不为一切利害改变其意志，而能全始全终。……这里所称的'君子人'，乃具有优越的办事能力与高尚的品德。后世蜀汉诸葛亮可以当之无愧。"❶

所以，从全篇主旨看，8.6讲的是士人从政时要注意的第三个方面：不负重托。

8.7 曾子曰："士不可以不弘毅，任重而道远。仁以为己任，不亦重乎？死而后已，不亦远乎？"

翻译 曾参说："士人不可以不刚强而有毅力，因为他使命重大而道路遥远。把仁道作为自己的使命，这难道还不够重大吗？直到死的时候才停下，这难道还不

❶ 李炳南讲述、徐醒民敬记：《论语讲要》，长江文艺出版社，2011，第144页。

够遥远吗？"

解读 8.7 说了 8.6 没有说的内容，那就是士人之所以能够临危受命，不负重托，是因为士人以实践仁道为己任；而士人之所以面对困难危险绝不屈服，是因为士人以实践仁道为毕生之志向，至死方休。

所以，8.6 与 8.7 属于同一组，讲的是士人从政时要注意的第三个方面，即为实践仁道，勇于挑起国家的重担，面对危难，绝不变节，将生死置之度外。

8.8　子曰："兴于《诗》，立于礼，成于乐。"

翻译 孔子说："兴起于《诗》，确立于礼，成就于乐。"

解读 先学多以为 8.8 讲的是士人自己学习学问的阶段。比如，在何晏、邢昺的《论语注疏》中提到："此章记人立身成德之法也。兴，起也。言人修身，当先起于《诗》也。立身必须学礼，成性在于学乐。"[1] 所以，这句话一般翻译为：孔子说："学《诗》以兴起爱人之心，学礼以修正自己的行为举止，听乐以养成仁爱之性情。"

笔者以为，此章不应只解释为君子学习学问一事，否则本章就与本篇的主旨无关。本章当与士人从政有关。其中，《诗》体现的是淳朴的民风，礼体现的是良好的秩序，乐体现的是和谐的风气。

由此，本章的意思是："孔子说：'一个国家是从推行《诗》中所蕴含的淳朴民风而开始兴盛起来的；等到发展到推行礼制时，社会的秩序就会变得上下有别、井然有序，国家政权也就更加稳固；最后，发展到推行音乐，让和美的音乐不断奏响时，这个国家也就发展到鼎盛之时了。'"由此可知，8.8 讲的实际是一个国家的成长史。而从另一个角度来理解，可知这句话讲的是士人按照 8.6 与 8.7 所说的临危受命之后，该如何令这个国家转危为安，逐步走向鼎盛，即用《诗》、礼、乐去教化民众。而之所以选择这些教化内容，不包括文，是因为只有这些内容才是普通民众可以理解、接受的。

最后，从全篇的主旨来看，8.8 讲的是士人从政时要注意的第四个方面：施政有方。

8.9　子曰："民可使由之，不可使知之。"

翻译 孔子说："可以使老百姓沿着我们引领的道路去走，却难以让他们明白其中的道理。"

解读 8.9 接着 8.8 说。8.8 讲的是对民众教化之事，但是孔子只提到了《诗》、礼、乐，而没有讲其他内容，为何呢？因为普通百姓只关心自己的柴米油盐，对天下大道是把握不到的，"中人以下，不可语上也"。所以，孔子只选了百姓容易接受

---

[1] 何晏注、邢昺疏：《论语注疏》，《十三经注疏》整理委员会整理，北京大学出版社，1999，第 104 页。

的内容来教化他们，包括朗朗上口的民歌，即《诗》；直白易懂，好执行的礼；直击内心的乐。对应到现代，这些教化的手段应该换成文艺、法律等形式。

至于更为高深的志道、传道等内容，显然不是普通民众可以理解、把握的。所以，士人也无须跟他们多做解释。

士人要爱百姓，引领他们走上好的道路，并且以实际的效果反过来让百姓感到信服。相反，如果在产生效果之前，就多费口舌，给他们解释国家治理中那么多复杂的技术性手段，告诉他们如何利用这些手段实现仁道，那反而就会陷入无尽的解释说明之中，什么也做不成了。

对于8.8与8.9，钱穆在《论语新解》中评价说："上章言教化，本章言行政，而大义相通。皆与此章义相发。民性皆善，故可使由。民性不皆明，有智在中人以下者，故有不可使知者。若在上者每事于使民由之之前，必先家喻户晓，日用力于语言文字，以务使之知，不惟无效，抑且离析其耳目，荡惑其心思，而天下从此多故。即论教化，诗与礼乐，仍在使由。由之而不知，自然而深入，终自可知。不由而使知，知终不真，而相率为欺伪。" ❶

8.10　子曰："好勇疾贫，乱也。人而不仁，疾之已甚，乱也。"

翻译　孔子说："好勇之人如果厌恶贫困，就会作乱生事。对于不仁之人，如果逼得太紧，也会引发祸乱。"

解读　8.10依旧在讨论士人治理国家的方法。这一句讲的是要提防好勇而不安分的人，同时要以仁道教化不仁之人，且不到必要时，不必斩尽杀绝，要秉持"穷寇莫追"的准则。也就是说，主政者要善于体察人情，顺着对方的特点，恰到好处地开展治理。

钱穆评价本句说："本章亦言治道。若其人好勇，又疾贫，则易生乱。惟主持治道，则须善体人情，导之以渐。一有偏激，世乱起而祸且遍及于君子善人，是不可不深察。" ❷

儒学的核心无非"关系"两字。儒学以为，人在世上，要处理各种关系，包括人与天地的关系、人与万物的关系、人与他人的关系。既然要处理这些关系，自然不能从争斗的角度，从一方彻底消灭另一方的角度入手。从这一角度入手，将不能处理关系，而只会消灭关系。所以，只有从人情的角度入手，用人情去体会天地之理，化天地之理为人情，才能做到与人共存。

从这个角度来看，天理皆是人情，人情即为天理。这世上万事万物，尽是人情

❶　钱穆：《论语新解》，九州出版社，2011，第195页。

❷　钱穆：《论语新解》，九州出版社，2011，第195页。

的体现。如此，才成立"与人共存"的道理。而这恰恰是"天人合一"的本来意思。

这是儒学与西方哲学的本质差异，即儒学关注关系，讲共存，而西方哲学关注存在，谈矛盾。

综上，8.10讲的是士人从政时要注意的第五个方面：善体人情。

8.11　子曰："如有周公之才之美，使骄且吝，其余不足观也已。"

翻译　孔子说："即使一个人有像周公那样完美的才能，只要他既骄傲又吝啬，那其余的方面也就不值得一看了。"

解读　8.11是接着8.10讲的。一个执政者，哪怕有周公的才能，如果他骄傲且吝啬，那他就不会俯下身来体察人情。他骄傲，所以眼里只有自己的荣誉；他吝啬，所以眼里只有自己的得失。这样的人，就算有再多才能，终究也要引发祸患。

所以，8.10与8.11讲的都是士人从政时要注意的要点，即要放下身段，体察人情。

8.12　子曰："三年学，不至于谷，不易得也。"

翻译　孔子说："求学三年，没有起一丝做官领俸禄的念头，这很难得啊。"

解读　8.12讲的是士人从政，是为了弘道，而不是为了利禄。

所以，从全篇主旨角度来看，8.12讲的是士人从政时要注意的第六个方面：志道不变。

8.13　子曰："笃信好学，守死善道。危邦不入，乱邦不居。天下有道则见，无道则隐。邦有道，贫且贱焉，耻也；邦无道，富且贵焉，耻也。"

翻译　孔子说："坚定信念并好好学习仁道，誓死守卫这一正义的大道。不进入危险的国家，不在动乱的国家居住。天下有道的时候，就出来传道，天下无道的时候，就隐居起来。国家有道之时，自己还贫穷且低贱，这是可耻的；国家无道之时，自己如果十分富有且高贵，这也是可耻的。"

解读　8.13依旧在讲士人弘道的策略，即善于顺应时代的变化，以最好的方式保护自己，同时弘扬大道。这也就是"设身驭世，行藏语默"之法也。所以，富贵对于士人不过是浮云，真正重要的只是弘道。

所以，8.12与8.13同属一组，讲的都是士人要志道不变，而不能被富贵迷了眼，乃至于身陷险境。

8.14　子曰:"不在其位, 不谋其政。"

(翻译) 孔子说:"不在那个位子上,就不考虑那个位子上的事情。"

(解读) 对于8.14,何晏、邢昺的《论语注疏》点评说:"此章戒人侵官也。言不在此位,则不得谋此位之政。欲使各专一守于其本职也。"[1] 这也就是在要求士人约束自己的行为,做好自己的本职工作,而不要妄议其他政事。如此,朝堂上才能和谐有序。

所以,从全篇主旨来看,8.14讲的是士人从政时要注意的第七个方面:安分守位。

8.15　子曰:"师挚之始,《关雎》之乱, 洋洋乎盈耳哉! "

(翻译) 孔子说:"从师挚演奏的序曲开始,到《关雎》的合乐收尾,我的耳朵中一直充盈着盛美的音乐啊! "

(解读) 根据《周礼》,在祭祀中,会演奏音乐。在仪式开始时,一般是由师挚指挥专门学音乐的盲人(瞽人)登堂演唱。在仪式结束时,则要在唱歌时,演奏乐器,这就是合乐。演奏的乐谱,是《周南·关雎》《葛覃》《卷耳》《召南·鹊巢》《采蘩》《采苹》等六篇。

所以,8.15表面的意思是在讲音乐。但结合8.14,可知8.15是借音乐讲朝堂上的士人各司其职。本句中的师挚可类比君主,而盲人与其他乐师则可类比士人。在君主的领导下,众乐师各司其职,得以演奏出一曲和谐且盛大的音乐。

所以,8.14与8.15同属一组,讲的是士人从政时要安分守位。

8.16　子曰:"狂而不直, 侗而不愿, 悾悾而不信, 吾不知之矣。"

(翻译) 孔子说:"狂妄且不正直,无知且不谨慎,表面上诚恳实际上却不守信用,我真不知道为什么有的人会是这个样子。"

(解读) 8.16讲的是士人要为人审慎,不可有上述三个方面的行为。

所以,从全篇主旨来看,8.16讲的是士人从政时要注意的第八个方面:谦虚谨慎。

8.17　子曰:"学如不及, 犹恐失之。"

(翻译) 孔子说:"做学问就像在后面拼命追赶,生怕赶不上,又怕赶上了却搞丢了。"

(解读) 8.16与8.17同属一组,讲的都是士人要谦虚谨慎。

❶ 何晏注、邢昺疏:《论语注疏》,《十三经注疏》整理委员会整理,北京大学出版社,1999,第105页。

泰伯第八

8.18 子曰:"巍巍乎!舜、禹之有天下也,而不与焉。"

(翻译) 孔子说:"真是崇高伟大啊!舜禹拥有天下,却没有一丝一毫考虑自己的利益。"

(解读) 8.18 素来解法甚多:第一种见于何晏、邢昺的《论语注疏》:"美舜禹也。言己不与求天下而得之。巍巍,高大之称。"❶他的意思是,这句在讲舜和禹的位子不是自己夺来的,而是由禅让而来的。李炳南等也持这种解释。

第二种见于清朝毛奇龄《论语稽求篇》:"任人致治,不必身预,所谓'无为而治'是也。若谓视之若无有,则是老氏无为之学,非圣治矣。衫衣鼓琴可藐视,天下可藐视耶?"❷他的意思是,这句在讲舜和禹在治理天下时,都任用贤人治理,自己则是无为而治。

第三种见于朱熹的《四书章句集注》:"与,去声。巍巍,高大之貌。不与,犹言不相关,言其不以位为乐也。"❸他的意思是,这句在讲舜、禹虽贵为一国之君,却心怀天下,一丝一毫都不为自己考虑。

笔者采用第三种解释,因为这种解释更符合本篇的主旨,讲的是士人理想的君主的样子,即心怀天下,一心为民。

另外,通读上下文,8.18 似乎应与 8.19 合并,因为两句讲的是同一内容。并且,这两句句法相同,用词相近,不应该分为两个单独的段落。更为重要的是,只有合并起来,这两句才能与 8.20 合为一组。

8.19 子曰:"大哉尧之为君也!巍巍乎!唯天为大,唯尧则之。荡荡乎!民无能名焉。巍巍乎!其有成功也,焕乎其有文章!"

(翻译) 孔子说:"尧这样的君主真是伟大啊!多崇高啊!这世上天是最高的,只有尧能像天一样高。他的恩德多么广大啊!百姓们简直不知道该用什么样的语言来表达对他的赞美。他的功绩太崇高了,他制定的礼仪制度太光辉了!"

(解读) 8.19 依旧在讲士人理想的君主的样子。所以,8.18 与 8.19 应该合并,讲士人理想的辅佐对象:有德之君。

综上,8.18 与 8.19 讲的是士人从政时要注意的第九个方面:择主而事。

8.20 舜有臣五人而天下治。武王曰:"予有乱臣十人。"孔子曰:"才难,不其然乎?唐虞之际,于斯为盛。有妇人焉,九人而已。三分天下

❶ 何晏注、邢昺疏:《论语注疏》,《十三经注疏》整理委员会整理,北京大学出版社,1999,第106页。

❷ 毛奇龄:《论语稽求篇》影印本,中华书局,1991。

❸ 朱熹:《四书章句集注》论语集注卷一,中华书局,2011,第102页。

有其二，以服事殷。周之德，其可谓至德也已矣。"

翻译 舜有贤臣五人，于是天下太平。周武王说："我有十位治国之能臣。"孔子说："人才难得，难道不是这样吗？唐尧与虞舜之间及周武王时期，人才最盛。然而，武王的十个大臣中有一个是妇女，所以实际上只有九个人。周文王得了天下的三分之二，仍然向商纣王称臣，周朝的德，可以说是最高的了。"

解读 8.20讲的是君主要任人唯贤，如此才能天下归心。

8.18、8.19与8.20构成一组，8.18、8.19讲士人要择主而仕，8.20讲君主任人唯贤。这一组也是本篇的最高点，即勾画了一幅君臣合力、大道昌明的理想图景。这是士人通过上述多个方面努力，奋力辅佐君王，而希望得到的美好结果。

8.21 子曰："禹，吾无间然矣。菲饮食，而致孝乎鬼神；恶衣服，而致美乎黻冕；卑宫室，而尽力乎沟洫。禹，吾无间然矣。"

翻译 孔子说："对于禹，我没有什么可以挑剔的。他的饮食很简单，却尽力孝敬鬼神；他平时穿得很简朴，却把祭祀的礼服做得很华美；他自己住的宫室很低矮，却把力量全部投到修治水利的事情上。对于禹，我确实没有什么可以挑剔的了。"

解读 8.21赞美禹的德行的光辉伟大。

8.1与8.21对应，首尾呼应。这体现在如下几个方面：

第一，两句都在赞美先圣的德行，勾画的是完美的人间图景。

第二，8.1讲的是让国，8.21讲的是治国。让国，是让贤明之人治国；治国，是贤明之人治理国家。两句在内容上相互呼应。

第三，8.1讲让天下，8.21讲治理天下时的鬼神之事。按照儒学的一般理解，天子为天之子，受命于天，自然要孝敬鬼神。同时，天子为天治理天下，自然要善待民众，如此才算完成天的托付。

第四，8.1讲民众称赞泰伯的贤德，8.21讲孔子本人对禹的德行无可挑剔。由民众盛赞，上升到圣人称赞，这是层次上的一个提升。

8.1与8.21皆讲贤君临朝，而在这两端之间，全部是关于士人出仕，为君主治国的行为准则。这一篇章结构，符合君主与天地接，而士民处于中间的传统天人秩序观。这合起来，便是：天命无常、天命惟德、天意在民。因此，这一篇章结构安排，体现了儒学天命观的核心义理。

子罕第九

　　《论语》上卷的主体内容，即挽救周天下秩序，到第八篇就结束。第九篇介绍的是孔子本人。本篇的各章皆从一个侧面描绘孔子的形象，且不少章节描述了孔子与弟子之间的生活点滴，从而令我们看到了一个鲜活的孔子形象。

　　本篇系孔门弟子专为怀念孔子而作，故采用的篇章结构比较特殊，没有采用两两成对、阴阳交合的编排之法。

　　本篇的结构如下：

第一部分　传道授业（9.1）

第二部分　生活点滴（9.2～9.30）

第三部分　悠远之思（9.31）

9.1　子罕言利与命与仁。

翻译　孔子很少谈及利益、天命与仁道。

解读　9.1 讲孔子之教学。

关于 9.1，素来有两种解释：第一种是笔者采用的解释，第二种是将"与"解释为"赞同"，那这句话便解释为："孔子很少谈及利益，却很赞同天命与仁道。"

第二种解释有两个问题：第一，仁道与利益尚且可以被认为是相悖的，天命又与利益是什么关系呢？为何要将利益与命运、仁道对立，做一个转折？第二，采用这种解释，与 9.31 的意思脱节。

基于此，本句可用的解释只有第一种。

本句讲的是孔子很少谈到三样东西：利益、天命与仁道。关于孔子为何不谈此三者，先学已经做了很多解释。比如，程子说："计利则害义，命之理微，仁之道大，皆夫子所罕言也。"刘宗周说："功利之学，圣人所不言；命与仁，圣人亦不轻言，恐滋人玄远之惑也。"❶

先学的看法基本一致，认为谈利益太多，有害大道，而天命太玄远，仁道太高深，非一般人可以把握，所以孔子很少谈及。那到底是不是这个意思呢？我们等到 9.31 中再做解释。

综上，9.1 讲的是孔子传道时的一个做法：少谈及利、命与仁。

9.2　达巷党人曰："大哉孔子！博学而无所成名。"子闻之，谓门弟子曰："吾何执？执御乎，执射乎？吾执御矣。"

翻译　达巷党这个地方的人说："孔子真伟大啊！他学问渊博，乃至于无法用某一方面的专长来称赞他。"孔子听说后，对他的学生说："我要专长于哪个方面呢？驾车，还是射箭？我还是选驾车吧。"

解读　9.2 讲孔子谦虚的品格。

这段对话很有趣。一开始是达巷的人盛赞孔子博学。何晏引了郑玄的注："达巷者，党名也。五百家为党。"❷ 所以，称赞孔子的，应该是达巷这个地方的某一个人。

这番话，是在称赞孔子全知全能。面对这番美誉，孔子却给出了极为低调的回答，表示自己想从六艺中最简单的驾车开始学起。

9.3　子曰："麻冕，礼也；今也纯，俭，吾从众。拜下，礼也；今拜乎上，泰也；虽违众，吾从下。"

翻译　孔子说："礼帽用麻布来制作，这是礼的规定。但现在大家都用黑丝绸

---

❶　刘宗周：《论语学案》，载吴光主编：《刘宗周全集》，浙江古籍出版社，2007，第 396 页。

❷　何晏注、邢昺疏：《论语注疏》，《十三经注疏》整理委员会整理，北京大学出版社，1999，第 111 页。

来制作礼帽，这样就比过去省了手工，我赞成大家的做法。臣下见君主，需要先在堂下跪拜，然后升堂再跪拜，这是礼的规定。但现在大家都直接到堂上跪拜，这是傲慢的表现。虽然这会得罪众意，但我还是主张先在堂下跪拜。"

解读 9.3 讲孔子为人之灵活。

孔子认为，礼帽用丝绸制作，反而节省了手工成本，无害于仁义，是可以接受的；参见君主，省了必要的礼节，有害于仁义，则是不可以接受的。对此，钱穆评价道："本章见礼俗随世而变，有可从，有不可从。孔子好古敏求，重在求其义，非一意遵古违今。此虽举其一端，然教俭戒骄，其意深微矣。"❶

9.4 子绝四：毋意、毋必、毋固、毋我。

翻译 孔子杜绝了四种毛病：主观猜疑、绝对肯定、固执己见、唯我独是。

解读 9.4 讲孔子自省。

9.4 中提到了四种毛病，而这四种毛病都与主观意志有关。只有破除了这四种毛病，才能真正实现仁义。为什么呢？

形式结构的具体设定全部位于意识模块和元意识模块之中。其中，仁义就是意识中的一种形式结构设定模式。

但一种具体的形式结构是否能够成立，并不取决于意识模块和元意识模块，而取决于深意识模块。深意识毕竟空无一物，并不能产生任何内容。但深意识可以决定是否接受某种形式结构设定模式。这就是说，深意识可以接受仁义，也可以否定仁义。如果深意识接受仁义，则人就会变得仁义；反之亦然。所以，要实现仁义，必须借助深意识的选择。

但是，这里也存在一种特殊情况，即深意识虽然接受仁义的设定模式，却不接受其中某些内轴线上的取值。比如，深意识接受仁义的设定模式，却不认同手段支点下的态度设定，不认为要用温和的中庸手段，而应采用极端的威逼手段。由此，深意识虽然在名义上接受了仁义，但实际上暗改了仁义的内容。深意识也就是所谓的主观意志。可见，是深意识最终导致了"意必固我"的情况。

用现代哲学术语来翻译 9.4，可知这一段讲的是要避免深意识暗改意识下的仁义设定模式，导致人的行为违背中庸准则的情况。

9.5 子畏于匡。曰："文王既没，文不在兹乎？天之将丧斯文也，后死者不得与于斯文也；天之未丧斯文也，匡人其如予何？"

翻译 孔子被匡地的人软禁了起来。他说："周文王死了以后，周代的文脉正统不正背负我的身上吗？上天如果想要消灭这一文脉正统，那我就不可能掌握这

---

❶ 钱穆：《论语新解》，九州出版社，2011，第208页。

种文化了；上天如果不想消灭这一文脉正统，那么匡人又能把我怎么样呢？"

解读 9.5讲孔子主动背负历史使命。

9.5的背景是，孔子貌似阳虎。阳虎曾经进攻匡地，而孔子的弟子颜克曾经为阳虎驾车。现在，颜克为孔子驾车，来到匡地。匡人看到颜克，又看到与阳虎容貌相似的孔子，于是起兵把孔子的车队围了起来。他们软禁了孔子五天，甚至想要杀死孔子。

孔子在绝境说出了这番话。孔子的这番话谈到了两点意思：第一，坚定地相信中华的文脉正统不灭，对于仁道有坚定的信心；第二，谈到了天命的问题，认为天命为中华文脉的传承、"志于道"提供了合法的基础。此处所谓天命，我们可理解为历史之使命。承天命者，必承担历史之使命，顺应历史之走向。

综上，本句的重点在孔子对天命的态度。孔子虽然罕言天，却以为自己背负了天命。这也说明了本句与下文的联系。

9.5在内容上对9.4做了延伸，这包括两个方面：

第一，9.4讲人主动偏离仁义，9.5讲人被迫离开仁义，乃至文脉差点断绝。

第二，9.4从反面劝人不要令深意识妄下决断，偏离仁义；9.5则从正面说人的深意识主动选择仁义设定模式，坚持仁义，坚守天命。两者一反一正。

9.6 太宰问于子贡曰："夫子圣者与？何其多能也？"子贡曰："固天纵之将圣，又多能也。"
子闻之，曰："太宰知我乎？吾少也贱，故多能鄙事。君子多乎哉？不多也。"

翻译 太宰问端木赐说："孔夫子是位圣人吧？为什么这样多才多艺呢？"端木赐回答说："这是上天让他成为圣人，而且使他多才多艺。"

孔子听到后说："太宰哪里会知道我呀？我因为小的时候家里贫苦，所以学会了许多卑贱的技艺。君子会有这么多的技艺吗？并不会啊。"

解读 9.6讲孔子谦虚的态度。

这段话颇值玩味。太宰（不知道是哪国的）以为只有多才多艺才算得上是圣人，而孔子又恰好多才多艺，故太宰向端木赐发此问。端木赐赞美孔子是天纵之才。孔子听到后，立刻澄清道：能否成为圣人，不取决于技能之多寡，而取决于是否修得仁道，推行仁道，并说自己之所以多技能，是因为自己小时候贫苦。

蕅益大师评价此句说："子贡谓夫子直是天纵之耳，岂可将圣人只是'多能'者耶？此必已闻一以贯之，故能如此答话。……'多能'甚鄙甚贱，决非君子之道也。大宰此问，与党人见识，天地悬隔。"❶

❶ 蕅益大师：《四书蕅益解》，江谦补注，雷雪敏点校，中国水利水电出版社，2012，第100页。

所以，本句的重点是讲孔子不在乎自己的名声，表现得十分低调。

但本句话还提到了孔子否定自己是上天授命的圣人一事。由此可以看出 9.5 与 9.6 之间的转承关系。在 9.5 中，孔子说自己承受天命，而在 9.6 中，孔子又否认了自己是天定的圣人。

孔子之所以说自己承受天命，是因为孔子认为自己承担了宣扬大道的使命。这体现了孔子的历史责任感。也正是因为这种历史责任感，孔子才会以一种与旧精英不同的面貌登上历史舞台，从而吸引众多新精英前来，跟随在他的身后。

而孔子之所以否定自己是天定的圣人，是因为他并不承认存在这种命运的必然性。这也符合儒学的"天命无常"的观念。

综上，孔子的天命观念其实是一种历史使命观，而不是一种对天的迷信观念。

9.7　牢曰："子云：'吾不试，故艺。'"

翻译　子牢说："夫子曾经说过：'我（年轻时）不曾被国家任用，所以学会了一些技艺。'"

解读　关于"牢"到底是谁，有很多争议。有说牢是孔子的弟子琴张的别称，也有说牢是孔子某弟子的本名，还有说牢不是孔子弟子，而是其他人。

关于 9.7 的地位，也有争议。朱熹认为 9.7 应与 9.6 合并为一句。邢昺则提出，这是两个弟子记载的孔子在不同时间说的话，是两个内容相近的不同段落，所以并列放在一起。

笔者以为，9.7 的内容的确与 9.6 高度一致。并且，9.7 的句法也是《论语》独有的。《论语》中的段落，都以说话者本人发言的形式出现，几乎没有第三者转述孔子的话的段落。所以，9.7 或者 9.6 下的一句，或者是后人对《论语》的批注，被人错误混入。

9.8　子曰："吾有知乎哉？无知也。有鄙夫问于我，空空如也。我叩其两端而竭焉。"

翻译　孔子说："我有知识吗？没有啊。有一个乡下人问我，我对他谈的问题本来是一点也不知道。但我从那个问题的两端向他发问，慢慢引导他，直到他自己把这个问题搞清楚了。"

解读　9.8 讲孔子如何启发他人。

9.8 接续 9.6 与 9.7 的内容。9.6 与 9.7 讲的是圣人自己说自己并不是全知全能的。9.8 则再次强调说，圣人在传道时，的确会遇到不懂的地方。但他善于引导人、启发人。所以，掌握正确的引导方法，启迪人的智慧，让人心中升起对仁道的追求，才是圣人最重要的"技艺"啊。

9.9　子曰："凤鸟不至，河不出图，吾已矣夫！"

翻译 孔子说："凤鸟不飞来了，黄河中也没有出现图画了。我这一生也就完了吧！"

解读 9.9 讲孔子向往圣道复兴。可惜代表圣王的祥端不出，大道难以复兴。

9.10 子见齐衰者、冕衣裳者与瞽者，见之，虽少，必作；过之，必趋。

翻译 孔子遇见穿丧服的人、穿礼服的官员和盲人时，在看到他们后，哪怕他们年轻，也一定要站起来；从他们面前走过时，一定会小步快走过去。

解读 9.10 讲孔子注重小节。

9.10 提到了三种人：

第一种是齐衰者。这涉及中国古代的五等丧服制。中国古代，根据亲属与死者的关系远近，要求参加葬礼的亲属穿不同等级的丧服，分别是：斩衰、齐衰、大功、小功、缌麻。其中，齐衰说明死者不是自己的父母子女等直系亲属，而是伯父母、舅父母等亲属。

第二种是冕衣裳者。皇侃解释说："冕衣裳者，周礼大夫以上之服也。"❶ 这也就是说，穿这种礼服的人，是周朝大夫以上级别的人，属于高官。

第三种是瞽者即盲人。

孔子见到穿丧服的人，表示同情；看到官员，表示尊敬；看到残疾人，表示同情，所以身体上有行动。因此，他是注重小节的。

9.11 颜渊喟然叹曰："仰之弥高，钻之弥坚。瞻之在前，忽焉在后。夫子循循然善诱人，博我以文，约我以礼，欲罢不能。既竭吾才，如有所立卓尔。虽欲从之，末由也已。"

翻译 颜回感叹地说："老师之道，我抬头仰望，越望越觉得高；我努力钻研，越钻研越觉得不可穷尽。看着它好像在前面，忽然又像在后面。老师善于一步一步地引导我，用各种典籍来丰富我的知识，又用各种礼节来约束我的言行，使我想停止学习都不可能。我已经用尽全力，但它依旧十分高大，矗立在那里。虽然我很想跟上去，但又不知道从哪里走。"

解读 9.11 借颜回之口，说孔子之道深不可测，悠然深远。9.11 对孔子之道的描述十分形象、生动、贴切，值得结合《论语》全书，反复体悟、琢磨。

9.12 子疾病，子路使门人为臣。病间，曰："久矣哉，由之行诈也！无臣而为有臣，吾谁欺？欺天乎？且予与其死于臣之手也，无宁死于二三子之手乎！且予纵不得大葬，予死于道路乎？"

---

❶ 皇侃：《论语义疏》，中华书局，2013，第 216 页。

翻译 孔子患了重病，仲由派了孔子的弟子去作孔子的家臣，负责料理后事。后来，孔子的病好了一些，他说："仲由老是干这种弄虚作假的事情。我明明就没有家臣，却偏偏要装作有家臣的样子，我是要骗谁呢？我要骗上天吗？与其在家臣的侍候下死去，我宁可在你们这些学生的侍候下死去，这样不是更好吗？而且，即使我不能以大夫之礼下葬，难道我就会死在路边，没人管了吗？"

解读 9.12讲孔子不重虚名。

关于9.12的背景，郑玄注："大夫退，葬以士礼；致仕，以大夫礼葬。"❶ 而朱熹提到："夫子时已去位，无家臣。子路欲以家臣治其丧，其意实尊圣人，而未知所以尊也。"❷

可见，孔子在生前已经离开鲁国大夫位置，不能有家臣，死后也只能以士的身份下葬。仲由敬重自己的老师，希望把老师的后事办得风光一些，故而私自逾越周礼的规定，按照大夫的礼节安排家臣。仲由这种行为属于我们在9.4中提到的以主观意志暗改仁义的设定情况，虽然在表面上看起来行的是仁义，其实表达的是私情。

孔子一生奉道尊礼，又如何看得了仲由的这种行为。所以，孔子严厉批评了仲由。由此可见孔子的伟大，的确是一直到死都在捍卫仁义礼节。

9.13 子贡曰："有美玉于斯，韫椟而藏诸？求善贾而沽诸？"子曰："沽之哉！沽之哉！我待贾者也。"

翻译 端木赐说："如果这里有一块美玉，是把它收藏在柜子里呢？还是找一个识货的商人卖掉呢？"孔子说："卖掉吧！卖掉吧！我正在等着识货的人呢。"

解读 9.13讲的是孔子积极寻找机会，弘扬仁道。

9.13的对话很有意思。端木赐问孔子：你是准备藏起来不为世人所知呢，还是准备主动求人赏识呢？

孔子认为这两种都走了极端。所以，他的回答是待价而沽。这表现了孔子的中庸之德。《论语注疏》上评价本句："此章言孔子藏德待用也。……子贡欲观孔子圣德藏用何如，故托玉以谘问也。……孔子答言，……虽不炫卖，我居而待贾。言有人虚心尽礼以求我道，我即与之而不吝也。"❸

9.14 子欲居九夷。或曰："陋，如之何？"子曰："君子居之，何陋之有？"

翻译 孔子想要搬到九夷之地去居住。有人说："那里非常落后，不开化，怎么能去住呢？"孔子说："有君子去住，怎么还会落后闭塞呢？"

解读 9.14讲孔子宽阔的视野，认为凡是人，皆可以得到教化。

❶ 郑玄注、孔颖达正义：《礼记正义》卷十九王制第五，上海古籍出版社，2008，第553页。

❷ 朱熹：《四书章句集注》论语集注卷一，中华书局，2011，第108页。

❸ 何晏注、邢昺疏：《论语注疏》，《十三经注疏》整理委员会整理，北京大学出版社，1999，第118页。

九夷，指居于今山东东部、淮河中下游的部族，有九种，故名九夷。

9.14是对9.13的延伸，讲的是孔子认为哪怕是蛮族，只要有圣人的启迪，都会变得开化。由此而论，传道之人更不可藏于深山，而是要主动出击，启迪万民。

9.15　子曰："吾自卫反鲁，然后乐正，《雅》《颂》各得其所。"

翻译　孔子说："我从卫国返回到鲁国以后，整理了乐，让雅乐和颂乐得到适当的安排。"

解读　9.15讲孔子对鲁国的贡献。

9.15提到了乐和《雅》《颂》。《诗经》包括《风》《雅》《颂》三个部分。其中，《风》是"国风"，指各个国家的音乐，特别是民乐；《雅》是正声雅乐，是周王朝京都地区宫廷宴飨或朝会时的乐歌；《颂》是宗庙祭祀的舞曲歌辞，内容多为歌颂祖先的功业。

孔子回到鲁国后，正乐，确定了《雅》和《颂》，便归正了鲁国荒废日久的周礼。这是孔子对鲁国的贡献。

9.15暗中接续9.14，将孔子对应"君子"，而将鲁国对应"九夷"，意思是就算是这么混乱的鲁国，孔子一到，立刻就变得讲礼节了。

9.16　子曰："出则事公卿，入则事父兄，丧事不敢不勉，不为酒困，何有于我哉？"

翻译　孔子说："离开家在公卿手下当小官，回到家孝敬父兄，有丧事不敢不尽力去办，不被酒乱了心性，这些事我做到了哪些呢？"

解读　9.16讲孔子注意日常小事。

对9.16，钱穆点评说："要之是日常庸行，所指愈卑，用意愈切，固人人当以反省。"[1]这也就是说，孔子十分注重日常小事。

9.17　子在川上曰："逝者如斯夫！不舍昼夜。"

翻译　孔子在河边说："逝去的一切就像这河水一样，昼夜不停地向前流去。"

解读　9.17讲孔子感慨周天下德行之崩坏。

对于9.17，先学有很多种理解。比如，朱熹以为孔子这是在提醒士人要关注时间之流逝，经常反省自己的行为。"于此发以示人，欲学者时时省察，而无毫发之间断也。"[2]再如，何晏、邢昺的《论语注疏》提到："此章记孔子感叹时事既往，不可追复也。"[3]

笔者以为，这两种解释都有待商榷。古人将水比作君子之德。所以，孔子在河

[1]　钱穆：《论语新解》，九州出版社，2011，第221页。

[2]　朱熹：《四书章句集注》论语集注卷一，中华书局，2011，第108页。

[3]　何晏注、邢昺疏：《论语注疏》，《十三经注疏》整理委员会整理，北京大学出版社，1999，第119页。

边，睹物生情，感叹水的流逝，其实是在感叹君子之德本来应该像大河一样的川流不息，"不舍昼夜"。而如今德却"逝"去了，终致天下礼崩乐坏。

9.18　子曰："吾未见好德如好色者也。"

翻译　孔子说："我没有见像好色那样好德的人。"

解读　9.18 接续上文，讲孔子感慨天下无道。

《史记·孔子世家》记载说，鲁定公十四年，孔子来到卫国，卫灵公与夫人南子一同出门，邀请孔子乘坐另一辆车，跟在后面。南子招摇过市。孔子于是感慨说："吾未见好德如好色者也。"这件事令孔子感到很失望，于是离开卫国去了曹国。

由此可知 9.17 与 9.18 的关系。9.17 讲孔子感慨天下人无道，9.18 则讲孔子感慨君主无道。

9.19　子曰："譬如为山，未成一篑，止，吾止也；譬如平地，虽覆一篑，进，吾往也。"

翻译　孔子说："打个比方，就像是用土堆山，现在只差一筐土就完成了，却停了下来，那是我自己要停下的；再打个比方，就像在平地上堆山，虽然现在只倒下一筐土，却坚持继续前进，那是我自己要前进的。"

解读　9.19 讲孔子用打比方的方式，教育他人要持之以恒，坚持不懈地修习仁道。

9.20　子曰："语之而不惰者，其回也与！"

翻译　孔子说："听我说话而能始终不懈息的，只有颜渊一个人吧！"

解读　9.20 讲孔子感叹世上人都有懈怠之心。

9.20 回应了 9.19。9.19 讲人要持之以恒，9.20 却感慨世上人皆有懈怠之心。这真是令人感慨啊！

9.21　子谓颜渊，曰："惜乎！吾见其进也，未见其止也。"

翻译　孔子谈到颜渊时，说："可惜呀！我只见他不断前进，却没有见他停止过。"

解读　9.21 讲孔子哀叹颜渊努力好学，奈何早夭。

9.21 接续上文。9.20 讲只有颜渊是没有懈怠之心的，9.21 却讲颜渊早夭。将这两句放在一起读，悲凉之意更甚。

9.22　子曰："苗而不秀者有矣夫，秀而不实者有矣夫。"

翻译　孔子说："庄稼出了苗却无法吐穗扬花的情况，是有的；吐穗扬花而不结果实的情况，也是有的。"

解读 关于 9.22 的内容究竟在说什么，素来有争议。唐以前的人多以为本句是在讲颜渊，之后也有人提出可能是在激励人们的学习热情。钱穆说："或说本章承上章，惜颜子；或说起下章，励学者。玩本章辞气，慨叹警惕，兼而有之。颜渊不幸短命，故有志者尤当'学如不及'。"❶

笔者以为，9.22 接续 9.21，讲孔子感慨自己虽然花了精力培养学生，但有时候却无法收获成果，比如颜渊就是一个代表。其中，"苗而不秀"指有的学生虽然是个好苗子，却无法入门；而"秀而不实"则指有的学生虽然入了门，却无法学成，比如颜渊天资聪明，且很好学，却因为短命而不能最终学成、扬道。

所以，9.22 讲孔子感慨自己虽然努力培养弟子，却还是无法最终收获成果。

9.23 子曰："后生可畏，焉知来者之不如今也？四十、五十而无闻焉，斯亦不足畏也已。"

翻译 孔子说："年轻人是值得敬畏的，怎么就能断定他们不如现在的人呢？如果等他到了四五十岁还默默无闻，那他就没有什么可以惧怕的了。"

解读 9.23 接续 9.21、9.22，讲孔子寄希望于新精英，却又对部分已经老去的弟子表示失望。当然，孔子对旧人表示失望，目的也是激励新人，要他们不断努力。

9.24 子曰："法语之言，能无从乎？改之为贵。巽与之言，能无说乎？绎之为贵。说而不绎，从而不改，吾末如之何也已矣。"

翻译 孔子说："符合正道的规劝的话，有谁不会听一听呢？但只有按它来改正自己的错误，才可贵啊！恭顺赞许的话，谁听了能不高兴呢？但要寻思一下它背后的意思，才可贵啊！盲目高兴，却不加分析，只是表示听从，却不实际改正，对这样的人，我拿他实在是没有办法了。"

解读 9.23 对新精英表示期许，9.24 接着对新精英予以鞭策。由此可知，孔子是多么热爱与青年们打交道啊。

9.25 子曰："主忠信，毋友不如己者，过则勿惮改。"

翻译 见 1.8。

解读 9.25 从 1.8 中截了一小段。

先学多以为此句之所以重复出现于此，是因为《论语》并非出于一人之手。编辑此篇之人换了人，所以这句重复出现了。比如，《论语注疏》提到："《学而篇》

❶ 钱穆：《论语新解》，九州出版社，2011，第 225 页。

已有此文，记者异人，故重出之。" ❶

笔者以为，此乃刻意为之。9.25 讲的是孔子继续激励后辈，要他们"主忠信"。那么，为何要"主忠信"呢? 因为只有"主忠信"，青年才能做到前文所提到的种种善行。

9.26　子曰："三军可夺帅也，匹夫不可夺志也。"

翻译　孔子说："一国军队，容易失去它的主帅;但一个男子汉，他的志向却不容易被强迫改变。"

解读　9.26 讲孔子教化青年，要求他们坚定志向。由此可知 9.25 与 9.26 的联系。

9.27　子曰："衣敝缊袍，与衣狐貉者立，而不耻者，其由也与! '不忮不求，何用不臧? '"子路终身诵之，子曰："是道也，何足以臧? "

翻译　孔子说："穿着破旧的絮袍，与穿着狐貉皮袍的人站在一起，而不认为可耻，大概只有仲由了吧。《诗经》上说:'不害人，不贪求，怎么会不善呢? '"仲由听到后，反复背诵这句诗。孔子又说:"这只是小道，怎么能说够好了呢? "

解读　9.27 讲孔子激励仲由更进一步，善上加善。由此可知，孔子对门下弟子要求之高。换个角度来看，孔门弟子把如此细节的教化片段都收集起来，整理进《论语》，可见孔门弟子对老师的感念之深切。

9.28　子曰："岁寒，然后知松柏之后凋也。"

翻译　孔子说:"到了一年中最寒冷的冬天，才知道松柏是最后凋谢的。"

解读　9.28 接续上文，讲孔子激励后辈，告诉他们只有不断修身，才能在遇到重大关头时，显出真才节，宛如松柏后凋一般。

9.29　子曰："知者不惑，仁者不忧，勇者不惧。"

翻译　孔子说:"智者不疑惑，仁者不忧虑，勇者不畏惧。"

解读　9.29 讲士人能够达到的理想状态。

对于 9.29，李炳南评价说:"这是三达德，儒家必修之学。《礼记·中庸篇》，孔子对鲁哀公说:'知仁勇三者，天下之达德也。'" ❷ 所以，这句中提到的三者，是儒家要求人的修为达到的理想状态。

9.30　子曰："可与共学，未可与适道;可与适道，未可与立;可与立，未

---

❶ 何晏注、邢昺疏:《论语注疏》,《十三经注疏》整理委员会整理, 北京大学出版社, 1999, 第 121 页。

❷ 李炳南讲述、徐醒民敬记:《论语讲要》, 长江文艺出版社, 2011, 第 171 页。

可与权。”

翻译 孔子说："可以一起学习的人，未必能与他一起向道而行；能够一起向道而行的人，未必能与他一起坚守道；能够一起坚守道的人，未必能与他一起随机权变。"

解读 9.30 讲了四个方面：学、道、立、权。这是士人修道的四个阶段。

本句是对全篇内容的一个概括。

我们这个时代的新精英，即以科技人才为代表的专业人才，也只有坚守正道，弘扬德业，才能更好地引领并服务社会公众。所以，第九篇也是他们要深入学习的一篇内容。

9.31 "唐棣之华，偏其反而。岂不尔思？室是远尔。"子曰："未之思也，夫何远之有？"

翻译 有几句诗这样写道："唐棣的花朵，翩翩摇曳。我岂能不想念你啊？只是家住得太远啦。"孔子说："他还是没有真的想念。如果真的想念，又岂会觉得遥远呢？"

解读 关于 9.31 的意思，素来众说纷纭。第一种说法来自何晏。他认为本句与 9.30 合为一组，讲的是士人要懂得善巧方便，就像棠棣之华一样，开了又合上。第二种说法来自朱熹。他说："夫子借其言而反之，盖前篇'仁远乎哉'之意。"❶ 意思是，孔子这里表达的是"仁道不远"的意思。第三种说法来自钱穆。钱穆说，这句话没有固定的解释，随个人理解而不同，"此章言好学，言求道，言思贤，言爱人，无指不可"。❷

笔者以为，9.31 有两层含义：

第一，9.31 中的"唐棣之华"暗指孔子本人。这段话的意思是，孔门弟子思念故去的孔子，说自己已经离开孔门，分头外出改造周天下，但依旧在心中怀念孔门。这时，孔子接了一句："这还是没有真的思念啊，如果真的思念，想想心中的大道，不是时刻就在你的心中吗？又如何会远呢？"

如此读来，9.31 真是情感绵长，又意境深远。

第二，9.31 回应了 9.1。9.1 讲的是孔子很少谈及利、命与仁。其实，孔子又如何真的不谈利、命与仁呢？孔子的道，是真正"利"于天下万民的；孔子的道，是真正符合历史走向（"命"）的；孔子的道（"仁"），无非就在人的心里，只要人用心去把握，就能够体会得到。所以，9.31 这句暗示说，孔子虽罕言利、命与仁，但利、命与仁本来就在那里，只要士人用心，就能把握得到。由此可知，9.1 为远，9.31 为近，一远一近，恰好对应。

同时，9.1 讲孔子传道之做法，9.31 讲孔子令弟子自己体悟。一师一生，恰好对应。

综上，9.1 言师道之远，9.31 谈心道之近。而在两句之间，排列的全部都是师生之间的种种过往片段，读来令人唏嘘。

❶ 朱熹：《四书章句集注》论语集注卷一，中华书局，2011，第 111 页。

❷ 钱穆：《论语新解》，九州出版社，2011，第 231 页。

乡党第十

古人常将序文放在篇末，第十篇是《论语》上卷的后序。

关于《论语》上下分卷之说，钱穆曾提到："《论语》之编辑，非成于一时。自此以前十篇为《上论》，终之以《乡党》篇，为第一次之结集，《下论》十篇为续编。此篇本不分章，今依朱子分为十七节，而最后别加山梁雌雉一章。亦犹下论末《尧曰》篇不分章，最后亦加'不知礼不知命不知言'一章。《乡党》篇汇记孔子平日之动容周旋，与其饮食衣服之细，《尧曰》篇则总述孔子之道统与其抱负。'雌雉章'见孔子一生之行止久速，'不知礼章'则孔子一生学问纲领所在。"❶

钱穆的这段话解释了"乡党篇"的历史沿革情况。《论语》原本到第十篇结束，为"上卷"。其中，第十篇是"上卷"的后序。第十篇不分章，内部分为两个部分。"上卷"应该是第一阶段编辑的成果，而之后的部分则是后面加上去的内容。

《论语》上卷的篇章结构别有意味，体现了中国古人的独有天人合一、阴阳交合的意境。而第十篇也依循了这一篇章结构安排思路。有鉴于此，在这里，我们恢复古本《论语》的做法，去除今本讲第十篇分章的做法，而将本篇内容重分为两个部分。但为了便于今人阅读，我们将第一部分分句翻译。

❶ 钱穆：《论语新解》，九州出版社，2011，第254页。

一、第一部分

孔子于乡党，恂恂如也，似不能言者。其在宗庙朝廷，便便言，唯谨尔。

（翻译）孔子在乡里与父老乡亲在一起时，态度温和恭敬，好像不太会说话的样子。但他在宗庙和朝廷时，却说得头头是道，只是说得比较谨慎。

朝，与下大夫言，侃侃如也；与上大夫言，訚訚如也。君在，踧踖如也，与与如也。

（翻译）上朝时，在君主来之前，孔子跟下大夫说话，显得温和且快乐；跟上大夫说话，显得正直且恭敬。君主视朝时，他表现出敬畏的姿态，但又不会过度拘谨，而是从容不迫、不失威仪。

君召使摈，色勃如也，足躩如也。揖所与立，左右手，衣前后，襜如也。趋进，翼如也。宾退，必复命曰："宾不顾矣。"

（翻译）鲁君召孔子去接待使臣宾客时，孔子的面色庄重矜持，步伐加快。他向同他站在一起的人作揖时，向左向右拱手，衣服随之前后摆动，却整齐不乱。他快步走向前时，好像鸟儿舒展开了翅膀。宾客离开后，他一定会向君主回报说："客人已经不回头张望了。"

入公门，鞠躬如也，如不容。立不中门，行不履阈。
过位，色勃如也，足躩如也，其言似不足者。
摄齐升堂，鞠躬如也，屏气似不息者。
出，降一等，逞颜色，怡怡如也。没阶，趋进，翼如也。复其位，踧踖如也。

（翻译）孔子走进朝堂的大门时，仪态恭敬谨慎，好像没有他的容身之地一样。他不会站在门的中间，进门时不会踩门槛。

经过君主的座位时，他的脸色会变得庄重起来，脚步也会快起来，说话的声音低微得像气力不足似的。

他走上堂时，会提起衣服的下摆，样子十分恭敬谨慎，并且憋住气，好像不呼吸一样。

走出来，下了一级台阶后，他的面色会舒展开来，一副怡然和乐的样子。走完台阶后，他会快步向前，姿态好像鸟儿展翅一样。走回到自己的位置，（再次经过君主的座位时）他又会表现出恭敬而谨慎的样子。

执圭，鞠躬如也，如不胜。上如揖，下如授。

勃如战色，足蹜蹜如有循。享礼，有容色。私觌，愉愉如也。

（翻译）孔子出使到别的诸侯国，行聘问礼时，手里拿着国君之圭，弓着身子，态度恭敬而谨慎，就好像举不起来的样子。圭执于上时，他举的位置不会超过向人作揖的高度；圭执于下时，不会低于把东西交给他人的高度。

往前走时，他神色庄重，战战兢兢，双脚不提起脚后跟，接踵而走，缓缓前进，好像沿着一条线行走的样子。举行享礼时，他的脸上有和悦的容色。私下会见时，他显得轻松愉快。

君子不以绀緅饰，红紫不以为亵服。

当暑，袗绤绤，必表而出之。

缁衣羔裘，素衣麑裘，黄衣狐裘。

亵裘长，短右袂。

必有寝衣，长一身有半。

狐貉之厚以居。

去丧，无所不佩。

非帷裳，必杀之。

羔裘玄冠不以吊。

吉月，必朝服而朝。

（翻译）（孔子作为一名）君子，不会用（祭服上才用的）青中透红或黑中透红颜色染布并做成衣服的镶边，也不会穿染了（不属于正色的）红色和紫色的家居便服。

夏天暑热，在家时，穿细葛布或粗葛布做的单衣，外出时则再套一件无袖的外套。

（冬天寒冷）穿黑色衣服的时候，一定要配羔羊皮袍；穿白色衣服的时候，一定要配小鹿皮袍；穿黄色衣服的时候，一定要配狐皮袍。

平常居家穿的皮袄做得比较长（便于保暖）；右边的袖子做得短一些（便于做事）。

睡觉时盖被子，长度是人身长的一倍半。

用狐、貉的厚皮做坐垫。

服丧期满，脱下丧服后，便佩戴上各种各样的饰物。

除上朝和祭祀时穿的帷裳只能用整幅布来做，而不能有杀缝以外，其余的衣服都要经过裁剪和缝制。

（黑色的）羊羔皮袍和黑色礼帽都是吉服，不能穿戴着去吊丧。

每年正月初一，一定要穿着朝服去上朝觐君。

齐，必有明衣，布。齐必变食，居必迁坐。

翻译 （孔子）在祭祀之前要斋戒，而在斋戒沐浴时，一定备有用麻布制作的浴衣。斋戒时，一定要改变平时的饮食，也要改变居住的房间卧室，不与妻子同房。

食不厌精，脍不厌细。

食饐而餲，鱼馁而肉败，不食；色恶，不食；臭恶，不食；失饪，不食；不时，不食；割不正，不食；不得其酱，不食。

肉虽多，不使胜食气。

唯酒无量，不及乱。

沽酒市脯，不食。

不撤姜食，不多食。

祭于公，不宿肉。祭肉不出三日，出三日，不食之矣。

食不语，寝不言。

虽疏食菜羹，瓜祭，必齐如也。

翻译 （孔子在吃饭时，）粮食不嫌舂得精，鱼和肉不嫌切得细。

粮食陈旧变味，鱼和肉腐烂，都不吃；食物颜色难看，不吃；气味难闻，不吃；烹调不当，不吃；不是当季时令的食物，不吃；食物切割方式不得当，不吃；没有配套的酱料，不吃。

席上的肉食虽多，但吃它的数量也不超过主食。

只有喝酒没有量的规定，但不能喝到神志昏乱的程度。

从市上买来的酒和肉干，不吃。

吃完了，姜不撤除，但不多吃。

孔子参加国家祭祀典礼分到的祭肉，（当天就食用，）不放过夜。自己家祭祀时的祭肉，留存不超过三天。放超过三天，就不吃了。

孔子吃饭的时候不说话，睡觉的时候不言语。

即使是粗米饭蔬菜汤，吃饭前也要先把它们取出一些来，祭祀一番，而且祭祀要像斋戒时那样严肃恭敬。

席不正，不坐。

（翻译）坐席摆放得不端正，孔子不就座。

乡人饮酒，杖者出，斯出矣。
乡人傩，朝服而立于阼阶。

（翻译）孔子同本乡人在一块儿饮酒，宴会结束后，等老年人都出去了，自己才出去。

乡里人举行迎神驱疫的仪式时，孔子一定会穿着朝服站在祖庙东边的台阶上。

问人于他邦，再拜而送之。
康子馈药，拜而受之。曰："丘未达，不敢尝。"

（翻译）委托他人到其他诸侯国问候人时，孔子向受托者拜两次后（如同同时拜了所问候之人一样）才送他走。

季孙肥馈赠药物给孔子，孔子拜谢接受后，说道："我还不了解这种药的药性，不敢尝试服用。"

厩焚。子退朝，曰："伤人乎？"不问马。

（翻译）孔子家的马厩失火烧了。孔子退朝回来后，问："伤着人了吗？"没有问马的情况。

君赐食，必正席先尝之；君赐腥，必熟而荐之；君赐生，必畜之。
侍食于君，君祭，先饭。
疾，君视之，东首，加朝服，拖绅。
君命召，不俟驾行矣。

（翻译）君主赐给食物，孔子一定会摆正席位先尝一尝；君主赐给生肉，他一定会煮熟了，先给祖先上供；君主赐给活物，他一定会养起来。

陪侍君主吃饭，当君主进行饭前祭祀的时候，他先取君主面前的饭菜为他尝试。

孔子病了，君主来探望，他便头朝东，右侧（面北）而卧，把上朝的礼服盖在身上，拖着绅带。

君主下令召见孔子，他不敢怠慢，不等车马驾好就先步行过去了。

入太庙，每事问。

（翻译）孔子进入太庙，每件事都问。

朋友死，无所归，曰："于我殡。"
朋友之馈，虽车马，非祭肉，不拜。

（翻译）朋友死后，没有人料理后事，孔子说："由我来料理丧事吧。"

对于朋友的馈赠，即使是车和马等贵重之物，只要不是祭祀用的肉，孔子在接受时，都不会行拜谢之礼。

寝不尸，居不容。
见齐衰者，虽狎，必变。见冕者与瞽者，虽亵，必以貌。
凶服者式之，式负版者。
有盛馔，必变色而作。
迅雷风烈，必变。

（翻译）孔子睡觉时不直挺着四肢僵卧，在家时不像做客那样庄重严肃。

孔子看见穿丧服的人，即使是关系亲密的，也一定会变得严肃起来。看见官员和盲人，即使是很熟悉的，他也一定表现得很有礼貌。

乘车时遇见穿丧服的人，他会低头俯伏在车前的横木上，以表示同情。遇见背负着国家公文图籍的人，他也同样俯身在车前的横木上，以表示敬意。

做客时，如果有丰盛的筵席，他一定改变神色，站起来致谢。

遇到迅雷和大风时，他一定改变神色，以表示对上天的敬畏。

升车，必正立，执绥。车中不内顾，不疾言，不亲指。

（翻译）孔子上车时，一定会先站立端正，然后拉住扶手的带子上车。在车上，不回头向里面看，不快速高声说话，不用手指指画画。

（解读）

第一部分讲的是孔子的种种尊礼的做法。由此可知，孔子不仅自己遵守礼法，是一个志德君子，而且以亲身的行为教化弟子，乃万世先师。

所以，第十篇的这些内容是对《论语》上篇的总结（德行）。这将孔子学说德教一体的特点充分展示出来，确实是恰到好处。

同时，第十篇以"乡党"开篇，说孔子处于乡里，暗示孔子一生颠沛，最终回到家乡。而纵然处在乡里，孔子依旧不改自己的德行。这更彰显出孔圣人之伟大。

二、第二部分

色斯举矣，翔而后集。曰："山梁雌雉，时哉！时哉！"子路共之，三嗅而作。

翻译 孔子在山谷中行走，看见有几只野鸡在那儿。孔子神色一动，野鸡便扑腾飞起，盘旋了一阵后，又落在了一处。孔子说："这些山梁上的雌野鸡，得其时啊！得其时啊！"仲由向它们拱拱手，野鸡又扑腾几下翅膀飞走了。

解读 关于本句的意蕴，素来众说纷纭。朱熹说："鸟见人之颜色不善，则飞去，回翔审视而后下止。人之见几而作，审择所处，亦当如此。"❶

徐英说："此节借雉以明礼贵适时。出处去就，语默之际，皆贵能适时。'色斯举矣'，言雉见颜色而知去，以喻士之相时而退也；'翔而后集'，言雉择地而下，以喻士之审处而进也。故赞之曰：'时哉时哉。'子路共之，是雉去之因，'三嗅而作'，是雉张翼而飞之事。"❷

周宗建说："终《乡党》一篇，而拈一'时'字，宛是将圣人精神画出。孟子一生赞叹夫子只一'时'字，而记者已先得之于家常日用之间。以此作一大结，且得谓非传神手笔，只得谓皮肤影像耶？"❸

笔者的理解与先学略有不同。笔者以为，本句有两层含义：

首先，本句是对第一部分的回应，以山谷中的野鸡喻乡里的孔子。所以，本句讲的是孔子一生的经历。孔子一生中，曾三次出仕鲁，也曾审时度势，两度飞起，离开鲁国。最终，孔子如野鸡一般，振翅飞去。

其次，本句也是对《论语》上篇的回应，即以群聚的野鸡比喻汇聚在孔子周围的新精英。这些新精英见到孔子，纷纷扑腾而起，然后停在不远处。这说的是士人追随孔子从学。然后，孔子对他们说"现在时候已到"，暗示"学成的士人可以出去大展才能了"。

仲由向野鸡拜别，而这些野鸡也纷纷振翅离去。这暗示士人纷纷离开，到各国弘扬儒学正道，传承中华之正统。

---

❶ 朱熹：《四书章句集注》论语集注卷一，中华书局，2011，第116页。

❷ 徐英编著：《论语会笺》，正中书局，1948，第139页。

❸ 周宗建：《论语商》卷上，四库全书版，第35页。

《论语》下卷从第十一篇开始。这一卷换了不同的人来编辑，故而在风格上有较大变化。总的来说，下卷各篇对通篇讲述一个主题、首尾呼应等基本做法都予以保留，但对于上卷中的一些细节性的编辑思路，比如，每两句为一组等，则放弃了。

《论语》上卷提出了改造周天下的一套政治路线。下卷的成书时间应该晚于上卷，故而对上卷中提及的路线做了更为贴合当时时代状况的改造。仔细品味，可知上下两卷在政治路线方面略有差异，其中上卷更重"复礼"，而下卷更重"鼎新"。

第十一篇是下卷的第一篇。这一篇列举了孔门中各色贤人。他们都是春秋时期天下的栋梁之才。所以，本篇以"先进"为名，恰如其分。而下卷以第十一篇为第一篇，亦意在展示孔门新人才俊之多。这一安排凸显了下卷"鼎新"的特色。

本章的结构如下：

第一部分　吾从先进（11.1）

第二部分　人才辈出（11.2～11.6）

第三部分　师生情深（11.7～11.11）

第四部分　言传身教（11.12～11.25）

第五部分　难忘师恩（11.26）

先进第十一

11.1 子曰："先进于礼乐，野人也；后进于礼乐，君子也。如用之，则吾从先进。"

翻译 孔子说："学成礼乐后再做官的人，是无名位出身的平民；先世袭官爵然后再学习礼乐的人，虽然像个君子，却空有其表，少了实质。如果要选用人才，那我主张选用前者。"

解读 关于 11.1 的具体含义，素来有争议。朱熹、张栻、程子等认为，此句讲的是前人一开始没有礼乐文化，后面才有了礼乐文化，故而质朴大于文饰；而后人一开始就有了礼乐文化，故而文饰大于质朴。

但是，这种说法说不通。首先，文质之辨在上卷中已经提过，11.1 为下卷的第一章，同时也是第一篇的起手章，在这么一个重要位置重复这一内容，对下篇并未起到引领之作用，完全不合情理。所以，本章不能采用这种解释。

相反，如果理解成这是在讲新精英与旧精英之辨，则颇为符合本章的定位。《论语》下卷以"鼎新"为特色，而第十一篇讲的也是孔门新精英的情况，将 11.1 放在此处，正好能引领下卷与第十一篇，可谓恰到好处。

综上，11.1 讲的是新精英相比旧精英，虽没有名位出身，却先进于礼乐，修得一身正气才德。孔子建议，要多多选用此类新精英。

11.2 子曰："从我于陈、蔡者，皆不及门也。"

翻译 孔子说："以前随我周游，又受困于陈国、蔡国之间的弟子们，现在都已经自己出去闯荡。"

解读 11.2 读来别有韵味。11.1 讲有不少先进的新精英，而 11.2 则讲在孔门众多的"先进"弟子中，那些曾经紧紧追随着孔子的人，现在都已经独立出去，开创自己的天地了。这也就是说，孔子培养出来的新精英，已经从在野的"先进"变成在朝的"先进"，已经在历史舞台上施展自己的才能，弘扬仁道了。而在他们的引领下，国家终将走向一个新的未来。

在过去几千年间，中国绵延不绝、永续创新的文化，既是广大普通民众共同努力的结果，也是自民众中不断涌现出来的"先进"的新精英英勇开创的产物。在新精英的引领下，中国人民不断除旧立新，发展向前，最终令中华文明海纳百川、延续至今。

11.3 德行：颜渊，闵子骞，冉伯牛，仲弓。言语：宰我，子贡。政事：冉有，季路。文学：子游，子夏。

翻译 （孔门共分四科，各科都有优秀人才。其中，）德行科：颜回、闵损（字子骞）、冉耕（字伯牛）、冉雍。言语科：宰予、端木赐。政事科：冉求、仲由。文学科：言偃、卜商。

（解读）11.3 接 11.2，讲孔门有哪些优秀人才。这些人才都是东周时期"先进"的新精英的代表。而且，其中绝大多数人在当时都已经独立出去，开枝散叶。

孔门四科之分类，很有内涵。其中，德行是主干科，故放在第一；言语是工具科，放在第二；政事、文学则是实践科，放在最后。这四科当然是东周时期的孔门新精英要好好加以学习的内容。

11.4 子曰："回也非助我者也，于吾言无所不说。"

（翻译）孔子说："颜回不是一个能助我提升（教学水平）的人啊，他对我所说的话没有不心悦诚服的。"

（解读）11.4 讲颜回总能立刻听懂、听透孔子讲授的内容，乃至于孔子感慨自己都不用为他提升自己的教学水平。所以，孔子与颜回师徒二人，可谓心心相印。

11.3 讲完孔门四科后，11.4 以颜回领头，讲孔门第一贤才，意在以颜回为代表，展示孔门众贤才的过人之处。

11.5 子曰："孝哉闵子骞！人不间于其父母昆弟之言。"

（翻译）孔子说："闵损真是孝顺呀！对于他的父母兄弟称赞他的话，从来没有人提出过什么异议。"

（解读）闵损为人至孝。他少年丧母，父亲迎娶了继母。继母偏爱自己亲生的两个儿子，虐待闵损。一年冬天，继母给自己的孩子做袄子，用棉花作填充，而给子骞用芦苇作填充。用芦苇作填充的袄子，虽然看起来与棉袄没有区别，但并不保暖。一日，父亲坐车带他们兄弟三个外出。父亲让闵损在前边掌鞭赶车，闵损因寒冷无法驭车，马车滑入路旁的水沟内。父亲非常生气，呵斥并鞭打他。结果，鞭子抽破衣服露出了芦花。父亲再捏一捏另两个儿子的棉衣，心里明白了。父亲知道内情后，十分愤怒，决定休妻。闵损跪于父亲面前，为继母求情，提出现在只是自己一人受苦。而如果把继母休了，则三个孩子都没有了母亲（"母在一子寒，母去三子单"）。父亲听后，决定不再休妻，而继母也从此痛改前非。

11.4 在夸完颜回贤德之后，紧接着 11.5 夸闵损至孝。这是将此两人共同树为孔门贤才的榜样，同时又将德行放在了孔门四科的第一位。

11.6 南容三复白圭，孔子以其兄之子妻之。

（翻译）南宫括反复诵读《白圭》之诗，孔子就把兄长的女儿嫁给了他。

解读 11.6 中的《白圭》，指的是《诗经》"大雅抑篇"中的几句，内容是："白圭之玷，尚可磨也。斯言之玷，不可为也。"这几句的意思是，白玉上的污点，尚且可以磨去；言语中的污点，则没有办法磨去了。这也就是说，言语一旦说出，就不可改。如果言语不妥，便会引发问题。所以，本句讲的是士人要慎言。

南宫括曾在 5.2 中出现过。孔子曾夸奖他："邦有道，不废；邦无道，免于刑戮。"

11.6 接着 11.2 ~ 11.5，讲的是孔子认为自己的弟子修德有方，所以以将自己的侄女嫁给他们的方式，来表示认同。

最后，从篇章结构来看，11.2 ~ 11.6 同属一组，讲的是孔门人才辈出。

11.7　季康子问："弟子孰为好学？"孔子对曰："有颜回者好学，不幸短命死矣，今也则亡。"

翻译 季孙肥问孔子道："在你的学生里，有谁好学呢？"孔子回答说："有一个叫颜回的学生好学，不幸短命死了，现在没有这样的学生了。"

解读 6.3 中，鲁哀公曾问过孔子这一问题，孔子回答得更为详细。有人认为，这一详略之不同，或有讲究。朱熹引范祖禹的话，说："哀公、康子问同而对有详略者，臣之告君，不可不尽。若康子者，必待其能问乃告之。此教诲之道也。"❶

6.3 的主旨是颜回好学却不幸短命。

11.8　颜渊死，颜路请子之车以为之椁。子曰："才不才，亦各言其子也。鲤也死，有棺而无椁，吾不徒行以为之椁。以吾从大夫之后，不可徒行也。"

翻译 颜回死了，他的父亲颜路请求孔子卖掉车子，给颜渊买个外椁。孔子说："虽然颜渊和孔鲤一个有才、一个无才，但分别是你、我的儿子。孔鲤死的时候，也是有棺无椁。我没有卖掉自己的车子而给他买椁。因为我还要跟随在大夫之后上朝，是不可以步行的。"

解读 关于 11.8，我们需要补充两个背景：第一，孔子曾做过鲁国大夫。周游列国后，他虽然已经不是鲁国大夫，但属于国老。国家有大事，君主会向孔子咨询意见。所以，孔子还是会上朝。按照孔子的说法，就是他要跟随在大夫之后上朝。而按照礼制，要上朝，就要乘车；如不乘车，则违背礼制。第二，孔鲤不是大夫，没有资格用大夫之葬礼，用椁下葬。颜回也没有做过官，同样也没资格用大夫之礼下葬。

孔子认为颜路的请求违背了两重礼，所以拒绝了他的请求。

❶ 朱熹：《四书章句集注》论语集注卷一，中华书局，2011，第 118 页。

11.9　颜渊死，子曰："噫！天丧予！天丧予！"

（翻译）　颜回死后，孔子感叹道："唉！天要亡我啊！天要亡我啊！"

（解读）　11.9是对11.8的补充。11.8说孔子不愿为颜回的葬礼而把车卖了。因为恐怕人们对孔子有误解，故而在11.9补上这一句，以说明孔子对颜回感情很深。颜回一死，孔子竟有天塌地陷之感。

11.10　颜渊死，子哭之恸。从者曰："子恸矣！"曰："有恸乎？非夫人之为恸而谁为？"

（翻译）　颜回死后，孔子哭得极其悲痛。跟随孔子的人说："您悲痛过度了！"孔子说："是悲伤过度了吗？我不为这个人悲伤过度，又该为谁呢？"

（解读）　11.10进一步充实11.8与11.9的内容，说孔子的确对颜回之死哀伤至极，乃至旁人都看不下去了。由此也反证出颜回在新精英中的代表地位。

11.11　颜渊死，门人欲厚葬之，子曰："不可。"门人厚葬之。子曰："回也视予犹父也，予不得视犹子也。非我也，夫二三子也！"

（翻译）　颜回死后，孔子的学生们想要厚葬他。孔子说："不能这样做。"但学生们仍然隆重地安葬了他。孔子说："颜回把我当父亲一样看待，而我却不能把他当亲生儿子一样看待。这不是我的过错，是那些学生们干的呀。"

（解读）　11.11讲在置办颜回葬礼过程中，孔子尊礼，而孔门弟子违礼一事。

**11.12　季路问事鬼神。子曰："未能事人，焉能事鬼？"
　　　　　曰："敢问死。"曰："未知生，焉知死？"**

（翻译）　仲由问该怎样待奉鬼神。孔子说："没能管好人事，又怎能管好鬼神之事？"

仲由接着说："那请问死是怎么回事？"孔子回答说："还不能搞明白生，怎么能搞明白死？"

（解读）　11.2讲待奉鬼神、如何对待生死之事等问题。在讨论中，孔子要仲由关心当下，而不要成天想着尚不可及的鬼神与身后之事。

从篇章结构来看，11.12是承上启下的一段。具体而言：

首先，11.7～11.11同属于一组。这一组就颜回身后诸事，讲孔子与弟子情深，但不逾矩。而11.12接在后面，讨论鬼神、生死之事，意在提醒世人，不要沉浸在对故去之人的思念中，而忘了当下。只有当下，才是第一位的。

其次，11.12可归入下一部分，从而开启孔子对孔门其他弟子教化的主题。

11.13 闵子侍侧，訚訚如也；子路，行行如也；冉有、子贡，侃侃如也。子乐。"若由也，不得其死然。"

翻译 闵损侍立在孔子身旁，一副正直的样子；仲由则是一副刚强的样子；冉求、端木赐是一副和乐的样子。孔子很高兴，但又说："像仲由这样，恐怕会死于非命吧！"

解读 11.13 继续讲仲由修为不足，孔子批评了仲由。

11.14 鲁人为长府。闵子骞曰："仍旧贯，如之何？何必改作？"子曰："夫人不言，言必有中。"

翻译 鲁国要翻修长府的国库。闵损说："照老样子下去，不好吗？何必改建呢？"孔子道："这个人平日不大开口，但一开口就能说到点子上。"

解读 关于 11.14，需要补充一个背景。鲁公翻修长府，为聚敛物资钱帛，以防季氏作乱。但当时鲁公已经不具备清剿三桓势力的可能性。所以，闵损说鲁公修府库，不仅没有必要，还劳民伤财。孔子夸奖闵损说到了点子上。

所以，本句讲的是闵损勤于修身，虽然话不多，但总能说到点子上。

11.15 子曰："由之瑟，奚为于丘之门？"门人不敬子路，子曰："由也升堂矣，未入于室也。"

翻译 孔子说："仲由弹瑟，为什么要在我这里弹呢？"孔子的学生们听了便都不尊敬仲由，孔子便说："仲由，他在学习上已经入门，但还没有入室罢了。"

解读 11.15 讲的是仲由修为不足，但比旁人有余。

11.16 子贡问："师与商也孰贤？"子曰："师也过，商也不及。"
日："然则师愈与？"子曰："过犹不及。"

翻译 端木赐问孔子说："颛孙师、卜商两人谁更好一些呢？"孔子回答说："颛孙师过头，卜商不足。"

端木赐说："那么是颛孙师好一些吗？"孔子说："过头和不足是一样的。"

解读 本句讲的是修身中的中庸之道。过头和不及都违背中庸之道，走向了内轴线的极位，所以是不好的。

由此点，亦可见中国人与西方人在精神方面的差异。西方人的精神世界以"存在"为始点，在 x 轴下，构建了存在者与存在者之间，即内轴线两端之间，为独立存在而产生的矛盾。存在者为求生存，不得不与其他存在者之间发生斗争，以夺取对方的位置，即进行地位上的转换。这也就是从 1 转向 $+\infty$。但任何地位的维持都不会持久，每过一段时间，地位都会翻转过来，即从 $+\infty$ 转向 1。这导致西方社会

历史表现出 x 轴下的大开合的情况。

中国人的精神世界以"关系"为始点，在 y 轴下，讨论天人之间、人人之间的情感关系。所以，从儒学的视角看，在内轴线上同时取两个数据位是可行的，关键在于维系两者之间的关系。这也就是所谓的中庸之道。但内轴线上毕竟只能取一个数据位，于是中国人总是将之转化为形式结构，且多为偏正结构。当然，长久维持偏正结构是困难的，所以便会出现 y 轴的地位被削弱，x 轴的地位走强的情况。这表现为社会的礼崩乐坏。而当社会出现礼崩乐坏的情况时，新精英便会从芸芸众生中踊跃而出，自觉承担起历史使命，恢复 y 轴的社会主轴地位。

11.17 季氏富于周公，而求也为之聚敛而附益之。子曰："非吾徒也，小子鸣鼓而攻之可也。"

翻译 季氏比周公还要富有，而冉求还帮他搜刮钱财。孔子说："他已经不是我的学生了，你们可以大张旗鼓地去攻击他！"

解读 季氏通过推行初税亩，将国家所有的国有土地以及附属于土地上的人口攫取为私有。通过两次大规模的瓜分，季氏的财富很快积累起来，甚至超过了周公。而孔子弟子冉求非但不加以劝阻，反而帮他聚敛钱财。孔子很不高兴，故有此言。

季氏之财，通过聚敛而来，乃不义之财。冉求不帮季氏散财，反而助季氏敛财。真可谓背道而驰。

11.18 柴也愚，参也鲁，师也辟，由也喭。

翻译 高柴（字子羔）生性愚憨，曾参生性鲁钝，颛孙师生性偏辟，仲由生性粗俗。

解读 11.18 点评了孔门四位弟子的品性。此四人生性各有不足，但经过向孔子求学，这四人后来都成为孔门贤才。

郑汝谐在《论语意原》中说："子羔执亲之丧泣血，三年未尝见齿，其心虽无伪必有固而不通者；曾参三省吾身，至于任重而道远，皆自鲁而得之；子张堂堂而辟；由也行行而喭，辟迂而过也，喭易其言也。"[1]

11.19 子曰："回也其庶乎，屡空。赐不受命，而货殖焉，亿则屡中。"

翻译 孔子说："颜回的学问接近于完善了吧，可是他的生活却非常贫困。端木赐不安于命，去做买卖，总能猜中行情走势。"

---

❶ 郑汝谐：《论语意原》卷三，四库全书版，第 61 页。

先进第十一

解读 11.19 讲的是颜回与端木赐两人的境遇，并借此表达士人修身，并不能带来直接的经济利益。

11.20　子张问善人之道。子曰："不践迹，亦不入于室。"

翻译　颛孙师问孔子成为善人的方法。孔子说："如果不沿着前人的脚印走，他的德行就不到家。"

解读　关于 11.20，有两种解释：一种解释为善人天生心善，所以不用沿着前人的道路走，但如果不学习就难以真正成为圣贤。比如，朱熹就采用这种解释："此一章书是孔子论生质之美，而进之以学也。"❶钱穆等也采用这种解释。另一种解释就是笔者所采之解释。孔广森、蕅益大师也采用这种解释。

本段讲的是士人修行之入手处。士人当沿着前人的脚步走，直到完成整个修行过程。

11.21　子曰："论笃是与，君子者乎，色庄者乎？"

翻译　孔子说："言论笃实诚恳的确值得赞许，但还应看他是真君子，还是伪装成庄重之人？"

解读　11.21 接着 11.20，讲士人之修行当如何践迹展开：谨言慎行，言行合一。

11.22　子路问："闻斯行诸？"子曰："有父兄在，如之何其闻斯行之？"
冉有问："闻斯行诸？"子曰："闻斯行之。"
公西华曰："由也问：'闻斯行诸？'子曰：'有父兄在'；求也问：'闻斯行诸？'子曰：'闻斯行之。'赤也惑，敢问。"子曰："求也退，故进之；由也兼人，故退之。"

翻译　仲由问："听到了就该行动起来吗？"孔子说："有父兄在，怎么能听到就行动起来呢？"

冉求问："听到了就该行动起来吗？"孔子说："听到了就该行动起来。"

公西赤说："仲由问：'听到了就该行动起来吗？'你回答说：'有父兄健在'，冉求问：'听到了就该行动起来吗？'你回答：'听到了就该行动起来'。我被弄糊涂了，冒昧地问问。"孔子说："冉求总是退缩，所以我鼓励他；仲由好勇过人，所以我约束他。"

解读　本句讲孔子因材施教，同时也讲了中庸之道。孔子约束弟子，不让弟子走向极端，而是引领弟子走向中庸。

---

❶ 朱熹：《四书章句集注》论语集注卷一，中华书局，2011，第 121 页。

11.23 子畏于匡，颜渊后。子曰："吾以女为死矣！"曰："子在，回何敢死！"

(翻译) 孔子在匡地被人围困，颜回最后才逃出来。孔子说："我以为你已经死了呢。"颜回说："夫子还活着，我怎么敢死呢？"

(解读) 11.23 讲孔门师徒情深。刘宗周在《论语学案》中评价本句说："一时师弟情深相倚如手足，故曰'吾以女为死矣'，慰喜之情也；曰'子在回何敢死'，则依归之情亦至矣。" ❶

同时，11.23 也在讲颜回勇敢。何晏、邢昺的《论语注疏》点评此句："此章言仁者必有勇也。" ❷

所以，勇敢也是新精英修行之要点。

11.24 季子然问："仲由、冉求可谓大臣与？"子曰："吾以子为异之问，曾由与求之问。所谓大臣者，以道事君，不可则止。今由与求也，可谓具臣矣。"

曰："然则从之者与？"子曰："弑父与君，亦不从也。"

(翻译) 季子然问："仲由和冉求可以算是大臣吗？"孔子说："我以为你要问别人，原来是问仲由和冉求呀。所谓大臣，是能够依循周公之道来侍奉君主，如果这样不行，他宁肯辞职不干。现在仲由和冉求这两个人，只能算是充数的臣子罢了。"

季子然说："那么他们会一切都跟着季氏干吗？"孔子说："弑父、弑君之类的事，他们还不会跟着干。"

(解读) 季子然据说是三桓中季氏的子弟。他向孔子询问仲由与冉求是不是够格称为大臣。仲由与冉求跟着三桓做事，而三桓祸乱鲁国，所以，孔子认为两人不算大臣，顶多是忝列其中。但孔子也明白仲由和冉求还守着底线，不会做出弑父弑君的事情，故有此答。

11.24 讲的是孔子评点弟子为人之臣下之道：尊奉周公之道。

11.25 子路使子羔为费宰，子曰："贼夫人之子。"

子路曰："有民人焉，有社稷焉，何必读书，然后为学。"

子曰："是故恶夫佞者。"

(翻译) 仲由让高柴去作费地的长官。孔子说："这简直是祸害人家的子弟。"

仲由说："那个地方有老百姓，有社稷。我认为，治理百姓和祭祀神灵都是学

---

❶ 刘宗周：《论语学案》，载吴光主编：《刘宗周全集》，2007，浙江古籍出版社，第 426 页。

❷ 何晏注、邢昺疏：《论语注疏》，《十三经注疏》整理委员会整理，北京大学出版社，1999，第 151 页。

习，难道一定要读书才算学习吗？"

孔子说："所以，我讨厌那种牙尖齿利的人。"

解读 11.25 接着 11.24，说仲由的确是不够格成为大臣。高柴不读书，仲由非但不劝他读书，反而让他去跟着季氏做事，到费地做官。把这种根底浅的人推荐给季氏，这不仅坑了季氏，而且坑了自己同门的高柴。难怪孔子会这么不高兴。

最后，从篇章结构来看，11.12～11.25 属于同一组，讲的是孔子对自己的弟子言传身教。孔子对弟子，既有点拨、夸奖，也有责备，乃至斥责。由此可见，孔子是全心全意培养士人。

11.26　子路、曾皙、冉有、公西华侍坐。子曰："以吾一日长乎尔，毋吾以也。居则曰：'不吾知也！'如或知尔，则何以哉？"

子路率尔而对曰："千乘之国，摄乎大国之间，加之以师旅，因之以饥馑，由也为之，比及三年，可使有勇，且知方也。"

夫子哂之。

"求，尔何如？"

对曰："方六七十，如五六十，求也为之，比及三年，可使足民。如其礼乐，以俟君子。"

"赤！尔何如？"

对曰："非曰能之，愿学焉。宗庙之事，如会同，端章甫，愿为小相焉。"

"点，尔何如？"

鼓瑟希，铿尔，舍瑟而作。对曰："异乎三子者之撰。"

子曰："何伤乎？亦各言其志也。"

曰："暮春者，春服既成，冠者五六人，童子六七人，浴乎沂，风乎舞雩，咏而归。"

夫子喟然叹曰："吾与点也！"

三子者出，曾皙后。曾皙曰："夫三子者之言何如？"

子曰："亦各言其志也已矣。"

曰："夫子何哂由也？"

曰："为国以礼，其言不让，是故哂之。"

"唯求则非邦也与？"

"安见方六七十如五六十而非邦也者？"

"唯赤则非邦也与？"

"宗庙会同，非诸侯而何？赤也为之小，孰能为之大？"

翻译 仲由、曾点（字晳）、冉求、公西赤四个人陪孔子一起坐着。孔子说："我年龄比你们大一些，你们不要因为我年长而不敢说话。你们平时总说：'没有人了解我呀！'假如现在有人了解你们，那你们会怎样做呢？"

仲由赶忙回答："如果有一个拥有一千辆兵车的国家，夹在大国之间，常常受到别国的侵犯，加上国内又闹饥荒，要让我去治理的话，只要三年，我就可以使人们勇敢善战，而且懂得礼仪。"

孔子听了，微微一笑，又问："冉求，你会怎么样呢？"

冉求答道："如果有一个国土有六七十里或五六十里见方的国家，要让我去治理的话，三年以后，我就可以使百姓饱暖。至于这个国家的礼乐教化，就要等君子来施行了。"

孔子又问："公西赤，你怎么样？"

公西赤答道："我不敢说一定能做到，但我愿意为此学习。在宗庙祭祀活动中，或者在同别国的盟会中，我愿意穿着礼服，戴着礼帽，做一个小小的司仪。"

孔子又问："曾点，你怎么样呢？"

这时曾点弹瑟的声音逐渐放慢了。接着，"铿"的一声，他离开瑟站起来，回答说："我想的内容和他们三位说的不一样。"

孔子说："那有什么关系呢？也就是各人讲讲自己的志向而已。"

曾点说："暮春三月，大家已经换上了春天的衣服。这时，我和五六位成年人、六七个少年，去沂河里洗洗澡，在舞雩台上吹吹风，然后一路唱着歌走回来。"

孔子长叹一声说："我是赞成曾点的想法的。"

子路、冉有、公西赤三个人都出去了，曾点后走。他问孔子说："他们三人的话怎么样？"

孔子说："也就是各自谈谈自己的志向罢了。"

曾点说："夫子为什么要笑仲由呢？"

孔子说："治理国家要讲礼让，可是他说话一点也不谦让，所以我笑他。"

曾点又问："那么，是不是冉求所说的算不上是国家治理呢？"

孔子说："六七十里或五六十里见方的地方怎么就见得不是一个国家呢？"

曾点再问："那么，公西赤讲的不是国家治理吗？"

孔子说："宗庙祭祀和诸侯会盟，这不是诸侯的事，又是什么呢？像公西赤这样的人，如果只能做一个小相，那谁又能做大相呢？"

解读 11.26既是对全篇内容的总结，也是对11.1的回应。

首先，11.26是对全篇内容的总结。第十一篇的主要内容是孔子与弟子之间师徒情深，并全心全意教育自己的弟子。而 11.26 中孔门弟子谈自己的志向，讲的是诸弟子对未来充满期待，并已经跃跃欲试，想要在社会上大展拳脚。这说明"先进"们已经长成，想要各自独立了。同时，孔子还点评了诸弟子的志向。这又是孔子在教育弟子。

可见，11.26 是对全篇内容的总结。在这基础上，11.26 还延伸了内容，说孔门弟子即将离开师父，到外面闯荡一番的志向。

结合《论语》是在孔子去世后，由孔子的弟子、再传弟子编纂的这一事实，可知孔门弟子对孔子深情似海。他们在孔子去世，自己已经自立门户的情况下，却用文字虚拟了一个还在孔子身边，与孔子谈未来理想的场景。想来，他们也是想重新回到孔子身边，像一个年轻人一样，跟老师聊聊人生、谈谈理想吧！

其次，11.26 描绘了这么一幅图景：仲由、冉求、公西赤三人分别讲述自己的理想是要成为大官，只有曾点说自己的人生理想是过普通的市井生活：带着朋友、孩童一起去洗澡、吹风、唱歌。根据孔子的反应，可知曾点的话更为触动他。那么，为什么呢？结合当时的历史背景，可知当时所有人都身处在一个持续数百年的大乱世中，频繁的战乱让人不得片刻安息。所以，当时的人们是多么向往能够获得一个和乐的生活啊！这也就是儒学经常提及的"大同世界"。相比这种和乐的生活，功名利禄又算得了什么呢？这一切都是过眼云烟，而只有平平淡淡才是真！所以，听到曾点的话，孔子更为触动，对之予以肯定。

最后，11.26 是对 11.1 的回应。这包括两重含义：一者，11.1 讲的是孔子推荐无名位出身的士人，而 11.26 讲的是这些士人聚在孔子身边，一起聊人生、谈理想。前头是积极推荐，后头是聚拢过来；而在两句之间，则是师生之间的情深意切的互动，这真是好一幅师生和谐的美好画卷啊！二者，11.1 讲孔子推荐士人出仕，11.26 则埋了一个高潮。这个高潮出现在曾点的话中。曾点描述了一幅礼乐之治的大同景象。这是中国古人所向往的最美好的天下图景，并且是孔门新精英共同的追求。11.26 将曾点的话放在孔门四人的最后，又让曾点留下来，与孔子评点另外三人的讲话内容，这一系列安排也都暗示了这一点，读来着实令人回味无穷。

因此，令 11.26 呼应 11.1，意在说明在"先进"们的治理下，周天下可以变成一个和乐的"大同世界"；而在两句之间，则是孔子对学生的殷殷教诲，这真是好一幅万世师表的伟大形象！

第十二篇将修身、齐家、治国放在一起谈，但本质上是为了谈修身。毕竟，齐家、治国之道终究还是君子的修身之道！所以说到底，本篇的主旨是君子的修身之道。

　　关于本章的结构，具体如下：

颜渊第十二

12.1 **颜渊问仁。子曰:"克己复礼为仁。一日克己复礼,天下归仁焉。为仁由己,而由人乎哉?"**

颜渊曰:"请问其目?"子曰:"非礼勿视,非礼勿听,非礼勿言,非礼勿动。"

颜渊曰:"回虽不敏,请事斯语矣。"

(翻译) 颜回问什么是仁。孔子说:"克制自己,一切按照礼的要求去做,这就是仁了。一旦做到了这些,天下人都会称许你的仁德。实行仁德要靠自己,难道还要靠别人吗?"

颜回说:"请问实行仁德的要点。"孔子说:"不合礼的事不看,不合礼的事不听,不合礼的事不言,不合礼的事不做。"

颜回说:"我虽然不聪敏,但也要照您的这些话去做。"

(解读) 12.1的要点在于"克己复礼"四字。其中,"克己"讲的是求仁之道,需从自己身上下手;"复礼"讲的是践仁之法,需以有效约束自己的行为,不逾矩为出口。

那么,为何求"仁"必须要做到"克己复礼"呢?这是因为所谓"仁",其本质内容是从情感的角度更好地处理人与人之间的关系。所以,说到底,"仁"就是人的精神体系的,特别是情感轴(y轴)下的一种形式结构设定模式。人要从自身心中生起爱意着手,逐步发展到爱他人,但又不能逾矩。于是,克己就能复礼。这也就是所谓的"克己复礼"。

只有做到了"克己复礼",人才能有效处理与他人之间的关系,构建起与他人之间强关系纽带,这也才算是实现了"仁"。由此可知,孔子之学虽然内容千头万绪,但可全部归集于一点之上,即有效处理关系,构建起强关系纽带。

第十二篇讲的是修道之事。12.1讲颜回问仁,颜回乃孔门最优秀的学生,而颜回谈的又是仁德的内外之事,故将此段放在本篇开头处,恰能起到引领全篇的作用。

12.2 **仲弓问仁。子曰:"出门如见大宾,使民如承大祭。己所不欲,勿施于人。在邦无怨,在家无怨。"**

仲弓曰:"雍虽不敏,请事斯语矣。"

(翻译) 冉雍(字仲弓)问什么是仁。孔子说:"出门办事如同去见贵宾,役使民众如同举办重大祭祀,对待起来都应十分严肃认真。自己所不想要的事物,就不要强加给别人。最终能做到在诸侯国做事时,无人怨你,在卿大夫封地做事时,也无人怨你,就可以了。"

冉雍说:"我冉雍虽然不聪敏,但也会照着这些话去做。"

(解读) 12.2讲做人要敬人、诚天、恕人。这些都是十分简易、直接的行动方法。这符合个人修行由易到难的一般路径。

12.3 司马牛问仁，子曰："仁者，其言也讱。"
曰："其言也讱，斯谓之仁已乎？"子曰："为之难，言之得无讱乎？"

(翻译) 司马耕（字子牛）问什么是仁。孔子说："仁人说话是谨慎的。"

司马耕说："言语谨慎，这就叫作仁了吗？"孔子说："你现在处境困难，说起来能不谨慎吗？"

(解读) 12.3需要与7.23结合起来读。司马耕是司马桓魋的弟弟。司马桓魋设宴，想要弒杀宋景公。宋景公挑唆司马桓魋与他的哥哥向巢相互争斗，最终除掉了司马桓魋，而向巢也在之后因为担心被牵连出逃了。司马耕是司马桓魋的弟弟，跟随孔子学习。

司马耕询问孔子时，弒君行动尚未启动。司马耕预估到其兄的行动可能失败，而自己夹在国君和哥哥之间，处境微妙，遂向孔子请教。孔子的回答切合要点，告诉司马耕要谨慎自己的言语。可是司马耕没有听懂，以为慎言是一件容易事。于是，孔子索性把话点破，说：你现在处境困难，难道就不该少说话吗？

12.4 司马牛问君子。子曰："君子不忧不惧。"
曰："不忧不惧，斯谓之君子已乎？"子曰："内省不疚，夫何忧何惧？"

(翻译) 司马耕问怎样做一个君子。孔子说："君子不忧愁不恐惧。"

司马耕说："不忧愁不恐惧，就可以叫做君子了吗？"

孔子说："自己内心无愧，那还有什么可以忧虑和恐惧的呢？"

(解读) 12.4接着12.3讲。司马耕处境微妙，故问孔子行事之道。孔子劝他，自己如果问心无愧，何必忧愁与恐惧？

12.5 司马牛忧曰："人皆有兄弟，我独亡。"子夏曰："商闻之矣：死生有命，富贵在天。君子敬而无失，与人恭而有礼，四海之内皆兄弟也。君子何患乎无兄弟也？"

(翻译) 司马耕忧愁地说："别人都有兄弟，唯独我没有。"卜商说："我听说：'死生有命，富贵在天。'君子只要认真谨慎地做事，不出差错，对人恭敬而合乎于礼，那么，四海之内的人就都是自己的兄弟。君子何必担忧没有兄弟呢？"

(解读) 司马耕处境微妙，司马耕问孔子，其实在向士人的领袖请求支持。可是，孔子似乎对介入宋国内部的政事兴趣不大。所以，孔子两番回答，都只是在劝解司马耕，而并未有其他表示。

既然问了孔子却不能排解，司马耕便转头问起了卜商。司马耕一上来就把话点破，说自己没有兄弟。有说法认为，此句是在说司马耕担心司马桓魋可能要杀掉自己。此说甚为合理，因为在司马桓魋作乱前，司马耕便已放弃自己的封地，出逃到齐国。此后，司马桓魋失败，逃到齐国，而司马耕便逃往吴国。由此段史实可大概探知，司马耕与司马桓魋之间当有过节。所以，司马耕此说，是在说自己与旧精英不属于同一阵营，而希望与士人站在同一条线上。

卜商听懂了对方话中的靠拢之意，故而告诉对方，只要你对士人恭敬有礼，那么，大家都是你的朋友。卜商这番话的意思是，只要司马耕与旧精英划清界限，那么，新精英就会支持司马耕。

另外，12.5还有一层深意。12.4中，孔子说君子不忧不惧；而12.5起手就说司马耕忧。所以，这是在暗示司马耕最终没有与士人合为一体。由此可知，未来司马耕为何会出逃齐国，以及为何他最后会死于鲁国城门外。

最后，12.3 ~ 12.5的深度比12.2加强，从简单直接的行动，发展到较难的修行。

12.6　子张问明。子曰："浸润之谮，肤受之愬，不行焉，可谓明也已矣。浸润之谮，肤受之愬，不行焉，可谓远也已矣。"

（翻译）颛孙师问什么才算明智。孔子说："似水般浸泡渐染的谣言，如切于皮肤般急迫的控诉，在你这儿都行不通，那你可以称得上是明智了。似水般浸泡渐染的谣言，如切于皮肤般急迫的控诉，在你这里都行不通，那你可以称得上是有远见了。"

（解读）颛孙师大概是喜欢听信谗言，乃至孔子要这样点拨他。而不听信谗言，也是士人修为达到一定境界后才能达到的成果。达到这一阶段的士人，已经对仁道有了确信，且已经达到"不惑"的阶段，眼界颇为开阔，不会因为眼前这几句话就被打动。

12.6接在12.5后面，似乎也是在暗示司马耕始终没有想明白不忧之道。所以，将两段连起来看，仿佛是颛孙师在帮司马耕提问一样。

综上，12.2 ~ 12.6同属一组，讲的是君子齐家的要点。

12.7　子贡问政。子曰："足食，足兵，民信之矣。"
子贡曰："必不得已而去，于斯三者何先？"曰："去兵。"
子贡曰："必不得已而去，于斯二者何先？"曰："去食。自古皆有死，民无信不立。"

（翻译）端木赐问怎样治理国家。孔子说："粮食充足，军备充足，民众信任君主。"

端木赐说："如果迫不得已要去掉一项，三项中先去掉哪一项呢？"孔子说："去掉军备。"

端木赐说："如果迫不得已，要在剩下的两项中去掉一项，先去掉哪一项呢？"孔子说："去掉粮食。自古以来，人都是要死的，但如果没有民众的信任，那国家就不能存在。"

[解读] 12.7 从修身之道转向治国之道。本段讲的是立信。国家有信，则民众可以舍弃性命，捍卫之。相反，失去了民心，则国家哪怕经济繁荣、武力强盛，也将失去一切。

孔子清楚地看到了国家乃建立在人心之上的拟制之物。国家虽需要物质基础，但毕竟还是拟制之物。所以，治国，最切要的还是收拢人心。而以功利的方式治国，虽然可以使国家快速增进物质基础，变得富裕起来，但终究还是令人心中只有自己，而没有国家。于是，国家便会如昙花一现般，快速崛起、快速消逝。因此，治国固然要讲物质基础，但最终还是取决于人心向背。

12.8 棘子成曰："君子质而已矣，何以文为？"子贡曰："惜乎，夫子之说君子也！驷不及舌。文犹质也，质犹文也。虎豹之鞟犹犬羊之鞟。"

[翻译] 棘子成说："君子只要有好的品质就行了，要那些表面的文饰做什么呢？"端木赐说："可惜呀，夫子您这样谈论君子！一言既出，驷马难追。文如同质，质也如同文，二者是同等重要的。假如把虎豹和犬羊两类兽的兽皮上不同色彩的毛统统拔去，那这两样皮革就没有多大区别了。"

[解读] 12.8 是对 12.7 的补充，讲的是国家立信，并不能只有品质，也当有文饰。所以，君主不能只是爱护民众，也要建立礼制。

12.9 哀公问于有若曰："年饥，用不足，如之何？"
有若对曰："盍彻乎？"
曰："二，吾犹不足，如之何其彻也？"
对曰："百姓足，君孰与不足？百姓不足，君孰与足？"

[翻译] 鲁哀公问有若道："年成歉收，国家用度不足，怎么办呢？"

有若回答说："何不实行十分抽一的税率呢？"

哀公说："现在十分抽二，尚且不够用，怎么能去实行十分抽一呢？"

有若回答说："如果百姓用度足，君主怎么会用度不足呢？如果百姓用度不足，君主用度怎么会足呢？"

[解读] 12.9 继续讲治国之道。本段讲的是国家理财一事。这是比"立信"次一等重要的政治事务。有若认为，国富要次于民富。只有民富，国家才能富有。

12.9 还有一层深义。哀公时，三桓专权，国家绝大多数收入都被三桓夺取。所以，哀公收入大幅减少。在这时，纵然哀公向民众大幅征收，也难以提高收入水平，反而为民众所憎恶。相反，哀公减少税收，民众变得富足了，便会对哀公感恩，为哀公效力。如此，哀公才有可能逐步削弱三桓的势力。所以，君主要立信，也需要让民众先富于国家。

12.10　子张问崇德、辨惑，子曰："主忠信，徙义，崇德也。爱之欲其生，恶之欲其死；既欲其生又欲其死，是惑也。'诚不以富，亦祗以异。'"

（翻译）　颛孙师向孔子请教怎样提高品德修养和辨别是非的能力。孔子说："以忠信为主，行为遵循道义，这样就可以提高品德。对于同一个人，爱的时候希望他长期活下去；厌恶的时候，又恨不得他立刻死去，这种又想对方生，又想对方死的做法，就是是非不分。《诗经》上说：'并不是因为她富有，而只是因为你自己变了心。'"

（解读）　12.10讲士人的品德与是非观念。这段话也是接着12.7 ~ 12.9说的。12.7 ~ 12.9讲君主要立信。而要立信，就要树立正确的是非观念，也就是不要随意爱、随意恨，或者说不能由深意识随意介入形式结构，对设定做出修正。深意识只能在确定的具体形式结构的设定下，在中位范围内做出适度的调整。由此一来，人的行为就宛如有了主心骨，无论做什么事，都不会偏离太远。我们将这种情况称为"中庸之道"。能做到中庸的人，又如何会不立信呢？而如果人们信任他的话，他又如何会没有领导力呢？

12.11　齐景公问政于孔子。孔子对曰："君君、臣臣、父父、子子。"公曰："善哉！信如君不君、臣不臣、父不父、子不子，虽有粟，吾得而食诸？"

（翻译）　齐景公向孔子询问治国之道。孔子回答说："国君要像国君，臣子要像臣子，父亲要像父亲，儿子要像儿子。"景公说："说得好！如果真的国君不像国君，臣子不像臣子，父亲不像父亲，儿子不像儿子，就算有粮食，我能够吃得上吗？"

（解读）　齐景公是齐庄公的幼弟。在他幼年，权臣崔杼弑杀庄公，扶立景公。所以，齐景公上位之初，曾经经历过一段作傀儡的岁月。后来，经过长达16年的动荡，齐景公才得以亲政。此后，又在晏婴等人的辅佐下，齐国实力得到恢复。可见，齐景公是体会过君臣父子地位混同的滋味的，并清楚知道这种状况曾导致齐国国内秩序严重混乱。然而，在他统治的中后期，这种情况却又开始泛起。

据此推测，这段对话大概应该发生在齐景公统治的中后期。孔子告诫齐景公治国要注重加强对国内社会风气的约束，避免出现君臣父子地位混同的情况。齐景公一下子就听懂了，故作此答。

可是，社会秩序一旦放开，又如何可能很容易就收束起来呢？自古以来，放纵是很容易的，只要不加管理即可，而约束却是极难的，因为一旦管理者开始收束风气，是很容易引起不利的舆论，乃至反抗的。

12.11 讲的依旧是中庸之道。中庸讲究守分寸，而守分寸的结果是身份、地位分明。比如，父子之间当然应相爱，但父子之爱不同于朋友之情。如果将父子之爱混同于朋友之情，则乱了伦常，难免会惹出问题来。守好了身份之别，便也就能在与人交往中更好地处理各种关系。

12.12 子曰："片言可以折狱者，其由也与？"子路无宿诺。

（翻译） 孔子说："听了单方面的供词就可以判决诉讼案件的，大概只有仲由吧？"仲由没有说话不算数的时候。

（解读） 12.12 继续讲立信一事。仲由为何能够"片言折狱"呢？是因为仲由说话都能作数，也就是说仲由这人有信用。

但是，判决案件不同于自己说话办事，还需要判决者能够明辨是非。这也就是说，仲由的信用，也来自他的明智。由此可知，12.12 讲的是人要想立信，还要有智慧。

12.13 子曰："听讼，吾犹人也。必也使无讼乎！"

（翻译） 孔子说："审理诉讼案件，我同别人一样。如果非要说有什么不同的话，就是我会使诉讼的案件根本就不会发生！"

（解读） 12.13 继续讲治国之道。治国之道的切要处，不在于以明确理性的法律解决纠纷，而在于以道德引导民众，构建人与人之间的强关系纽带。如此，才可以避免纠纷。所以，治理国家，最重要的不是立法律，明权利，而在于明人伦，理关系。而要想以道德引导民众，君主首先要有信用。所以，本句依旧是信用问题的延伸。

12.14 子张问政。子曰："居之无倦，行之以忠。"

（翻译） 颛孙师问如何治国。孔子说："居位不懈怠，办事要忠实。"

（解读） 12.14 讲治国之道，重在两点：第一，勤勉；第二，忠实。这两点是关于信用的更高一层的要求。

12.15 子曰："博学于文，约之以礼，亦可以弗畔矣夫。"

（翻译） 见 6.27。

解读 12.1 讲士人要学文、约礼，做好这两点，便不会远离仁道。这两点也是关于信用问题的更高一层的要求。

12.16 子曰："君子成人之美，不成人之恶；小人反是。"

翻译 孔子说："君子成全别人的善行，不助成别人的恶行。小人却与此相反。"

解读 对于 12.16，李炳南点评说："君子助人成就善事，不助人成就恶事。小人与君子相反，见人作善事，便妒忌，见人作恶事，便赞成。小人行为乃天理所不容。"❶ 这也是治国之道。

本段所言内容，也是对信用问题的一种延伸。

综上，12.7～12.16 同属一组，讲的是君子的立信治国问题。

12.17 季康子问政于孔子。孔子对曰："政者，正也。子帅以正，孰敢不正？"

翻译 季孙肥向孔子询问治国之道。孔子回答说："'政'的意思就是端正，您自己先做到端正，这样谁还敢不端正呢？"

解读 12.17 颇有意味。孔子点明了本章的主题，即所谓为政之道，其实就是君子的修身之道。故而，君子的修身之道，其实也是为政之道的起手处。为政之人身正，则天下之人自然追随其后。所以，"政者，正也。"

12.18 季康子患盗，问于孔子。孔子对曰："苟子之不欲，虽赏之不窃。"

翻译 季孙肥为盗窃事件多发而苦恼，来向孔子求教。孔子对他说："如果您不贪求太多的财物，即使奖励他们去偷，他们也不会干。"

解读 12.18 接着 12.17 讲如果季孙肥自己身正，没有贪欲，他手下之人又如何会偷窃他家的财物呢？所以，为政之人，当先修身。

12.19 季康子问政于孔子曰："如杀无道，以就有道，何如？"孔子对曰："子为政，焉用杀？子欲善，而民善矣。君子之德风，小人之德草。草上之风，必偃。"

翻译 季孙肥向孔子问治国之道，说："假如杀掉无道的坏人，以此来成就善道，你觉得怎么样？"孔子说："您治理国家，哪里需要用上杀戮的手段呢？您只要在心里起善念，老百姓就会跟着向善。君子的品德如风，小人的品德如草。风吹过草地，草一定会倒伏。"

---

❶ 李炳南讲述、徐醒民敬记：《论语讲要》，长江文艺出版社，2011，第 213 页。

解读 对于12.19，朱熹在《日讲四书解义》中点评说："康子之意专在以刑齐民，孔子之意专在以善率民。以刑齐民者，日求民善而民未必善；以善率民者，不求民善而民自无不善。"❶

综上，12.17～12.19同属于一组，在主张君子唯有修德，才能成为普通民众的引领者。这一说法是成立的，毕竟社会的新风气需要由精英人士来引领构建。

但是，在社会上也存在极个别人无法用道德来引领的情况，比如，虽然君子有德，但社会底层人士却依旧偷窃财物。在这种情况下，需要采用法律手段。这也是为何需要用理性来作为情感的辅助手段，形成 (y, x) 结构的原因了。

综上，这一组并不是在说不要法律等理性手段，而是在说君子要修德，做好道德引领者的角色。

12.20 子张问："士何如斯可谓之达矣？"子曰："何哉尔所谓达者？" 子张对曰："在邦必闻，在家必闻。"子曰："是闻也，非达也。夫达也者，质直而好义，察言而观色，虑以下人。在邦必达，在家必达。夫闻也者，色取仁而行违，居之不疑。在邦必闻，在家必闻。"

翻译 颛孙师问："士要怎么样才可以叫作达？"孔子说："你所说的达是什么意思呢？"

颛孙师回答说："在诸侯的国家里有名声，在大夫的封地里也有名声。"孔子说："这是有名，不是达。所谓达，就是要品质正直而喜爱道义，善于揣摩别人的话语，观察别人的脸色，时常体谅他人的想法。这样的人在诸侯的国家里达，在大夫的封地里达。而那些有名之人，表面上装作要实行仁德的样子，实际行动却相反，以仁人自居而毫不惭愧。他们在诸侯的国家里虚有其名，在大夫的封地里也虚有其名。"

解读 12.20讲的是表面上的"达"与实际上的"达"之间的区别。表面上的达，是闻达，即"名"；而实际上的达，则是贤达，是修行达到一定高度之意。只有达到贤达，才能外扩，最终实现达道。

在中国社会，闻达本来应是贤达附带而来的产物，即君子修德之后，获得名声。在实际生活中，却存在有人没有德行，而名满天下的情况。这是因为社会本身是多元的，虽然以 (y, x) 结构作为主体结构，但同时运用了其他形式结构。社会难以消灭其他形式结构，而只保留一种形式结构。在这种情况下，不同形式结构之间难免产生争斗。最终，如果某种其他形式结构取得了胜利，就会出现闻达而不贤达，更无从达道的情况。

对于士而言，当然要追求实际上的"达"，而非贪求表面上的"达"，因为士人

❶ 朱熹：《日讲四书解义》卷八，四库全书版，第45页。

要以达道为最终志向。这就要求人以 y 轴为主轴，而将 x 轴为副轴，同时以意识模块约束元意识模块。

12.21 樊迟从游于舞雩之下，曰："敢问崇德、修慝、辨惑。"子曰："善哉问！先事后得，非崇德与？攻其恶，无攻人之恶，非修慝与？一朝之忿，忘其身，以及其亲，非惑与？"

翻译 樊须陪着孔子在舞雩台下散步，说道："请问如何提高自己的品德修养，去除自己的恶念，辨别是非？"孔子说："问得好！先努力做事，然后才有收获，这不就可以提高自己的品德修养了吗？检查自己的错误，不去指责别人的缺点，这不就是去除心中的恶念了吗？因为一时气愤，忘记了自身的安危，乃至牵连自己的亲人，这不就是迷惑吗？"

解读 12.21非常有意境。樊须随同孔子游于舞雩台。舞雩台是求雨的地方。古代将水比作德，所以两人游于舞雩台，隐射的是君子求德。在求德之路上，师生之间发生了一段对话，讨论"崇德、修慝、辨惑"三者。这三者都与君子之德有关。在这三者中，崇德讲的是约束自己的欲望，修慝和辨惑讲的是约束自己的情绪。所以，此三者都是有关于用意识模块约束自己的元意识模块。

12.22 樊迟问仁。子曰："爱人。"问知。子曰："知人。"
樊迟未达。子曰："举直错诸枉，能使枉者直。"
樊迟退，见子夏，曰："乡也吾见于夫子而问知，子曰：'举直错诸枉，能使枉者直'，何谓也？"
子夏曰："富哉言乎！舜有天下，选于众，举皋陶，不仁者远矣。汤有天下，选于众，举伊尹，不仁者远矣。"

翻译 樊须问什么是仁。孔子说："爱人。"樊须又问什么是智。孔子说："了解人。"

樊须还是没听懂。孔子说："选任正直的贤才，管理邪枉之人，则能使邪枉之人变得正直。"

樊须退了出来，见到卜商，说："刚才我去见老师，问他什么是智，他说：'选任正直的贤才，管理邪枉之人，则能使邪枉之人变得正直'，这是什么意思？"

卜商说道："这是含义多么丰富的话呀！舜有了天下，在众人中选拔人才，把皋陶提拔起来，不仁的人就远远地离开了。汤得了天下，也从众人中选拔人才，把伊尹提拔起来，那些不仁的人就远远离开了。"

解读 何为仁？孔子回答说是爱人，即 y 轴。那么，君主如何妥善地爱人？同时，君主又如何用手段激发民众的爱人之心呢？孔子回答是察人之明，即 x 轴。这也就是说，把贤人提拔起来，弘扬一种正直的风气。如此，善的风气得以树立，而邪枉之人会远离。

基于此，这段对话解释了中国社会的基本结构，即 (y, x) 结构。治国者以智慧的手段来妥善地爱人，并引导民众爱人，则这个国家的社会纽带便会无比强韧，国家也会变得和谐、稳定。从这个角度来看，这段对话也是对 12.17 ~ 12.19 的补充。综上，本段的主题是如何有效约束他人之恶。

12.23　子贡问友。子曰："忠告而善道之，不可则止，毋自辱焉。"

（**翻译**）端木赐问孔子与朋友相处之道。孔子说："忠心地劝告他并用善道好好地引导他，如果不听从也就罢了，不要自取其辱。"

（**解读**）12.23 讲的是拟制血缘关系，即朋辈关系的构建之道。对于本句，李炳南点评说："朋友地位平等，只能说以善道引导朋友，不能说以善道教导朋友，教导便不免自辱。"❶

端木赐与孔子的这番对话，主要适用于新精英，毕竟只有新精英才以善道为理想，聚拢在一起。而旧精英则只顾名利，不可能听得进朋友的此类引导之言。

综上，12.20 ~ 12.23 同属一组，讲的是君子如何有效约束恶，以正风气。其中，12.20 ~ 12.21 讲约束自己的恶，12.22 ~ 12.23 讲约束他人之恶。此两者，也是君子修身之要。

12.24　曾子曰："君子以文会友，以友辅仁。"

（**翻译**）曾子说："君子用文章、学问来结交、聚合朋友，凭借朋友来帮助自己培养仁德。"

（**解读**）12.24 对应 12.1。12.1 讲的是君子修身之道，而 12.24 则拓展了这一主题，讲的是通过修身，君子得以与人交往。在这两句之间，是齐家与治国之道，正说明齐家与治国，皆源于修身，又增益修身。

同时，12.1 以颜回作为主要角色，而 12.24 则以曾参作为主要角色。两者都是孔门中拔尖的贤人。用这两人放在首尾处，引领全章，是十分合宜的。

---

❶ 李炳南讲述、徐醒民敬记：《论语讲要》，长江文艺出版社，2011，第 217 页。

子路第十三

第十二篇讲修身，第十三篇讲治国。

《论语》上卷也讲治国。但第十三篇所讲的内容比上卷更全面，也更深刻。上卷所讲的治国之道主要聚焦在如何培养新精英，以及新精英如何树立新风气等方面。这些内容勾画了一条属于士人的改革路线图。但问题是，这幅路线图难免空泛，因为它们对诸侯争霸的外部环境没有予以回应。而如果不对这一问题做出回应，则无法在内部实施有效的仁政。毕竟，在诸侯争霸的外部环境下，面对来犯之敌，各国只能被动应战。而如果外敌为了追求力量而不断降低自己的底线，到处搜刮利益、获取资源，则各国也只能被迫跟着降低底线。于是，各国都将陷入互降底线、相互比烂的下坠螺旋之中。而君主不断降低底线，则必然引诱精英和民众也跟着降低底线。于是，国内的风气会败坏。长此以往，这必将引起反噬，导致国内为争夺利益而矛盾激增，社会动荡。在这种情况下，哪怕是按照上卷所构想的那样，士人新精英纷纷登上各国的政治舞台，只要还有一个诸侯国在发动这种比烂游戏，下降螺旋仍将继续转动。在孔子去世后，随着历史的演进，诸侯之间的争斗变得更加激烈。

于是，《论语》下卷的编者们不得不以更为清晰的方式回应这一问题。由此，我们也可以知道为何孔门弟子要续写《论语》。随着孔门弟子越来越多地登上东周天下的舞台（第十一篇），他们面临的一个问题是只靠《论语》上卷（及第十二篇）提及个人修身，以及推崇礼乐制度等，并不足以实现孔子所期盼的仁政。由此，孔门弟子展开了各自的探索。而《论语》下卷就是这一探索的成果之一。与之类似的，还有子夏派的法家路线等。那这幅路线图具体是怎样的呢？第十三篇对此做了阐述。

关于本章的结构，具体如下：

第一部分　治国仁政：为民垂范（13.1）
第二部分　治国仁政：引领万民（13.2～13.6）
第三部分　治国仁政：争霸新路（13.7～13.13）
第四部分　治国仁政：切忌擅权（13.14～13.17）
第五部分　治国仁政：丰富内涵（13.18～13.19）
第六部分　治国仁政：用人之道（13.20～13.29）
第七部分　治国仁政：教民以战（13.30）

13.1　子路问政，子曰："先之，劳之。"请益，曰："无倦。"

（**翻译**）仲由向孔子问治国之道。孔子说："要自己先身体力行带好头，同时还要教导民众勤劳。"仲由请求多讲一些，孔子说："不要倦怠。"

（**解读**）13.1讲为政之道。孔子提出，为政者当身先士卒，为民垂范。

第十三篇讲的是为政之道。将13.1放在本篇起手处，有以有德之君为民垂范之意。

13.2　仲弓为季氏宰，问政。子曰："先有司，赦小过，举贤才。"
　　　　曰："焉知贤才而举之？"曰："举尔所知。尔所不知，人其舍诸？"

（**翻译**）冉雍做了季氏的家臣，询问怎么管理政务。孔子说："先分清部门职责，使之各司其职，赦免他们的小过错，提拔贤能的人才。"

冉雍又问："怎样才能知道哪些人是贤才，并把他们选拔出来呢？"孔子说："选拔你所知道的。那些你所不知道的，别人难道会埋没他吗？"

（**解读**）13.2重点讲举贤才之事。孔子的意见是，士人当相互提携、推举。长此以往，士人将构建出新的社会风气。

13.3　子路曰："卫君待子而为政，子将奚先？"
　　　　子曰："必也正名乎！"
　　　　子路曰："有是哉，子之迂也！奚其正？"
　　　　子曰："野哉由也！君子于其所不知，盖阙如也。名不正，则言不顺；言不顺，则事不成；事不成，则礼乐不兴；礼乐不兴，则刑罚不中；刑罚不中，则民无所措手足。故君子名之必可言也，言之必可行也。君子于其言，无所苟而已矣。"

（**翻译**）仲由说："卫国国君需要老师您去治理国政，老师打算从哪儿入手呢？"

孔子说："首先要正名分！"

仲由说："有这个必要吗？老师绕得太远了！辨正它们干什么呢？"

孔子说："仲由，你真粗野啊！君子对于自己所不知道的事情，总是采取存疑的做法。名分不正，说话的底气就不足，说话的底气不足，事情很难办成。事情办不成，礼乐也就不能兴盛。礼乐不能兴盛，刑罚的执行就会因过于刚猛而不适当。刑罚用得不适当，百姓就不知该怎么办好。所以，君子一定要定下一个名分，以说服人，而且说出来一定要能得到执行。君子对于自己的言行，是从来不马虎对待的。"

（**解读**）13.3讲的是说话办事，应该有充足的、可以说服人的理由。所以，这关涉的是"理由"支点。

人的意识模块下的各支点，包括目的、对象、手段、措施等，都需要理由作为合理性支撑。理由支点的作用，一方面是支持人自己的行为，因为人只有相信自己的行为是有合理理由的，才能"心安理得"地开展行动；另一方面是推动他人的行为，因为人要推动他人做出行为，就需要用理由说服他人，使他人的行为得到理由的支撑。

最后，13.3是对13.2的延伸。13.2讲士人要领导民众，构建社会新风气，13.3讲士人要想引领民众，必须给民众一个充分的理由。这个理由，就是所谓的名分。这也就是说，要明确士人与民众在地位与职责上的差别，并给出充足的理由，让民众相信，只要跟从士人，在士人的引领下开展行动，便能获得更好的生活。

13.4 樊迟请学稼。子曰："吾不如老农。"请学为圃，曰："吾不如老圃。"樊迟出，子曰："小人哉樊须也！上好礼，则民莫敢不敬；上好义，则民莫敢不服；上好信，则民莫敢不用情。夫如是，则四方之民襁负其子而至矣，焉用稼？"

翻译 樊须向孔子请教学习种庄稼。孔子说："我不如有经验的老农。"樊须又请教学习种菜。孔子说："我不如有经验的老菜农。"

樊须出去后，孔子说："樊须这个小子。居于上位的人只要重视礼，老百姓就没有不恭敬的；居于上位的人只要重视义，老百姓就没有不服从的；居于上位的人只要重视信，老百姓就没有不用真心实情来对待的。要是做到了这些，四面八方的老百姓就会背着自己的孩子来投奔，哪里还需要自己去种庄稼呢？"

解读 13.4讲精英与民众之别。精英要引领民众，而民众也愿意追随精英。这也就是说，精英（T_1）对民众（T_3）始终是两个独立的群体，不可混为一谈，且精英要领导民众。

但是，精英要领导民众，必须深入民众、了解民众、爱护民众，并注重自己的道德修为。精英只有约束自己的行为，提升自己的道德修为，并充分了解社会的情况，才能够领导民众走上符合历史发展方向的正确道路，也才能够使民众过上幸福的生活。如此，精英和民众合为一体（T_1+T_3），即深入民众、领导民众、为了民众。

能够这样做的精英，通常是处于历史上升期的新精英。而那些正处历史下坡路上的旧精英，则大都脱离民众，悬在半空，即只构成偏正状态（T_1/T_3）。因此，历史的一般演进轨迹，是旧精英被逐渐淘汰，而新精英不断崛起。

回到13.4，能够领导东周社会的新精英是正在崛起的士人。

另外，13.4中提到的礼、义、信，也就是13.3中提到的"理由"。因此，13.4是对13.3的延伸。

13.5 子曰："诵《诗》三百，授之以政，不达；使于四方，不能专对；虽多，亦奚以为？"

(翻译) 孔子说："熟读《诗经》三百篇，把政务交给他，却做不好；派他出使到四方各国，又不能独立应对局面。虽然学得很多，又有什么用处呢？"

(解读) 对于 13.5，《论语注疏》中点评道："此章言人之才学贵于适用。若多学而不能用，则如不学也。"❶

13.5 接在 13.4 后面，是在补充说明，精英之所以能够领导民众，并不是因为他们读了很多书，而是因为他们在学习的过程中，悟到了处理内政外交的办法，拥有超过普通民众的智慧。由此，精英并非天生是精英。精英是在学习中、社会历练中，不断自我成长起来的一群拥有超群智慧、深悟仁道的人。

智慧，也是 13.3 中所提到的"理由"。可见，13.5 也是对 13.3 的补充。

13.6 子曰："其身正，不令而行；其身不正，虽令不从。"

(翻译) 孔子说："自身正了，即使不用发布命令，老百姓就会遵行；自身不正，即使发布命令，老百姓也不会听从。"

(解读) 13.6 继续讲精英领导民众一事。精英只有先端正自身，才能吸引民众跟随。

端正也是 13.3 中提到的"理由"。可见，13.6 也是对 13.3 的补充。

综上，13.2 ~ 13.6 同属一组，讲精英要如何有效领导民众。

13.7 子曰："鲁卫之政，兄弟也。"

(翻译) 孔子说："鲁、卫两国的政事，是兄弟之间的事务。"

(解读) 对于 13.7，李炳南点评说："鲁是周公的封国，卫是康叔的封国，在周公兄弟九人中，康叔与周公最亲密，如《左传》定公六年，卫公叔文子说：'大姒之子，唯周公、康叔为相睦也。'……其国之政亦如兄弟。……在周公初时，二国风化俱治如兄弟，至周末，二国风化俱恶，亦如兄弟。"❷ 这句话是说，鲁国原是周公的封地，卫国原是康叔的封地。周公与康叔都是武王的弟弟。鲁、卫两国是兄弟之国。在两位国君的治理下，两国的风气都很泰和。而在周朝末年，两国风气都变得奢侈、乱伦、败礼。孔子感慨这两国果真是兄弟之国，原来风气同好，如今风气同坏。

13.8 子谓卫公子荆："善居室。始有，曰：'苟合矣。'少有，曰：'苟完矣。'富有，曰：'苟美矣。'"

❶ 何晏注、邢昺疏：《论语注疏》，《十三经注疏》整理委员会整理，北京大学出版社，1999，第 173 页。
❷ 李炳南讲述、徐醒民敬记：《论语讲要》，长江文艺出版社，2011，第 223 页。

翻译 孔子谈到卫国的公子荆时说："他善于管理家中的理财事务。当刚开始有财物时，他便说：'差不多够了。'当财物稍微多起来时，他又说：'将要足够了。'更多一点时，他说：'差不多算是完美了。'"

解读 13.8接续13.7。13.7说鲁、卫两国风气败坏，13.8说在这一奢侈享乐的大环境下，卫国却有一位国君之子，即公子荆，不追求奢侈生活，而是能够适度理财，知足常乐。

可见，13.8讲新精英要崇尚节俭、知足的精神。

13.9 子适卫，冉有仆。子曰："庶矣哉！"冉有曰："既庶矣，又何加焉？"曰："富之。"曰："既富矣，又何加焉？"曰："教之。"

翻译 孔子到卫国去，冉求给他驾车。孔子说："这里人口真多啊！"冉求说："人口已经够多，还要再做什么呢？"孔子说："让他们富起来。"冉求说："富起来后还要做些什么？"孔子说："对他们进行教化。"

解读 13.7与13.8讲东周末年，礼崩乐坏的现状。所谓礼崩乐坏，其实就是当时的人追求财富和名望，为之而不择手段。这种历史时期通常分为两个阶段：第一，快速上升阶段。在这一阶段，随着以往的禁制被解开，人们可以自由地探寻谋取名利的方式。于是，社会财富快速积累，社会经济得到相当的发展。在这个过程中，不少人得到了切实的实惠。第二，动荡反噬阶段。在这一阶段，解开禁制所带来的红利被消耗殆尽，增长空间被尽数瓜分。为了获得更多利益，人们之间开始相互争斗。而又因为禁制早已被解开，人们之间争斗的手段日渐突破下限。换句话说，就是谁更能用下作的手段，谁就更能在争斗中取得胜利。于是，一些之前被高增长掩盖的弊端开始显现，造成反噬。比如，因为礼崩乐坏，人们为获得更多利益而变得不择手段，导致社会动荡加剧，造成社会的内耗。内耗的持续出现，必将反噬掉此前积累起来的财富，并将社会带上下坡路。孔子正处在第二个阶段的前半期。

在这时候，有两条出路：第一是向外扩张，进行争霸战。通过向外扩张，可以得到持续增长的空间，获得喘息之机。这是东周末年绝大多数诸侯国选择的道路。但这条道路有明显的问题：一则会造成重大的损耗，比如，会在战争中大量消耗精英人才和社会财富；二则扩张总有终点，一旦达到终点，反噬依旧不可避免。

第二是对内约束，进行教化。这是孔子主张的道路。这条道路要收束内部的混乱，恢复秩序，特别是恢复之前的禁制。这可以保住既有的发展成果，同时又解决内部的反噬问题。但是，要走这条道路，需要满足一个条件：外部环境相对稳定。只有得到一个相对稳定的外部环境，才可能对内进行治理。相反，如果外部环境不好，比如，处在东周这种诸侯争霸的环境下，那么各国只能被迫卷入比烂游戏，为扩充力量，在争霸战中胜出而不断追逐下限。在这种时候，国家只能重又走上第一条道路。

但这也并不是无解的。面对这种局面，有且只有一种破解办法，那就是培养出一群代表社会新风向的新精英。新精英的"新"包括两个方面：第一，新的生产力，即新的财富生产与积累模式；第二，新的社会风气，即新的以爱为内核的文化精神。如果能够培养出一批新精英，则国家可以一方面转换经济发展的赛道，改变财富生产与积累方式的方法，推动社会经济的高速发展；另一方面可以重塑社会风气，扭转向下比烂的路线。这样一来，国家不仅有足够的经济实力，还能形成凝聚的民心，一致对外。

基于此，在 13.9 中，孔子的主张可以做如下理解：培养新精英，首先完成经济发展模式改革，"富之"；接着完成文化精神的改革，重塑社会风气，"教之"。

13.10　子曰："苟有用我者，期月而已可也，三年有成。"

翻译　孔子说："假如有人用我治理国家，一年之内就可以见到成效了，三年便能成效显著。"

解读　13.10 接着 13.9，讲如果能按照孔子指出的第二条道路走的话，则只用一年时间，就能带来经济发展赛道转换、风气变革的初步成效，三年则可以有较大的成效。

13.11　子曰："'善人为邦百年，亦可以胜残去杀矣。'诚哉是言也！"

翻译　孔子说："善人治理国家，经过一百年，也就可以消除残暴，废除刑罚杀戮了。这句话说得真对呀！"

解读　13.11 接着 13.10，说经过三五年治理，国家可以小治，而经过百年的治理，国家能够实现大治，社会风气甚至可以到夜不闭户、路不拾遗的良好程度。这就是大同世界。

13.12　子曰："如有王者，必世而后仁。"

翻译　孔子说："建立一个新的国家，也必须经过三十年的治理，才能实现仁政，走上正轨发展道路。"

解读　13.12 接着 13.10、13.11，讲如果有一个全新的国家崛起，那要经过 30 年的治理，才能实现大治。可见，当时孔门诸贤已经在谋划诸侯国家集体覆灭后，形成一个新国家时，要如何实现大治的问题。

13.13 子曰："苟正其身矣，于从政乎何有？不能正其身，如正人何？"

（翻译）孔子说："如果端正了自身的言行，治理国家还有什么困难呢？如果不能端正自身的言行，又怎么能让别人端正呢？"

（解读）13.13 重复了 13.6 的主题，以作为当前主题的收尾。

综上，13.7 ~ 13.13 同属一组，解释了如何在相搏下限的诸侯争霸大时代中，走出一条新的活路。

13.14 冉子退朝，子曰："何晏也？"对曰："有政。"子曰："其事也。如有政，虽不吾以，吾其与闻之。"

（翻译）冉求退朝回来，孔子问："为什么这么晚回来啊？"冉求说："有政事。"孔子说："那不过是一般性的事务罢了。如果真的有什么政事，即使国君不用我，我还是会知道的。"

（解读）对于 13.14，刘宗周点评道："季氏无君，将公朝之政，视为一家私事矣，虽政亦事。冉子受季氏笼络，堕其术中，自以为义，急国政而不之避也，亦愚矣。故夫子醒之。"❶

可见，13.14 讲的是孔子点拨冉求，不要陷入季氏的圈子里，无法自拔。这段话的引申意思是，孔子要求冉求搞明白季氏的地位与权力不相称的问题，即名实之辨。季氏作为大夫，却将本该由君主决断之事拿回自己的家中与众宰商议。这是违礼逾制的。

13.15 定公问："一言而可以兴邦，有诸？"

孔子对曰："言不可以若是，其几也。人之言曰：'为君难，为臣不易。'如知为君之难也，不几乎一言而兴邦乎？"

曰："一言而丧邦，有诸？"

孔子对曰："言不可以若是，其几也。人之言曰：'予无乐乎为君，唯其言而莫予违也。'如其善而莫之违也，不亦善乎？如不善而莫之违也，不几乎一言而丧邦乎？"

（翻译）鲁定公问："一句话就可以使国家兴盛，有这样的话吗？"

孔子答道："不可能有这样的话，但有近乎这样的话。有人说：'做君难，做臣不易。'如果知道了做君的难，这不近乎于一句话可以使国家兴盛吗？"

鲁定公又问："一句话可以亡国，有这样的话吗？"

孔子回答说："不可能有这样的话，但有近乎这样的话。有人说：'我做君主并

---

❶ 刘宗周：《论语学案》，载吴光主编：《刘宗周全集》，浙江古籍出版社，2007，第 450 页。

没有什么可高兴的，我所高兴的只在于我所说的话没有人敢于违抗。'如果说得对而没有人违抗，不也好吗？如果说得不对而没有人违抗，那不就近乎一句话可以亡国吗？"

（解读）13.15 接在 13.14 后面。13.14 讲权臣擅权，13.15 讲君主擅权。对于君主治国，朱熹引用谢世的话，评价说："知为君之难，则必战战兢兢，临深履薄，而无一事之敢忽。"[1] 可见，君主擅权，是不被推崇的。君主要谨慎对待国事，如此国家才能兴盛。

13.16　叶公问政。子曰："近者说，远者来。"

（翻译）叶公问孔子怎样治理国家。孔子说："使近处的人快乐满意，使远方的人慕名而来。"

（解读）叶国是楚国的领地，叶公是楚王的大夫。楚王恃强凌弱，一直在对周围的小国，包括陈、蔡等用兵。孔子此言是在点评楚王的做法，认为楚王不该恃强凌弱，而应该推行仁政。这样一来，其他国家的民众也会慕名而来。

孔子的这一说法，是我国古人一直以来都秉持的王道服远的天下观念，即君王以仁德来让其他国家追随。这与西方近现代形成的大国为利益展开竞争、博弈的国际关系理论大相径庭。

中国的天下观念，是以 y 轴为主轴的，而西方的国际关系理论，是以 x 轴为主轴的。两种体系截然不同。

所以，13.16 是接着 13.14、13.15 讲的，谈的是君主不擅权，行仁政，则他国民众会慕名而来。

13.17　子夏为莒父宰，问政。子曰："无欲速，无见小利。欲速则不达，见小利则大事不成。"

（翻译）卜商做了莒父的地方长官，问孔子怎样处理政事。孔子说："做事不要图快，不要只图眼前小利。如果只图快，结果反而达不到目的；只图小利，就办不成大事。"

（解读）功利化时代的社会风气比较浮躁。做事求速、求利是这个时代中人的通病。人们做事，只求快速见效、立竿见影，而不顾在这个过程中会造成什么不良影响；只求眼前的利益，追求赚快钱，而不顾长远的发展；只想快速出名，而不考虑长久的名声。

这种做事方式虽然能够取得一些成效，但也会造成更多恶果。其中，最大的恶

❶　朱熹：《四书章句集注》论语集注卷一，中华书局，2011，第 137 页。

果是社会秩序的败乱。所以，在这种时代里，虽然从短期来看，社会是往前走的，但从长期来看，如果不加约束，社会会因为内耗加剧而出现大的退步。

那要怎么避免这一预期，防止社会出现内耗呢？只能靠收束这种浮躁的社会风气。而这就要依靠新精英了。所以，卜商问孔子如何治国，其实是在问孔子如何以良政治理莒父地区，使之脱离礼崩乐坏的社会风气。

孔子的回应是，要从施政者自己的心态进行改造，慢慢来、看长远。只有施政者自己把心态调整好了，整个社会的心态才可能逐步安定下来，眼光也才可能逐渐长远起来。

由此，本句中的"达"与 12.20 和 13.5 中的"达"连通一体，既指人内心的通达（贤达），也指社会的通达（达道）；而"大事"，则指 6.21 中提到的应与"中人以上"语的内容，即新精英所希望实现的弘道之事。

综上，13.14 ~ 13.17 同属一组。13.17 接着前文，讲要达到那种仁政的效果，不可有急切的心态，而是应缓步达到之。

13.18 叶公语孔子曰："吾党有直躬者，其父攘羊，而子证之。"孔子曰："吾党之直者异于是。父为子隐，子为父隐，直在其中矣。"

（翻译）叶公告诉孔子说："我的家乡有个正直的人，他的父亲偷了别人的羊，他就告发了他的父亲。"孔子说："我家乡的正直的人和你讲的正直人不一样：父亲为儿子隐瞒，儿子为父亲隐瞒。正直就在其中了。"

（解读）13.18 讲亲亲相隐之法。父子关系本为人伦中最强之纽带，也是中国社会情感纽带中最重要的基础。相反，父子关系一旦遭到破坏，中国社会的 y 主轴也将动摇。所以，在对中国社会进行治理时，必须妥善处置小家庭中的伦理关系，特别是父子关系。如果为了追求所谓的社会大义，而以强力手段破坏父子关系，且形成了这样一种社会风气，则社会大义也将遭到严重反噬，得不偿失。

相比之下，允许亲亲相隐，特别是父子相隐，则社会大义也能够得到更好的保全，因为这维护了 y 轴的主轴地位。

13.18 接着前文讲，如果不走擅权的政治路线，又该走什么路线呢？应该以 y 轴为主轴，建立强韧的伦理关系纽带。

13.19 樊迟问仁。子曰："居处恭，执事敬，与人忠。虽之夷狄，不可弃也。"

（翻译）樊须问什么是仁。孔子说："平时的生活起居要端庄恭敬，办事情要严肃认真，对待他人要忠诚。哪怕去了边远的夷狄之地，也不能废弃这些原则。"

解读 13.19接着丰富完善仁爱路线的内涵。按照孔子的主张，所谓仁爱，就是人要谨慎、恭敬、忠诚地对待人与事，持久不改。

综上，13.18与13.19是一组。这一组完善了仁爱之政的内涵。

13.20 子贡问曰："何如斯可谓之士矣？"子曰："行己有耻，使于四方不辱君命，可谓士矣。"

曰："敢问其次。"曰："宗族称孝焉，乡党称弟焉。"

曰："敢问其次。"曰："言必信，行必果，硁硁然小人哉！抑亦可以为次矣。"

曰："今之从政者何如？"子曰："噫！斗筲之人，何足算也！"

翻译 端木赐问道："怎样才可称得上'士'呢？"孔子说："做事时有羞耻之心，出使外国时不辜负君主的委托，这就可以称作'士'了。"

端木赐说："请问次一等的'士'是什么样的呢？"孔子说："自家宗族的人称赞他孝顺，乡里的人称赞他敬爱兄长。"

端木赐说："请问再次一等的'士'是什么样的呢？"孔子说："说话有诚信，做事坚定果断，这虽是耿直固执的小人，但也可以算是再次一等的'士'了。"

端木赐说："现在的执政者，您看怎么样？"孔子说："唉！这些器量狭小的人，哪里能数得上呢？"

解读 13.20讲国家治理中如何用人的问题。孔子将国家的治理体系分为三层：国家、乡、小家。孔子认为，这三个层次应该由不同修为层次的人来负责治理。这三个不同修为层次的士，分别是修身之士、齐家之士与治国之士。由这些新精英引领，国家才能走上一条新的道路。相比之下，当时治理国家之人，都是一些斗筲之人。也正是在这些人的治理下，天下才会变成一副礼崩乐坏的样子。

13.21 子曰："不得中行而与之，必也狂狷乎！狂者进取，狷者有所不为也。"

翻译 孔子说："我找不到奉行中庸之道的人和他交往，只能与狂者、狷者相交往了。狂者敢作敢为，狷者对有些事是不肯干的。"

解读 13.21继续讲用人的问题。按照13.21的说法，最好的人选当然是恪守中庸之道的人。如果这样的人找不到，则找狂者与狷者，只要他们心中有对仁道的追求，也是可以的。

子路第十三

175

13.22 子曰:"南人有言曰:'人而无恒, 不可以作巫医。'善夫!"
"不恒其德, 或承之羞。"子曰:"不占而已矣。"

翻译 孔子说:"南方人有句话说:'人如果做事没有恒心, 就不能当巫医。'这句话说得真好啊!"

《周易》说:"人不能长期保持自己的德行, 免不了就会遭受羞辱。"孔子说:"这句话是说, 没有恒心的人, 用不着去占卦了。"

解读 13.22 讲的是人要有恒心。这段也是接着上文说的, 意思是可用的人选必须有求道、弘道的恒心。

13.23 子曰:"君子和而不同, 小人同而不和。"

翻译 孔子说:"君子讲求和谐, 却不同流合污, 小人同流合污, 却各自无独立见解。"

解读 13.23 讲君子和小人各自在志向与行为上的差异。这句也是接着上文说选用人的问题, 意思是要选择和而不同的君子, 而不是同而不和的小人。

13.24 子贡问曰:"乡人皆好之, 何如?"子曰:"未可也。"
"乡人皆恶之, 何如?"子曰:"未可也。不如乡人之善者好之,
其不善者恶之。"

翻译 端木赐问孔子说:"乡里人都喜欢他, 这个人怎么样?"孔子说:"这还不能肯定。"

端木赐又问孔子说:"乡里人都很厌恶他, 这个人怎么样?"孔子说:"这也是不能肯定的。最好的人是全乡的好人都喜欢他, 而全乡的坏人都厌恶他。"

解读 13.24 依旧在讲选用人的问题, 即选用为好人所喜欢, 并遭坏人厌恶的人。

13.25 子曰:"君子易事而难说也。说之不以道, 不说也;及其使人也,
器之。小人难事而易说也。说之虽不以道, 说也;及其使人也, 求
备焉。"

翻译 孔子说:"为君子办事很容易, 但要取得他的欢喜不容易。不按正道去讨他的喜欢, 他是不会喜欢的。但是, 当君子任用人的时候, 总是量才而用。为小人办事很难, 但要取得他的欢喜很容易。不按正道去讨好他, 照样能讨得他的喜欢。等到他使用人的时候, 却只会求全责备。"

解读 13.25 继续讲选人的问题, 即选择恪守大道的君子, 而非受人谄媚、公器私用的小人。

13.26　子曰："君子泰而不骄，小人骄而不泰。"

(翻译) 孔子说："君子安静坦然而不傲慢无礼，小人傲慢无礼而不安静坦然。"

(解读) 13.26 继续在讲选人的问题，讲要选用泰而不骄的君子。

13.27　子曰："刚、毅、木、讷，近仁。"

(翻译) 孔子说："一个人如果具有刚强、坚毅、朴实、慎言，那就接近于仁人了。"

(解读) 13.27 继续在讲选人的问题，讲要选择具备四种品格的人。

13.28　子路问曰："何如斯可谓之士矣？"子曰："切切偲偲，怡怡如也，可谓士矣。朋友切切偲偲，兄弟怡怡。"

(翻译) 仲由问孔子道："怎样才可以称为士呢？"孔子说："互相督促勉励，相处和睦，就可以算作士了。朋友之间互相督促勉励，兄弟之间和睦相处。"

(解读) 13.28 依旧在讲选人的问题，讲要选择和睦相处且相互勉励的士人。

13.29　子曰："善人教民七年，亦可以即戎矣。"

(翻译) 孔子说："善人在位教化百姓七年，就可以让他们去战场作战了。"

(解读) 13.20 ~ 13.29 同属一组。13.20 ~ 13.28 讲选人问题，而 13.29 接续上文，讲用这样的人来治理国家，就可以带领国家走上新的道路。如此，只要七年时间，就可以向外迎击来犯者。这样便可以为内部的治理提供一个良好的外部环境了。

13.30　子曰："以不教民战，是谓弃之。"

(翻译) 孔子说："如果用没有经过军事训练的老百姓去打仗，这就是让他们去送死。"

(解读) 13.30 是本篇的结论部分。本篇是教国家在诸侯争霸的外部环境下，如何实现内部的仁政。前文已经讲了这一思路的各个方面。但这一思路最终还是要回到如何对抗来犯的诸侯国这一现实问题。13.29 讲通过七年善治，可以让百姓去参军一事，但没有说如何提升战力。13.30 接着说，要对百姓进行军事训练，然后再让他们去打仗。所以，这句话是本篇最后的结论。

同时，13.30 也呼应了 13.1。13.1 讲执政者要带好头，13.30 讲执政者要精心准备，而不能弃民。执政者带好头，才能引领民众，这是高要求；执政者不弃民，才能保护民众，这是底线。一先一后，一君一民，正好呼应。而在这一头一尾之间，是新精英为天下大治而下的那番苦功夫。

宪问第十四

第十三篇讲天下复定的宏观思路，即改变政治路线，走一条通过新精英上台，转换经济发展赛道，弘扬社会新风尚，从而恢复国内乃至天下秩序的道路。第十四篇接续第十三篇，将视野下沉到具体实践层面，讲士人应该如何开展具体行动，以复兴天下大义。

这包括三个方面：第一，积极主动参与政治活动，为君主做事；第二，不断提升自我修养；第三，遭遇局面不顺时，不气馁、不冒进。最终，推动天下人克己复礼，以恢复仁道的天下秩序。

关于本篇的结构，具体如下：

14.1　宪问耻。子曰："邦有道，谷；邦无道，谷，耻也。"

　　"克、伐、怨、欲不行焉，可以为仁矣？"子曰："可以为难矣，仁则吾不知也。"

（**翻译**）原宪问孔子什么是可耻。孔子说："国家政治昌明时，做官拿俸禄；国家政治黑暗时，还做官拿俸禄，这就是可耻。"

　　原宪又问："好胜、自夸、怨恨、贪婪，没有这几种毛病的人，可以算是仁了吧？"孔子说："这可以说是很难得的，但至于是不是做到了仁，那我就不能断定了。"

（**解读**）14.1 对士人劝进，讲士人要积极为君主做事，食君之禄，替君分忧，而不应尸位素餐；并讲士人不得有好胜、自夸、怨恨、贪婪等情况。

　　14.1 讲的是士人实现天下大义的行动策略。编者将本章放在开头处，有以此为全篇设定标尺之意。

14.2　子曰："士而怀居，不足以为士矣。"

（**翻译**）孔子说："士如果留恋家庭的安逸生活，就不配做士了。"

（**解读**）14.2 接着讲士人不应眷恋柴米油盐的世俗小生活，而应志在天下，先天下忧而忧，后天下乐而乐。

14.3　子曰："邦有道，危言危行；邦无道，危行言孙。"

（**翻译**）孔子说："国家政治清明时，应该说话正直，行为正直；政治无道时，应该行为正直，但说话要谦逊低调。"

（**解读**）14.2 讲士人要走出家庭，为国家做事，14.3 接着讲士人要行为正直，但说话方式可随时代变化而变化。

14.4　子曰："有德者必有言，有言者不必有德。仁者必有勇，勇者不必有仁。"

（**翻译**）孔子说："有德行的人一定有善言，有善言的人却不一定有德行。有仁德的人必然勇敢，但勇敢的人不一定有仁德。"

（**解读**）14.3 讲士人的言行要顺时而为，14.4 接着讲士人的言行要由仁心发出，讲善言，勇于为。

14.5　南宫适问于孔子曰："羿善射，奡荡舟，俱不得其死然。禹、稷躬稼，而有天下。"夫子不答。

　　南宫适出，子曰："君子哉若人！尚德哉若人！"

（**翻译**）南宫适向孔子问道："羿擅长射箭，奡善于水战，却都没有得到善终。

禹和稷亲自耕作庄稼，却得到了天下。"孔子没有回答。

南宫适退出后，孔子说："这个人是君子啊！他崇尚道德啊！"

解读 14.5涉及多个典故。第一个是羿。羿是夏朝时一个小国的国君。当时，夏朝的天子叫相，也就是夏后相。羿赶走了相，篡位自立。但最后，羿被臣下寒浞弑杀篡位。

第二个是奡，也作"浇"。他是寒浞的儿子，长得孔武有力，能够拖着船在陆地上走。奡把夏后相杀死了。夏后相有一个遗腹子，叫作少康。后来少康复国，把奡杀死了。

第三个、第四个是禹和稷。这是两个典故，即大禹治水，后稷教稼。大禹的儿子启创立了夏朝，后稷后代则创立了周朝。

14.5接着14.4讲。14.4讲行为勇敢不必然有仁心。14.5举了两组实例，讲只有勇武而没有仁心者，最终不得其死。相反，有仁爱之心的人，则得到民众的爱戴。

14.6 子曰："君子而不仁者有矣夫，未有小人而仁者也。"

翻译 孔子说："君子中没有仁德的人是有的，小人中有仁德的人是没有的。"

解读 14.6再次强调仁爱之心的问题，说小人就算善言、勇敢，也依旧没有仁爱之心。

14.7 子曰："爱之，能勿劳乎？忠焉，能勿诲乎？"

翻译 孔子说："爱他，能不为他操劳？忠于他，能不以善言来劝告他吗？"

解读 14.7接着上文，讲士人爱天下百姓，故而为百姓操劳；忠于君主，故而以善言劝告君主。这是在讲士人的言行准则。

14.8 子曰："为命，裨谌草创之，世叔讨论之，行人子羽修饰之，东里子产润色之。"

翻译 孔子说："郑国发表的外交公文，都是由裨谌起草的，世叔游吉研究评论，外交官公孙挥（字子羽）加以修饰，由公孙侨（字子产）作最后修改润色。"

解读 14.8讲郑国外交公文的起草，在公孙侨的主持下，要通过多位贤人之手。钱穆评价说："本章见郑国造一辞命，如此郑重。又见子产之能得人而善用，与群贤之能和衷而共济。即由造辞命一事推之，而子产之善治，亦可见矣。"❶

所以，本句讲的是士人在起草外交文辞时，务必要谨慎。

14.9 或问子产，子曰："惠人也。"
　　　　问子西。曰："彼哉！彼哉！"
　　　　问管仲，曰："人也。夺伯氏骈邑三百，饭疏食，没齿无怨言。"

❶ 钱穆：《论语新解》，九州出版社，2011，第333页。

（**翻译**）有人问公孙侨是个什么样的人。孔子说："是个宽厚慈惠的人。"

又问公孙夏（字子西）是个什么样的人。孔子说："他呀！他呀！"

又问管仲是个什么样的人。孔子说："他是有才能的人，他剥夺了伯氏骈邑三百户的封地，伯氏虽终生只能吃粗茶淡饭，却直到老死也没有怨言。"

（**解读**）本句牵涉三个典故。

第一是公孙侨。公孙侨仁德爱民，知人善任，所以孔子厚誉之。

第二是子西。春秋有三个子西，分别是：郑之公孙夏（子产同宗兄弟）、楚宜申、楚公子申。本句具体指的是谁，无从考证。皇侃认为，这里讲的是楚国的令尹，名申，楚平王庶出长子，楚昭王兄。他初为申公，后为右司马。公元前 506 年吴军攻入郢都，楚昭王出逃。次年，秦军援楚，子西率楚军配合秦军击败吴军。郢都收复后，被任为令尹。公元前 489 年昭王死后，拥立昭王之子熊章为楚君，是为楚惠王。后子西又召回流亡在吴的王孙胜（白公胜），公元前 479 年被白公胜杀。所以，子西是自己招来杀身之祸。如确为此人，则孔子对之是贬斥的。

第三是管仲。管仲在齐国推行内政改革时，为了解决军备不足问题，实行"轻过而移诸甲兵"的办法，让有罪之人用兵器和铜铁来赎罪，此举一出，齐国很快就实现"甲兵大足"。而对于那些犯有重罪的贵族大夫，管仲则依法剥夺其家产食邑，免除死罪，贬为庶人。伯氏因犯有重罪，本当诛杀，管仲依据新法令，将其骈邑三百户收归公室，以抵死罪。伯氏感念管仲法外开恩，得以保全性命，因此饭疏食而终老无怨言。对于管仲此做法，孔子是赞誉的。

朱熹点评 14.9 说："管仲之德，不胜其才。子产之才，不胜其德。然于圣人之学，则概乎其未有闻也。"❶ 所以，本段的落脚点是以仁心惠人与以才干服人。

14.9 以品德与才能两者作为主题，为下面诸段开了头。

14.10　子曰："贫而无怨难，富而无骄易。"

（**翻译**）孔子说："贫穷而没有不满抱怨，是很难做到的，富贵而不傲慢，则是容易做到的。"

（**解读**）14.10 讲的是士人在没有为官前，要没有怨恨；富贵双至时，要不傲慢。这涉及士人的品德问题。

14.11　子曰："孟公绰为赵、魏老则优，不可以为滕、薛大夫。"

（**翻译**）孔子说："孟公绰担任晋国的赵氏、魏氏的家臣是绰绰有余的，但是做不了滕国和薛国这样小国的大夫。"

❶ 朱熹：《四书章句集注》论语集注卷一，中华书局，2011，第 142 页。

解读 孟公绰，鲁国大夫，三桓孟氏族人，有德行，清廉寡欲。

朱熹在《四书章句集注》中点评本句说："大家势重，而无诸侯之事；家老望尊，而无官守之责。……大夫，任国政者。滕薛国小政繁，大夫位高责重。然则公绰盖廉静寡欲，而短于才者也。"❶ 这也就是说，孟公绰是一个守成之臣，却无开拓之能。所以，他适合给大家族做老资格的家臣，却不适合做小国的权臣。

所以，本句的意思是，士人虽然清廉寡欲，但也需要有相应的才能。

14.12 子路问成人。子曰："若臧武仲之知，公绰之不欲，卞庄子之勇，冉求之艺，文之以礼乐，亦可以为成人矣。"曰："今之成人者何必然？见利思义，见危授命，久要不忘平生之言，亦可以为成人矣。"

翻译 仲由问怎样做才是一个完美的人。孔子说："如果具有臧孙纥（谥武）的智慧，孟公绰的克制，卞庄子的勇敢，冉求那样多才多艺，再用礼乐加以修饰，也就可以算是一个完人了。"孔子又说："如今的完人也不一定要这样！只要能在见到利益时想到道义，遇到危险时肯献出生命，长期处在穷困之中却不忘平生的诺言，也就可以算是一个完人了。"

解读 14.12涉及多个典故。第一，臧孙纥。臧孙纥，臧宣叔之子，臧文仲之孙，矮小多智，号称"圣人"。他辅佐鲁成公、鲁襄公，德才兼备，对季孙氏专权表示不满，遂出走齐国避祸。齐国之君齐庄公赏识臧孙纥，想把田地赠给他。臧孙纥看到齐庄公的作为，预料对方将要失败。为免受到牵连，臧孙纥故意在跟齐庄公谈话时激怒对方。齐庄公遂不赠与田地。所以，孔子夸他多智。第二是孟公绰。孟公绰是春秋时鲁国大夫，为人清心寡欲。第三是卞庄子。卞庄子，春秋时鲁国卞邑大夫，也是鲁国著名的勇士，能够独力与虎格斗。

14.11讲士人为官，应有才能，而14.12接着14.11，讲士人为官，应有品德。孔子认为，成为一个完人，在当时，不一定要具有卓越的智慧、节制、勇敢、才艺和礼乐之文饰，也可以是具有见利思义、见危授命、不忘平生之言等品德。

14.13 子问公叔文子于公明贾曰："信乎？夫子不言、不笑、不取乎？"公明贾对曰："以告者过也。夫子时然后言，人不厌其言；乐然后笑，人不厌其笑；义然后取，人不厌其取。"子曰："其然，岂其然乎？"

翻译 孔子向公明贾问到公叔拔（谥文）时，说："先生他不说话、不笑、不取钱财，是真的吗？"

公明贾回答道："告诉你话的那个人讲错了。先生他到该说话的时候才说，因

❶ 朱熹：《四书章句集注》论语集注卷一，中华书局，2011，第142页。

此别人不厌恶他的话；他等到该快乐时才笑，因此别人不厌恶他的笑；他等到该取的时候才取，因此别人不厌恶他的取。"

孔子说："原来是这样，难道真是这样吗？"

解读 14.13 继续讲士人的品德，即审时度势地办事说话，义然后取。

14.14　子曰："臧武仲以防求为后于鲁，虽曰不要君，吾不信也。"

翻译 孔子说："臧孙纥凭借防邑，请求鲁君在鲁国替臧氏立后代，即便有人说他没有要挟君主，我也是不相信的。"

解读 臧孙纥得罪三桓后，出逃到邾国，然后又回到鲁国的防邑。接着，他向鲁公提出要求，要鲁公为臧氏立后，以守其先人的祭祀。鲁公立了他的异母兄弟臧为。臧孙纥就把防邑交给了臧为，自己去了齐国。

孔子以为臧孙纥以防邑作为据点，向鲁公提出了要挟，故有此言。

14.14 讲的是士人要忠于君主，不能反过来要挟君主。这也涉及士人之德。

14.15　子曰："晋文公谲而不正，齐桓公正而不谲。"

翻译 孔子说："晋文公诡诈而不正派，齐桓公正派而不诡诈。"

解读 对于14.15，朱熹评价说："二公皆诸侯盟主，攘夷狄以尊周室者也。虽其以力假仁，心皆不正，然桓公伐楚，仗义执言，不由诡道，犹为彼善于此。文公则伐卫以致楚，而阴谋以取胜，其谲甚矣。二君他事亦多类此，故夫子言此以发其隐。" ❶

所以，本句借点评两位周王室的臣下的品德差异，讲士人要正直而不诡诈。

14.16　子路曰："桓公杀公子纠，召忽死之，管仲不死。"曰："未仁乎？"
　　　　子曰："桓公九合诸侯，不以兵车，管仲之力也。如其仁！如其仁！"

翻译 仲由说："齐桓公杀了公子纠，召忽为公子纠而死，但管仲却没有死。"接着又说："管仲不能算是仁人吧？"孔子说："桓公多次召集各诸侯国盟会，不用武力，都是管仲出的力。这就是他的仁德！这就是他的仁德！"

解读 14.16 有一个历史背景：齐襄公无道，齐国将乱。鲍叔牙辅佐齐国公子小白出逃，管仲、召忽则辅佐公子纠出逃。此后不久，齐国果然大乱。齐国大夫拟拥立新的国君，候选人为小白与公子纠。两人是兄弟，约定谁先回到齐国，则为齐君。管仲为阻拦小白回到齐国，半路带兵向小白发动进攻。管仲向小白射箭，小白装死躲过。

公子纠以为小白被杀，放慢了行进速度。结果，小白趁机抢先进入齐国，成为国君，即齐桓公。齐桓公上位后，派兵进攻公子纠，并成功捕到了管仲。鲍叔牙建

❶　朱熹：《四书章句集注》论语集注卷一，中华书局，2011，第143页。

议齐桓公留下管仲，助自己称霸。齐桓公听从建议，留下了管仲。后来管仲果然辅佐齐桓公九合诸侯。

公子纠出逃鲁国，召忽跟随。齐国要挟鲁国交出公子纠，或杀之。鲁国杀死了公子纠。召忽为公子纠殉难，自刎而死。

14.16讲的是管仲与召忽两人的不同选择。召忽为自己的恩主尽忠，而管仲则转投新主，助齐国崛起，并稳定了东周天下的秩序。孔子认为，管仲放下小义，而求天下大义，这也是一种仁。

钱穆评价本段说："不以兵，乃不假威力。所以必著不以兵车者，乃见齐桓霸业之正。然则管仲之相桓公，不惟成其大功之为贵，而能纳于正道以成其大功之为更可贵。本章孔子以仁许管仲，为孔门论仁大义所关。"❶

综上，14.16讲士人应为天下大义而行为，助君主对内维护天下秩序。

14.17　子贡曰："管仲非仁者与？桓公杀公子纠，不能死，又相之。"子曰："管仲相桓公，霸诸侯，一匡天下，民到于今受其赐。微管仲，吾其被发左衽矣。岂若匹夫匹妇之为谅也，自经于沟渎而莫之知也。"

翻译　端木赐说："管仲不能算是仁人吧？齐桓公杀了公子纠，他不能以死相殉，反又去辅佐齐桓公。"孔子说："管仲辅佐齐桓公，称霸诸侯，匡正天下，老百姓到现在还享受他的好处。如果没有管仲，我们大概都会披散着头发，衣襟向左边开了。难道他要像普通男女那样守着小节小信，在山沟中上吊自杀而没有人知道吗？"

解读　14.16讲管仲九合诸侯，彰天下大义；14.17讲管仲尊王攘夷，捍天下正统。所以，这两句讲了士人要如何为天下大义做事，即对内维护天下秩序，对外尊王攘夷。

不过，14.16与14.17的内容与3.22似有矛盾。3.22中，孔子以为管仲是小器，14.16与14.17却认为管仲有"仁"。这种矛盾，只能从不同编者的不同主张角度来理解。下卷的编者面对愈发激烈的诸侯争霸局面，刻意提升了安定天下秩序的管仲地位，也是可以被理解的。

14.18　公叔文子之臣大夫僎与文子同升诸公。子闻之曰："可以为'文'矣。"

翻译　公叔拔的家臣僎和公叔拔一同做了卫国的大夫。孔子听说这件事后说："他死后可以给他'文'的谥号了。"

解读　公叔拔辅佐卫君。公叔拔死后，他的儿子向卫君请求给一个谥号。卫君说可以给"文"的谥号，理由是："夫子听卫国之政，修其班制，以与四邻交，卫国之社稷不辱，不亦文乎？"但这个理由不符合周礼关于谥号的规定。所以，孔子

---

❶ 钱穆：《论语新解》，九州出版社，2011，第341页。

重新给卫君找了一个符合周礼的理由，即公叔拔曾向卫君推举自己的家臣僎，与自己同朝为官。这属于"锡民爵位"，即从百姓中选拔人才，给他们爵位。这样公叔拔的谥号就符合周礼了。所以，孔子说："可以为'文'矣。"

综上，14.18 讲士人要如何实现天下大义，即推选贤能。

14.19　子言卫灵公之无道也，康子曰："夫如是，奚而不丧？"孔子曰："仲叔圉治宾客，祝鲇治宗庙，王孙贾治军旅，夫如是，奚其丧？"

翻译　孔子讲到卫灵公昏庸无道。季孙肥问道："既然如此，为什么他没有败亡呢？"孔子说："因为他有孔圉主管外交，祝鲇管理宗庙祭祀，王孙贾统率军队，这样还怎会败亡呢？"

解读　14.19 中提到的三人都曾出现在《论语》上卷。其中，孔圉见 5.15，祝鲇见 6.16，王孙贾见 3.13。

从上卷的评价看，此三人都并非君子。但是，此三人各有所长。卫灵公虽然无道，却能将此三人各自的才能发挥出来，做到人尽其才。这样竟然也能避免亡国的命运。那么，如果能推选更为贤能的人才，岂不会有更好的效果？

可见，14.19 接着 14.18，继续讲士人要如何实现天下大义，即选用人才。

14.20　子曰："其言之不怍，则为之也难。"

翻译　孔子说："说话大言不惭，那这些话就很难实现。"

解读　14.20 讲的是士人要慎言敏行。

14.21　陈成子弑简公。孔子沐浴而朝，告于哀公曰："陈恒弑其君，请讨之。"公曰："告夫三子。"

孔子曰："以吾从大夫之后，不敢不告也。君曰'告夫三子'者。"之三子告，不可。孔子曰："以吾从大夫之后，不敢不告也。"

翻译　田恒杀了齐简公。孔子在家斋戒沐浴后去朝见鲁哀公，告诉哀公说："田恒杀了他的君主，请出兵讨伐他。"哀公说："你去向季孙、仲孙、孟孙三位大夫报告吧！"

孔子退朝后说："因为我做过大夫，不敢不来报告。可君主却对我说'去向那三人报告'。"

孔子去向那三位大夫报告，但三位大夫不愿派兵讨伐。孔子又说："因为我做过大夫，所以不敢不来报告呀！"

解读　田恒，谥号"成子"，陈国人，故也称陈恒。汉朝人为避汉文帝刘恒之讳，改称"田常"，齐国田氏家族第八任首领。田恒唆使齐国大夫鲍息弑杀齐悼公，立齐简公；后又发动政变，杀死阚止和齐简公，拥立齐平公；此后，独揽大权，尽诛鲍、晏诸族。《庄子·胠箧》记载田恒盗齐国之事，指他为诸侯大盗，被称为"田成子取齐"，也是后世常引用之成语"窃钩者诛，窃国者侯"的由来。到田恒曾孙田和时，齐国之君由姜氏而成田氏。史称"田氏代齐"。

田氏代齐，是推动东周天下从春秋走向战国的一个重要历史事件。孔子在听到此事后，虽然已经不在朝当官，却依旧十分郑重地沐浴斋戒，然后告诉哀公此事。孔子当然希望哀公能够扛起"克己复礼"的大旗。如果能扛起这杆大旗，则新精英将蜂拥而至，鲁国或将有希望。

可是，鲁公不能认识到这一点，反而将此事推给三桓。孔子听后，依旧不表示反对，反而顺从地去告知三桓此事，以示对君主的尊重。

对 14.21，唐文治评价说："陈恒之事，春秋变为战国之大关键也。夫子懔于世变，故郑重如此。"❶

从本篇的主旨看，14.21 讲士人要坚守底线。

14.22　子路问事君。子曰："勿欺也，而犯之。"

（**翻译**）仲由问如何侍奉君主。孔子说："不能欺骗他，但是可以直言劝谏。"

（**解读**）14.22 接着 14.21，继续讲士人要直言事君。

综上，14.2 ~ 14.22 属于一组，讲的是士人要如何实现天下大义，即要走出家门，辅助君主，选用人才，直言事君。

14.23　子曰："君子上达，小人下达。"

（**翻译**）孔子说："君子向上修行长进，小人向下沉沦堕落。"

（**解读**）14.23 讲士人要克己上达。

从本句开始，讲的是士人要成就天下大义，需要在自己身上下哪些功夫。

14.24　子曰："古之学者为己，今之学者为人。"

（**翻译**）孔子说："古时候的人学习是为了提高自身的修养，现在的人学习是为了向别人炫耀。"

（**解读**）14.24 接着 14.23，讲士人要克己上达。

14.25　蘧伯玉使人于孔子。孔子与之坐而问焉，曰："夫子何为？"对曰："夫子欲寡其过而未能也。"

---

❶ 唐文治：《论语大义定本》卷十四，施肇曾刊本，第 20 页。

使者出，子曰："使乎！使乎！"

（翻译）蘧瑗派使者去拜访孔子。孔子让使者坐下，问道："先生最近在做什么？"使者回答说："先生想要减少自己的过失，但尚未做到。"

使者出去之后，孔子说："真是一位好使者呀！真是一位好使者呀！"

（解读）蘧瑗，姬姓，蘧氏，字伯玉，谥成，卫国大臣，孔子故交。卫献公初入仕，在献公中期为卫国著名的贤大夫，主张以德治国，提出执政者以自己的模范行为去感化、教育、影响人民，体恤民生，他还是"无为而治"理念的开创者。

在本段中，孔子夸赞使者，其实是在夸赞蘧瑗，因为蘧瑗律己寡过。

可见，14.25接着14.24，讲的是士人要加强自我修养，律己寡过。

14.26 子曰："不在其位，不谋其政。"
　　　曾子曰："君子思不出其位。"

（翻译）孔子说："不在那个位子上，就不考虑那个位子上的事情。"

曾子说："君子考虑的事情从来不超出自己的职权范围。"

（解读）本段的第一句与8.14重复。所以，朱熹将本句分为两句。但严格来说，曾参这句是对孔子那句的解释。故这两句应合并为一段。

另外，据朱熹考证，曾参这句来自《周易》艮卦的象辞。

可见，14.26接着14.25，讲的是士人要约束自己的行为，安守本分。

14.27 子曰："君子耻其言而过其行。"

（翻译）孔子说："君子羞耻于言过其行。"

（解读）对于14.27，朱熹在《日讲四书解义》中点评说："此一章书见君子黜浮崇实之心也。"❶一个时代在走到人心浮动、社会虚浮风气盛行时，多为社会将要出现动荡之时。比如，东周末年就是如此。

这个时候，需要从精英人士开始，推崇实学、主张实践。如此，才能引领一股新的风尚，从而化解时代的危机。

综上，14.27接着14.26，继续讲士人要约束自己的行为，黜浮崇实。

14.28 子曰："君子道者三，我无能焉：仁者不忧，知者不惑，勇者不
　　　惧。"子贡曰："夫子自道也。"

（翻译）孔子说："君子所循的三个方面，我都没能做到：仁德的人不忧愁，智慧的人不迷惑，勇敢的人不惧怕。"子贡说道："这正是老师对自己的描述。"

❶ 朱熹：《日讲四书解义》卷九，四库全书版，第58页。

解读 14.28 讲的是士人成为君子之道，即仁、知、勇。此三者也称为三达德。

14.29 子贡方人。子曰："赐也贤乎哉? 夫我则不暇。"

翻译 端木赐品评别人的短处。孔子说："赐啊，你真的就那么贤良吗？我可没有闲工夫去评论别人。"

解读 14.28 讲孔子自谦，14.29 接着讲端木赐逞口舌之能。可见，14.29 讲的是士人要以自我检点为要务。

14.30 子曰："不患人之不己知，患其不能也。"

翻译 孔子说："不要担心别人不了解自己，而应担心自己没有才能。"

解读 14.30 的内容，在学而篇中出现过两次。这段的意思是士人要勤于修德，而不要想着获得名声。之所以要这样，是因为士人代表新风尚，不可能一步到位，占据主流舞台，为世人所知。士人需要沉潜、修行，一方面等待天下秩序日渐明朗，另一方面要提升自己的能力、修为。

从内容上来看，14.30 是接着 14.29，讲士人不要老是觉得自己贤良应该得到重用，而是要勤于修身。

14.31 子曰："不逆诈，不亿不信，抑亦先觉者，是贤乎!"

翻译 孔子说："不预先怀疑别人在欺诈，也不凭空猜测别人不诚实，却又能事先觉察别人欺诈与不诚实，这就是贤人了。"

解读 14.30 讲士人不求被人所知，14.31 反过来讲士人要如何识人，即不逆不亿，先觉于事。

14.32 微生亩谓孔子曰："丘何为是栖栖者与? 无乃为佞乎? "孔子曰："非敢为佞也，疾固也。"

翻译 微生亩对孔子说："孔丘啊，你为什么如此四处奔波呢？你不就是想要显示你的口才和花言巧语吗？"孔子说："我不敢显示我有什么花言巧语，我只是讨厌那种冥顽不灵的人啊。"

解读 微生亩乃鲁国隐士。檗山黄氏称之："亩，盖遗世之士。"

微生亩看到孔子四处奔走，却一直不得用，故出语讥讽。而且，他在讥讽时，还直呼孔子之名，态度非常傲慢。

孔子知道此人是一个隐者，独善其身，无意于世，且十分固执不知变通，不知道世上的风潮将走向何方。故而，他不愿与之多解释，而是以十分谦虚的态度点出了对方的固执。

14.32 接着14.31，讲上人要如何待人，即不必与中人以下者浪费口舌，徒生争辩。

14.33 子曰："骥不称其力，称其德也。"

(翻译) 孔子说："千里马值得称赞的不是它的气力，而是它的品德。"

(解读) 对于14.33，《论语正义》点评说："骥马调良，能有其德，故为善马，人之称之当以此。"❶ 所以，本句讲的是士人当像千里马一样顺服、驯良。

从内容上讲，14.33承继了14.32。14.32讲士人不要与中人以下者争辩，14.33讲士人要对君主顺服、驯良。

14.34 或曰："以德报怨，何如？"子曰："何以报德？以直报怨，以德报德。"

(翻译) 有人问孔子说："用恩德来回报怨恨，怎么样呢？"孔子说："那要用什么来回报恩德呢？正确的做法应该是用正直来回报怨恨，用恩德来回报恩德。"

(解读) 14.34接着14.33，讲士人不仅要驯良，还要用正直来对待怨恨，而不要与人争斗。用正直来对待怨恨，就是要以公平正义的心态对待怨恨，而不牵扯自己的私心。

14.35 子曰："莫我知也夫！"子贡曰："何为其莫知子也？"子曰："不怨天，不尤人。下学而上达，知我者其天乎！"

(翻译) 孔子说："没有人了解我啊！"子贡说："怎么能说没有人了解您呢？"孔子说："我不埋怨天，也不责备人。我下学人道而上达天命，了解我的只有天吧！"

(解读) 据《史记》记载，哀公十四年，鲁哀公西狩获麟，孔子看到麒麟死后，发出这样的感慨。

鲁哀公十四年，是《春秋》绝笔之年，也是孔子人生的晚年。孔子颠沛一生，终于没有旧精英愿意接纳他的学说，他的爱徒颜回也离他而去。他感觉内心孤独，故而发出这种感叹。

14.35是对上文的总结，讲士人尽力修身，最终或许没有人可以理解自己。但这依旧不能改变士人修身之心。

综上，14.23 ~ 14.35同属一组，讲的是士人要勤于修德，提升自己的智慧和道德水平。

14.36 公伯寮愬子路于季孙。子服景伯以告，曰："夫子固有惑志，于公

❶ 刘宝楠：《论语正义》卷十七，中华书局，1990，第590页。

伯寮，吾力犹能肆诸市朝。"

子曰："道之将行也与，命也；道之将废也与，命也。公伯寮其如命何？"

翻译 公伯寮向季孙氏告发仲由。子服何（谥号景）把这件事告诉了孔子，说："季孙氏已经被公伯寮迷惑了，但我的力量还是能杀了公伯寮，让他陈尸于市。"

孔子说："道能够得到推行，是天命决定的；道不能得到推行，也是天命决定的。公伯寮能把天命怎么样呢？"

解读 公伯寮，字子周，春秋末年鲁国人，与仲由同做季氏的家臣。

子服何，鲁国大夫。另据《论语集释》考证，"汉鲁峻石壁画七十二子像有子服景伯"。❶

仲由曾助孔子"隳三都"，以收回三桓之权力。仲由的行为得罪了鲁国的很多旧精英。公伯寮借势向季孙氏诬告仲由。子服何提出，自己可以凭借自己的力量，证明仲由的清白，而令公伯寮被诛杀。

但在孔子看来，鲁国的大势已经不可逆。就算为仲由大动干戈，也无法改变鲁国衰亡的趋势。所以，他以天命劝阻子服何。

陈祥道在《论语全解》中点评 14.36 说："不知命者，以兴废在人，而有所难辨，子服景伯是也；知命者，以兴废在天，而无所校，孔子是也。盖道待命而后行，命待道而后立；以道处命则死生无所恤，以命处道则废兴无所累。君子之于道命，虽死生不得与之，况废兴乎哉？孔子于伯寮言命，孟子于臧仓言天，其致一也。"❷

最后，从内容上说，14.35 讲只有天知道士人之心，而 14.36 讲士人要知天命。两句相互呼应。

14.37 子曰："贤者辟世，其次辟地，其次辟色，其次辟言。"子曰："作者七人矣。"

翻译 孔子说："贤人逃避动荡的天下而隐居，其次避开动乱的地方，再其次避开无道之君，最后避开流言蜚语。"孔子又说："这样做的已经有七个人了。"

解读 14.37 讲贤人要避开乱世。避开的路径是"避天下—避国家—避君主—避他人"。

14.36 讲天下无道，而 14.37 接着讲有很多人避开这个纷乱的天下。第十四篇开头讲士人要出来为天下大义做事，辅佐君王，可渐近收尾处，却又落回到天下无道，有很多人要避世之上。这种反差，直令人感慨周朝末世之纷乱。

---

❶ 程树德撰：《论语集释》，程俊英、蒋见元点校，中华书局，1990，第 890 页。

❷ 陈祥道：《论语全解》卷七，四库全书版，第 40 页。

14.38 子路宿于石门。晨门曰:"奚自?"子路曰:"自孔氏。"曰:"是知其不可而为之者与?"

翻译 仲由在石门口住宿了一夜。早上守城门的人说:"你从哪儿来啊?"仲由说:"从孔子家来。"守门人说:"就是那个明知不可为而为之的人吗?"

解读 14.37 讲众人纷纷选择避世,14.38 接续上文,说唯有孔子没有选择避世,而是明知不可为而为之。由此,反衬出孔圣人与一般贤人的差别。

14.39 子击磬于卫,有荷蒉而过孔氏之门者,曰:"有心哉,击磬乎!"既而曰:"鄙哉,硁硁乎!莫己知也,斯己而已矣。'深则厉,浅则揭。'"子曰:"果哉!末之难矣。"

翻译 孔子在卫国,一次正在敲击磬,有一位挑着草筐的人从孔子的门前走过说:"这个击磬之人有心事啊!"一会儿又说:"真是可鄙啊,声音硁硁的。没有人了解自己,做好自己就可以了嘛。《诗经》上说:'涉水而过的时候,水深就穿着衣服划过去,水浅就撩起衣服蹚过去。'"

孔子说:"说得没错!如果能这么想的话,的确就没有什么难的了。"

解读 14.38 讲士人明知不可为而为之;14.39 接续上文,讲士人看到乱世,要像看到一摊水一样:水深则划水过,水浅则蹚水过。

综上,14.36 ~ 14.39 属于一组,讲的是士人要勇往直前,推动天下秩序的变动。

14.40 子张曰:"《书》云,'高宗谅阴,三年不言',何谓也?"子曰:"何必高宗,古之人皆然。君薨,百官总己以听于冢宰三年。"

翻译 颛孙师说:《尚书》上说,'殷高宗守丧,三年不谈政事',这是什么意思?"孔子说:"不仅是高宗,古人都是这样。国君死了,朝廷百官都各管自己的职事,听命于冢宰三年。"

解读 从 14.40 开始,本篇进入了下一个主题,即士人要推动克己复礼。而克己复礼的始点,就在于要让君主有仁爱之心。而这表现在礼上,首先就是要求君主有孝心。

14.41 子曰:"上好礼,则民易使也。"

翻译 孔子说:"居上位的人如果能好礼,那百姓就更容易听命。"

解读 对于 14.41,《论语注疏》点评说:"此章言君上好礼,则民莫敢不敬,故易使也。"❶

由此可知,14.41 接续上文,继续讲君主应克己复礼。

❶ 何晏注、邢昺疏:《论语注疏》,《十三经注疏》整理委员会整理,北京大学出版社,1999,第 204 页。

14.42 **子路问君子。子曰："修己以敬。"**

曰："如斯而已乎？"曰："修己以安人。"

曰："如斯而已乎？"曰："修己以安百姓。修己以安百姓，尧、舜
其犹病诸！"

（**翻译**）仲由问怎样才能成为君子。孔子说："修养自己，保持严肃恭敬的态度。"

仲由说："这样就可以了吗？"孔子说："修养自己，使周围的人们安乐。"

仲由说："这样就够了吗？"孔子说："修养自己，使所有百姓都安乐。但修养
自己使所有百姓都安乐，这一点连尧舜恐怕都很难做到呢！"

（**解读**）14.42 接续上文，讲君主应克己复礼。这要求君主从自己入手，修养仁
道，然后逐步扩展至周围人，最终令全天下人都得到安乐。

14.43 **原壤夷俟。子曰："幼而不孙弟，长而无述焉，老而不死，是为**
贼！"以杖叩其胫。

（**翻译**）原壤叉开双腿坐着等待孔子。孔子骂他说："你年幼时不懂礼节，长大
了也毫无成就，老了还不死，真是个害人精。"说着，用手杖敲他的小腿。

（**解读**）原壤，鲁国人，孔子故交。

朱熹在《日讲四书解义》中评价本句说："此一章书是圣人恶人无礼也。圣人
于败坏礼教之人深恶而痛责之，亦维持世道之一端也。"❶

可见，14.43 接着上文，继续讲士人要推动天下众人克己复礼。

综上，14.40 ~ 14.43 同属一组，讲士人要推动克己复礼。

14.44 **阙党童子将命。或问之曰："益者与？"子曰："吾见其居于位也，**
见其与先生并行也。非求益者也，欲速成者也。"

（**翻译**）阙里的一个童子来替宾主向孔子传话。有人问孔子："这小孩是肯求上
进的人吗？"孔子说："我看见他坐在大人的位子上，又见他和长辈并肩而行。这
不是个肯求上进的人，是一个急于求成的人。"

（**解读**）14.44 有三重含义：第一，接续 14.43，讲士人要重礼。

第二，总结全篇，讲士人要实现天下大义，但他们力量尚不足，就像一个童
子。在这种情况下，士人不可操之过急，而应顺势而为。大义之复兴虽为历史之走
向，但历史之进程毕竟曲折。士人当循序渐进，缓而图之。

第三，回应 14.1。14.1 讲士人不应尸位素餐，14.44 讲士人不可急功冒进。前
者为劝进，后者为劝诫，两句一阴一阳，相互呼应。而在这两句中，皆是士人应做
的具体事务。

---

❶ 朱熹：《日讲四书解义》卷五，四库全书版，第 73 页。

下卷从第十四篇开始，都在讲复兴天下大义的具体行动策略。其中，第十四篇主要讲一般士人该如何开展行动，而第十五篇则主要从为政者，特别是君主的角度来讲。

第十五篇重点讲君主的用人之道，包括：第一，坚持正义的道路，不动摇；第二，选用贤德之才，贬斥奸佞小人；第三，将人才安排在合适的职位上。

关于本篇的结构，具体如下：

卫灵公第十五

15.1　卫灵公问陈于孔子。孔子对曰："俎豆之事，则尝闻之矣；军旅之事，未之学也。"明日遂行。

（翻译）卫灵公向孔子询问排兵布阵之法。孔子回答说："祭祀礼仪方面的事情，我听说过；用兵打仗的事，我从来没有学过。"第二天就离开了卫国。

（解读）15.1讲的是两条道路之争，即旧精英的对外征伐之路与新精英的内修求治之路。关于两者的区别，详见13.9。

　　第十五篇讲君主应如何治理天下。15.1先定了准星，提出要坚持新精英主张的正义路线，不妥协、不改变。

15.2　在陈绝粮，从者病，莫能兴。子路愠见曰："君子亦有穷乎？"子曰："君子固穷，小人穷斯滥矣。"

（翻译）孔子在陈国绝了粮，跟从他的人都饿病了，起不来身。仲由怒气冲冲地来见孔子说："君子也有困窘而无计可施的时候吗？"孔子说："君子在困窘中还能固守正道，小人一遇困窘就会无所不为。"

（解读）15.2继续讲士人要坚持正义路线，哪怕遇到一时之困顿，也绝不动摇。正义路线，乃天下大治之底线准则。抛开这一路线，即偏离了中国社会之主轴，必将陷天下于纷乱之中，难以得治。

15.3　子曰："赐也，女以予为多学而识之者与？"对曰："然，非与？"曰："非也，予一以贯之。"

（翻译）孔子对端木赐说："赐呀，你以为我是大量学习并能牢记所学知识的吗？"端木赐回答说："是啊，难道不是这样吗？"孔子说："不是的，我用一个根本之道把它们贯穿起来。"

（解读）15.3继续讲士人要坚持正义路线，所有行为都围绕这一路线来，一以贯之。

15.4　子曰："由！知德者鲜矣。"

（翻译）孔子说："仲由啊！知晓德的人太少了。"

（解读）前文讲士人要坚持正义路线，但就算是仲由和端木赐这样的人，都还不能真正领会孔子主张的道路。所以，15.4接着讲"知德者鲜矣。"

　　《日讲四书解义》点评道：此一章书是圣人欲学者求自得也。欲知德者，其惟躬行实体，而求其自得于心矣乎！

　　结合本章主旨来看，15.4讲为何孔子提出的正义路线难以实现，是因为知德者太少了！

15.5　子曰："无为而治者，其舜也与！夫何为哉？恭己正南面而已矣。"

(翻译)　孔子说："能够无为而治的君主，大概只有舜了吧？他做了什么呢？他只是庄重端正地向南坐在王位上罢了。"

(解读)　对于15.5，《论语注疏》点评说："此一章美帝舜也。……所以无为者，以其任官得人。夫舜何必有为哉，但恭敬己身，正南面向明而已。"❶

可见，本句的重点在于任用贤人。结合15.4，可知君主的工作重点是识人、用人，如此才能垂拱而治，一以贯之。

君主对政事当然不该完全弃之不理。君主作为国家之元首，应该治理政事，否则国家将陷入混乱。但君主个人毕竟精力有限，无法事必躬亲，所以他治理政事的主要办法是随着时事的变化，选择和调整官员，以落实自己的施政方略。同时，君主还要任命监察官员，对其他官员的政绩、官声展开监察考核。只要选定了合适的人选，这些有才德之人在相应的位子上就能各展其能，从而引领民众形成良好的社会风尚。到这个时候，君主便可以垂拱而治了。

综上，15.5接着15.4，讲如何令天下之人知德，即选用新精英，以为天下之示范。

15.6　子张问行。子曰："言忠信，行笃敬，虽蛮貊之邦，行矣。言不忠信，行不笃敬，虽州里，行乎哉？立，则见其参于前也；在舆，则见其倚于衡也，夫然后行。"子张书诸绅。

(翻译)　颛孙师问怎样才能到处行得通。孔子说："言语忠信，行为笃敬，即使到了蛮貊地区，也能行得通。言语不忠信，行为不笃敬，即使是在本乡本土，能行得通吗？站立时，就仿佛看到'忠信笃敬'这几个字立在面前；坐车时，就好像看见这几个字靠在车辕前横木上，这样才能使自己处处行得通。"颛孙师把这些话写在腰间的大带上。

(解读)　15.6接着15.5，继续讲如何令天下大治，即君主自己要忠信笃敬，且所选用的人也要做到忠信笃敬。而精英群体只有做到忠信笃敬，才能到哪里都可以行得通，也可以使民众跟随他们。如此一来，天下大治才有可能实现。

15.7　子曰："直哉史鱼！邦有道，如矢；邦无道，如矢。君子哉蘧伯玉！邦有道，则仕；邦无道，则可卷而怀之。"

(翻译)　孔子说："史佗正直啊！国家政治清明时，他的言行像箭一样直；国家政治黑暗时，他的言行也像箭一样直。蘧瑗是君子啊！国家政治清明时，他就出来做官；国家政治黑暗时，就辞去官职，把自己的主张藏在心里。"

(解读)　史佗，字子鱼，也称史鳅，卫国大夫。史，官名。吴国的延陵季子经过

❶　何晏注、邢昺疏：《论语注疏》，《十三经注疏》整理委员会整理，北京大学出版社，1999，第208页。

卫国时，赞史䲡为卫国君子、柱石之臣。史䲡曾多次向卫灵公推荐蘧瑗，贬斥弥子瑕。他在临死时嘱托家人不要"治丧正室"，即不要在正厅祭祀，而要在小房间祭祀，以表示自己未能成功劝诫卫灵公。卫灵公来吊丧，问明原委，大为感动，遂任命蘧瑗，而贬斥弥子瑕。史称史䲡的这一行为为"尸谏"。

蘧瑗，见 14.25。

15.7 接着 15.6，讲君主任用的人才，既要有像史䲡这样的直言敢谏之人，也要有像蘧瑗这样的才德之人。如此，天下才能大治。

15.8　子曰："可与言，而不与之言，失人；不可与言，而与之言，失言。知者不失人，亦不失言。"

翻译　孔子说："有可以同他谈的话，却不同他谈，这样就失掉了人才；没有可以同他谈的话，却同他谈，这样就说错了话。智者既不会失去人才，也不会说错话。"

解读　15.8 接着 15.7，讲君主应该有察人之明。如此，才能辨明人才，将政事安排给合适的人实施、处置。

15.9　子曰："志士仁人，无求生以害仁，有杀身以成仁。"

翻译　孔子说："志士仁人，没有贪生怕死而损害仁的，只有牺牲自己的性命来成全仁的。"

解读　面对时代转换的大关头，总会有一批志士仁人站出来，冒着牺牲生命的风险，以成就国家的大治、民族的复兴、文化的延续。这是志士仁人的担当之德。而华夏民族也正是依靠这些英雄人物，才得以延续至今；华夏民族的伟大精神也正是依靠这些英雄人物，才得以永垂不朽。

结合本章主旨，可知 15.9 接着 15.8，讲君主应该选择志士仁人。志士仁人的特点是，愿意牺牲自己来成全仁。

15.10　子贡问为仁。子曰："工欲善其事，必先利其器。居是邦也，事其大夫之贤者，友其士之仁者。"

翻译　端木赐问怎样实现仁德，孔子说："工匠要想做好工作，必须先把自己的工具打磨锋利。住在这个国家，应当厚待国中的贤大夫，结交仁士。"

解读　对于 15.10，传统解释认为本句讲的是士人应如何培养自己的仁德。比如，《论语注疏》点评说："此章明为仁之法也。……子贡欲为仁，未知其法，故问之。……将答问仁，先为设譬也。若百工欲善其所为之事，当先修利所用之器。……言工以利器为用，人以贤友为助。"❶

---

❶ 何晏注、邢昺疏：《论语注疏》，《十三经注疏》整理委员会整理，北京大学出版社，1999，第 210 页。

结合上下文，可知 15.10 讲的是君主如何在国内实现仁。所以，本句的意思是，君主为实现仁，应厚待贤大夫，团结仁士。由此也可知 15.9 与 15.10 之间存在含义上的承继关系。

15.11　颜渊问为邦。子曰："行夏之时，乘殷之辂，服周之冕，乐则《韶》《舞》。放郑声，远佞人。郑声淫，佞人殆。"

（**翻译**）颜回问怎样治理国家。孔子说："实行夏朝的历法，乘坐殷朝的车子，穿戴周朝的礼帽，音乐就用《韶》和《舞》。舍弃郑国的乐曲，远离谄媚的人。郑国的乐曲很淫秽，谄媚的人很危险。"

（**解读**）《舞》通《武》，解为周武王时期的音乐。

　15.11 接着 15.10，讲实现仁的办法是要远离佞人。

15.12　子曰："人无远虑，必有近忧。"

（**翻译**）孔子说："人没有长远的考虑，一定会有眼前的忧患。"

（**解读**）15.12 讲君主要有对正义道路的宏观追求，如此才能最终落到细微处，转为具体的施政策略。可见，15.12 接着 15.11，讲君主要着眼长远，远离奸佞小人。否则，如果君主只看到眼前的小利，而任用奸佞小人的话，那危险就在不远处。

15.13　子曰："已矣乎！吾未见好德如好色者也。"

（**翻译**）孔子说："罢了吧！我没见过喜欢美德如同喜欢美色一样的人啊。"见 9.18。

（**解读**）15.13 继续拓展前两句的内容，讲奸佞小人非常之多，贤德之人却十分稀少。

15.14　子曰："臧文仲其窃位者与！知柳下惠之贤而不与立也。"

（**翻译**）孔子说："臧辰大概是个窃据官位（而不称职）的人吧！他分明知道柳下惠贤良，却不向朝廷举荐他。"

（**解读**）15.14 充实了 15.12 的内容，讲君主任用小人，有何危险：奸佞小人会排挤贤良之人，导致贤良之人不得其位。

　综上，15.2～15.14 同属一组，讲的是君主要用贤人，远小人，以引领民众走上天下正道。

15.15　子曰："躬自厚而薄责于人，则远怨矣。"

（**翻译**）孔子说："严厉地责备自己而宽容地对待别人，就可以远离别人的怨恨了。"

（**解读**）15.15 转换了主题，讲什么样的人才是贤人，即厚责自己，薄责他人之人。

15.16 子曰:"不曰'如之何、如之何'者,吾末如之何也已矣。"

(翻译) 孔子说:"从来不说'怎么办、怎么办'的人,我对他也不知道该怎么办了。"

(解读) 15.16 接着讲什么样的人才是贤人,即深思熟虑之人。

15.17 子曰:"群居终日,言不及义,好行小慧,难矣哉!"

(翻译) 孔子说:"跟一群人整天聚在一起,言语不带一丝道义,还喜欢卖弄小聪明,这种人很难有什么成就啊。"

(解读) 15.17 接着讲能有大成就的贤人,都是言辞间流露道义,且心胸坦荡,不会玩弄小聪明之人。

15.18 子曰:"君子义以为质,礼以行之,孙以出之,信以成之。君子哉!"

(翻译) 孔子说:"君子把义作为本,用礼来加以实行,用谦逊的言语来表述,用诚信的态度来完成。这样做才是君子啊!"

(解读) 15.17 谈了君子的反面:卖弄小聪明;而 15.18 从正面说君子:以义为本。

15.19 子曰:"君子病无能焉,不病人之不己知也。"

(翻译) 孔子说:"君子担心自己没有才能,不担心别人不知道自己。"

(解读) 15.19 的类似内容在《论语》中多次出现。在这里,它的意思是能做到不求生前之名声的人,才是君子。

15.20 子曰:"君子疾没世而名不称焉。"

(翻译) 孔子说:"君子担心自己死后他的名字不被人所称道。"

(解读) 15.20 补充了 15.19,讲君子不在乎现世之名望,而担心死后美名不传。求现世之名,为功利者,而求死后之美名,则为道义贤人。

15.21 子曰:"君子求诸己,小人求诸人。"

(翻译) 孔子说:"君子要求自己,小人苛求别人。"

(解读) 15.21 接续上文,说君子的行为是反求诸己。

15.22 子曰:"君子矜而不争,群而不党。"

(翻译) 孔子说:"君子矜持庄重而不与别人争斗,合群而不结党营私。"

(解读) 15.22 接续上文,讲真正的君子,他们在一起时,和气而不为利益争斗,也不会为了利益结党营私。

15.23 子曰:"君子不以言举人,不以人废言。"

（翻译）孔子说:"君子不会因为一个人的话说得好就推举他,也不会因为一个人德行有亏而不采纳他的好话。"

（解读）对于 15.23,《论语注疏》点评说:"此章言君子用人,取其善节也。有言者不必有德,故不可以言举人,当察言观行然后举之。夫妇之愚,可以与知,故不可以无德而废善言也。" **❶**

15.23 接续上文,讲君子是善于取人优点之人。

15.24 子贡问曰:"有一言而可以终身行之者乎?"子曰:"其'恕'乎! 己所不欲,勿施于人。"

（翻译）端木赐问道:"有那么一个字而可以让人终身奉行的吗?"孔子说:"大概是'恕'吧! 自己不想要的,就不要施加给别人。"

（解读）15.24 接续上文,说君子的特点之一是能做到己所不欲,勿施于人。

15.25 子曰:"吾之于人也,谁毁谁誉?如有所誉者,其有所试矣。斯民也,三代之所以直道而行也。"

（翻译）孔子说:"我对别人,诋毁过谁?赞美过谁?如果有所赞美的话,必须是我曾经考验过他的。夏、商、周三代的人都是这样做的,所以三代能直道而行。"

（解读）15.25 接续上文,讲君子都是善于以自己的善行教化民众之人。

15.26 子曰:"吾犹及史之阙文也,有马者借人乘之,今亡矣夫!"

（翻译）孔子说:"我还能够看到史书中存疑空阙的地方。有马的人(自己不会调教)先借给别人骑,现在没有这样的了。"

（解读）15.26 讲孔子晚年的史官没有严谨的精神,编写史书时遇到疑难而无法确证之处时,便胡乱编写,穿凿附会。《论语义疏》上说:"当孔子末年时,史不识字,辄擅而不阙;有马不调,则耻云其不能,必自乘之,以致倾覆,故云今亡也矣夫。" **❷**

15.26 继续说君子之德,即谨慎虚心。

15.27 子曰:"巧言乱德。小不忍,则乱大谋。"

（翻译）孔子说:"花言巧语会败坏道德。小事上不忍耐,就会扰乱大的谋略。"

（解读）15.27 接着讲君子是慎言、沉潜之人。

❶ 何晏注、邢昺疏:《论语注疏》,《十三经注疏》整理委员会整理,北京大学出版社,1999,第 214 页。

❷ 皇侃:《论语义疏》,中华书局,2013,第 408 页。

15.28 子曰:"众恶之,必察焉;众好之,必察焉。"

（翻译）孔子说:"众人都厌恶他,一定要去做考察;大家都喜爱他,也一定要去做考察。"

（解读）15.28 讲不要以众人的好恶来评判一个人的才德。一个人被众人所厌恶,也可能是因为他不愿与人同流合污、卓尔不群;相反,一个人被众人所喜欢,也可能是因为他为人八面玲珑、阿谀巴结。所以,在考察一个人时,众人对他的评价只可作为参考信息,而不应作为决定性因素。

综上,15.28 继续讲君子之德:识人之明。

15.29 子曰:"人能弘道,非道弘人。"

（翻译）孔子说:"人能弘扬大道,而非借大道为人扬名。"

（解读）15.29 讲君子都是弘道之人,而非借着大道的名义捞取名利之人。

15.30 子曰:"过而不改,是谓过矣。"

（翻译）孔子说:"有了过错却不改正,这才真叫过错了。"

（解读）15.30 继续讲君子之德:闻过则改。

15.31 子曰:"吾尝终日不食、终夜不寝,以思,无益,不如学也。"

（翻译）孔子说:"我曾经整天不吃饭、整夜不睡觉,左思右想,结果一无所得,还不如去学习。"

（解读）15.31 继续讲君子之德:为学日益。

15.32 子曰:"君子谋道不谋食。耕也,馁在其中矣;学也,禄在其中矣。君子忧道不忧贫。"

（翻译）孔子说:"君子谋求的是道而不是衣食。耕作,饥饿随之而来;学习,俸禄随之而来。君子忧虑道之不明,却不忧虑贫穷。"

（解读）15.32 继续讲君子之德:谋道不谋食。

15.33 子曰:"知及之,仁不能守之,虽得之,必失之。知及之,仁能守之,不庄以莅之,则民不敬。知及之,仁能守之,庄以莅之,动之不以礼,未善也。"

（翻译）孔子说:"靠智慧得到它,但自身的仁德不足以守护它,即使得到了,也一定会丧失。靠智慧得到它,自身的仁德也足以守护它,但不以庄重的态度来面对民众，那么民众也不会怀以敬畏之心。靠智慧得到它，自身的仁德也足以守护它，并以庄重的态度来面对民众，却没有按照礼来鼓舞动员百姓，仍然是不够好啊。"

【解读】15.33 接续上文，讲君子有智慧、修仁德、形庄严、守礼法。

15.34　子曰："君子不可小知而可大受也，小人不可大受而可小知也。"

【翻译】孔子说："君子不可以用小事来考察他们的品德，却可以委以重任；小人不可以承担重任，却应该用小事来考察他们。"

【解读】15.15～15.34 同属一组，重点在讲君主任用的贤德之人应具备怎样的品德。不过，15.34 作为这一主题的总结段落，重点讲如何运用这些贤德之人，即要委以重任，而不要让他们纠缠于琐碎小事。

15.35　子曰："民之于仁也，甚于水火。水火，吾见蹈而死者矣，未见蹈仁而死者也。"

【翻译】孔子说："民众对于仁的需要，超过对水火的需要。我见过有人跳到水火中而死，却没有见过有人为实行仁而死。"

【解读】15.35 讲仁道是救万民于水火之中的大道。而现实的情况是赴汤蹈火者有，蹈仁者无。

15.35 讲民众不知正道，君主当行仁道，以救民于水火。

15.36　子曰："当仁，不让于师。"

【翻译】孔子说："遇到可以实践仁道的机会，对老师也不必谦让。"

【解读】对于 15.36，孔安国点评说："当行仁之事，不复让于师，言行仁急。"❶

15.36 接着 15.35，讲东周末年，应当积极推行仁道，乃至到了"不让于师"的紧急地步。

15.37　子曰："君子贞而不谅。"

【翻译】孔子说："君子守正道，而不拘泥于守小信。"

【解读】15.37 接续上文，讲在东周末年这个乱世之中，为了推行仁道，可以在行为上有一些调整，不必事事守信。只要大方向不变，有些小的权变，也是可以的。

15.38　子曰："事君，敬其事而后其食。"

【翻译】孔子说："侍奉君主，首先要认真做事，而把领取俸禄的事放在后面。"

---

❶ 皇侃：《论语义疏》，中华书局，2013，第 414 页。

解读 15.38 接续上文，讲为实现仁道，要重点做的第一件事是向上尽心侍奉君主。

15.39　子曰："有教无类。"

翻译 孔子说："人人都可以教，没有高低贵贱的等级差别。"

解读 15.39 接续上文，提出在东周末年，为实现仁道而要做的第二件事是向下教育新精英。

15.40　子曰："道不同，不相为谋。"

翻译 孔子说："志向主张不同，不在一起谋划共事。"

解读 15.40 接续上文，讲为实现仁道，要做的第三件事是团聚同道，谋划大事。

15.41　子曰："辞达而已矣。"

翻译 孔子说："言辞能表达出意思就可以了。"

解读 15.41 继续讲实现仁道，重在行，而不重在言辞。所以，上述三件事，要将重点放在行动上。

综上，15.35 ~ 15.41 同属一组，讲君子为匡扶大道，要做哪些事。

15.42　师冕见，及阶，子曰："阶也。"及席，子曰："席也。"皆坐，子告之曰："某在斯，某在斯。"
　　　　师冕出。子张问曰："与师言之道与？"子曰："然，固相师之道也。"

翻译 乐师冕来见孔子，走到台阶边，孔子说："这儿是台阶。"走到坐席边，孔子说："这是坐席。"大家都坐下后，孔子告诉他说："某人在这里，某人在那里。"

师冕告辞后，颛孙师问道："这是和盲人乐师讲话的道吗？"孔子说："是的，这就是帮助盲人乐师的道。"

解读 15.42 是对本篇的总结。15.42 中，孔子以礼对待盲人乐师，亲自履践了礼。这是躬身示范，引领万民走向新的风尚。

同时，15.42 又呼应了 15.1。卫君眼盲心瞎，遇到圣人，却不能求教天下大治之道；15.42 则以盲人乐师来暗中讽刺卫君，并点明哪怕是面对这样的眼盲心瞎之人，孔子也会以大道指引之。由此可见圣人心胸之宽阔，乃一心一意为天下万民求福祉。而在这两句之间，则是各色贤人君子，他们都是可以为君主所任用之人。

第十五篇讲君主的用人之道，而第十六篇则讲君主的具体治国方略，即君主在治国时应注意哪些方面，以实现国家的大治。

本篇从季孙氏乱国这一反例开始讲起，逐渐过渡到君主应该如何规范自己的行为，最后提出君主只要能做到这几点，就能够达成一个大治局面。

关于本篇的结构，具体如下：

第一部分　君主之德：祸起萧墙（16.1）

第二部分　君主之德：行为准则（16.2～16.13）

第三部分　君主之德：礼乐文明（16.14）

季氏第十六

16.1 季氏将伐颛臾。冉有、季路见于孔子，曰："季氏将有事于颛臾。"

孔子曰："求，无乃尔是过与？夫颛臾，昔者先王以为东蒙主，且在邦域之中矣，是社稷之臣也。何以伐为？"

冉有曰："夫子欲之，吾二臣者皆不欲也。"

孔子曰："求！周任有言曰：'陈力就列，不能者止。'危而不持，颠而不扶，则将焉用彼相矣？且尔言过矣，虎兕出于柙，龟玉毁于椟中，是谁之过与？"

冉有曰："今夫颛臾，固而近于费。今不取，后世必为子孙忧。"

孔子曰："求！君子疾夫舍曰欲之而必为之辞。丘也闻，有国有家者，不患贫而患不均，不患寡而患不安。盖均无贫，和无寡，安无倾。夫如是，故远人不服，则修文德以来之。既来之，则安之。今由与求也，相夫子，远人不服，而不能来也；邦分崩离析，而不能守也；而谋动干戈于邦内。吾恐季孙之忧不在颛臾，而在萧墙之内也。"

翻译 季氏准备攻打颛臾。冉求、仲由去拜见孔子，说："季氏准备对颛臾用兵了。"

孔子说："冉求！这难道不是你的过错吗？颛臾，以前周天子是让它主持东蒙山的祭祀的，而且它现在已在鲁国的疆域之内，是国家的臣属啊。为什么要攻打它呢？"

冉求说："季孙大夫想去攻打，我们两人都不同意。"

孔子说："冉求！周任有句话说：'根据自己的才力去担任职务，实在做不好就该辞职不干。'盲人遇到了危险却不去扶持，跌倒了又不去搀扶，那他还用那些辅助的人干什么呢？而且你的话说错了。老虎、犀牛从笼子里跑出来，龟甲和美玉在匣子里被毁坏，这是谁的过错呢？"

冉求说："现在颛臾的城墙坚固，而且离季氏的采邑费地很近。如果现在不攻占它的话，将来一定会成为子孙的祸患。"

孔子说："冉求！君子痛恨那些明明是自己想要那样做，却又一定要另找借口来掩饰自己真实想法的人。我听说，对于诸侯和大夫，不怕贫穷而怕财富不均，不怕人口少而怕不安定。因为如果财富均衡，就没有贫穷一说；如果大家和睦团结，就不会觉得人口少；如果境内安定，就不会有倾覆的危险。像这样做，如果远方的人还不归服的话，那就再修仁、义、礼、乐的政教来招揽他们。他们一定会来，而只要他们来了，就会安心地生活下去。现在，仲由和冉求，你们两个辅佐季孙，远方的人不归服，你们不能招揽他们；国家民心离散，你们不能保全守住；反而谋划在国内动用武力。我恐怕季孙的忧患不在颛臾，而在他自己的宫墙之内啊！"

解读 颛臾，古国名，相传以风为姓的东夷部落首领太皞，在远古时代就建立了颛臾方国。西周初期，成王封之为颛臾王，周天子给颛臾国的主要任务就是祭祀蒙山。由于颛臾国小势弱，到了春秋初期就变成了鲁国附庸。颛臾终因势单力薄，后被楚国所灭。

16.1 表面上讲的是季孙氏的征伐之事，其实另有指涉。方观旭在《论语偶记》中指出："斯时哀公欲去三桓，季氏……又畏颛臾世为鲁臣，与鲁犄角以逼己，惟有谋伐颛臾。……夫子诛奸人之心而抑其邪逆之谋也。"❶ 所以，季孙氏征伐颛臾，目的是削弱鲁哀公，以为夺取君权做准备。

孔子提到"萧墙"，指的是屏风，郑玄批注说："君臣相见之礼，至屏而加肃敬焉，是以谓之萧墙。"❷ 所以，所谓"萧墙之内"，其实指的是季孙氏忧虑自己不能成功夺位，亦指鲁哀公有失位之忧。

在孔子看来，季孙氏图谋僭越，是为不道之举。而冉求作为季孙氏的家臣，非但不能辅佐季孙氏走上正确的道路，反而为他的图谋遮掩。这也是不符合君子行为旨趣的。

在批评季孙氏与冉求的同时，孔子也点明了治国之道的要点，即"不患贫而患不均，不患寡而患不安"。对此，朱熹点评说："是时季氏据国，而鲁公无民，则不均矣。君弱臣强，互生嫌隙，则不安矣。均则不患于贫而和，和则不患于寡而安，安则不相疑忌，而无倾覆之患。"❸ 所以，治国之要，首先在于减少国内矛盾，团结民心。而要实现这一点，当推行仁义之道。

编者将 16.1 放在本篇开头处，讲的是周朝末世天下仁义不行、礼崩乐坏、祸起萧墙。身处在这一不断下坠的天下秩序中，各国之君、各家之大夫皆宛如盲人（接 15.42）一般，对此并无察觉、反省。作为社会新精英的士人，如果不能积极提醒君主、大夫，匡扶正义，则称不上是君子，理应"不能者止"。所以，16.1 是承上篇而启本篇的一章。

16.2 孔子曰："天下有道，则礼乐征伐自天子出；天下无道，则礼乐征伐自诸侯出。自诸侯出，盖十世希不失矣；自大夫出，五世希不失矣；陪臣执国命，三世希不失矣。天下有道，则政不在大夫；天下有道，则庶人不议。"

翻译 孔子说："天下政治清明时，礼乐制度与征伐之事由天子主导；天下政治昏乱时，礼乐制度与征伐之事由诸侯主导。由诸侯主导，大概延续到十代就很少

❶ 方观旭：《论语偶记》，载《皇清经解》卷一千三百二十七，四库全书版，第 340 页。

❷ 皇侃：《论语义疏》，中华书局，2013，第 424 页。

❸ 朱熹：《四书章句集注》论语集注卷一，中华书局，2011，第 159 页。

有不垮台的；由大夫主导，延续到五代就很少有不垮台的；大夫的家臣把持国家政权，延续到三代就很少有不垮台的。天下政治清明，国家的政权就不会掌握在大夫手中；天下政治清明，普通百姓就不会议论朝政了。"

解读 对于16.2，朱熹点评说："逆理愈甚，则其失之愈速。大约世数，不过如此。……此章通论天下之势。"[1] 所以，16.2讲的是东周末年的天下形势，即天下无道，豪强崛起，试图掌握天下秩序。从春秋开始，历经众多霸主，却无一个能够长久维持天下秩序。最终，诸侯之间只得陷入混战，进入一个向下坠落的通道，无力自拔。而在这时，谁能率先改换赛道，谁就能走出一条自救之路。而这必然要从任用新精英入手。

16.3 孔子曰："禄之去公室五世矣，政逮于大夫四世矣，故夫三桓之子孙微矣。"

翻译 孔子说："鲁国失去国家政权已有五代，政权落在大夫之手已有四代，所以三桓的子孙也衰微了。"

解读 16.3接着16.2，讲鲁国的礼乐征伐自三桓初已经经历四代，如今三桓也衰微了。所以，三桓做大，不断图谋鲁公的权力，最终也只是一场空。

历史的公正之处在于，它绝对不允许任何一个满心私利之人长久地占据一切。历史总是冷静地看着自己眼前的猎物，看着他贪婪无度，并以为自己无所不能，有足够的力量实现自己的这份贪婪之心。而在他真的伸出手，来实现自己的这份贪婪之心，并为自己的所得沾沾自喜时，历史便会抽出自己腰间的弯刀，宰杀掉眼前这头猎物。

所以，一个人或一个群体什么都想要，最终必然什么都得不到。相反，将自己的心放在天下大义之上，反而是"禄在其中"矣。

16.4 孔子曰："益者三友，损者三友。友直、友谅、友多闻，益矣；友便辟、友善柔、友便佞，损矣。"

翻译 孔子说："有益的交友方式有三种，有害的交友方式有三种。同正直的人交友，同诚信的人交友，同见闻广博的人交友，是有益的；同虚伪做作的人交友，同阿谀奉承的人交友，同花言巧语的人交友，是有害的。"

解读 16.4解释了上文，讲图谋君主政权的诸侯、大夫、家臣等是如何崛起的。这些人都与虚伪做作的人、阿谀奉承的人、花言巧语的人交往，大家捆绑在一起，形成利益集团，将谋取君主的权力作为共同目的。同时，君主本人也是利令智昏，与这些小人结交，乃至自己手中的权力一步步旁落。

---

[1] 朱熹：《四书章句集注》论语集注卷一，中华书局，2011，第160页。

与这些人相反，孔子提到了其他三类人，包括正直的人、诚信的人、见闻广博的人。这三类人基本属于新精英。君主与这些新精英交往，国家能够走向繁荣。

16.5　孔子曰："益者三乐，损者三乐。乐节礼乐、乐道人之善、乐多贤友，益矣；乐骄乐、乐佚游、乐宴乐，损矣。"

翻译　孔子说："有益的爱好有三种，有害的爱好有三种。以用礼乐调节自己为乐、以称道人的好处为乐、以有很多德才兼备的朋友为乐，是有益的；以骄纵享乐为乐、以安逸游乐为乐、以宴饮无度为乐，是有害的。"

解读　16.5接续上文，讲东周末年的君主因为三种有害爱好而破坏礼法秩序，逐渐失去民心；相反，君主如果养成三种有益的爱好，那么就可能推动国家走向稳定、繁荣。

16.6　孔子曰："侍于君子有三愆：言未及之而言谓之躁，言及之而不言谓之隐，未见颜色而言谓之瞽。"

翻译　孔子说："在君子旁边，同他说话，要注意避免犯三种过失：没有轮到你说话就抢着说话，这叫急躁；问到你的时候却不说，这叫隐瞒；不看君子的脸色而贸然说话，这叫不长眼。"

解读　16.6讲应如何与君子交流。本句虽有以卑侍尊之意，但放在此处，意在讨论君主与君子的交往方式。

16.7　孔子曰："君子有三戒：少之时，血气未定，戒之在色；及其壮也，血气方刚，戒之在斗；及其老也，血气既衰，戒之在得。"

翻译　孔子说："君子有三件事应该自我节制：年少的时候，血气还没有发展稳定，要警戒迷恋女色；等到壮年的时候，血气旺盛，要警戒争强好斗；到了老年的时候，血气已经衰弱，要警戒贪得无厌。"

解读　16.7讲君子的行为三戒：少年时戒色，淫色伤身；中年时戒斗，好斗误国；老年时戒贪，恋战毁功。

16.8　孔子曰："君子有三畏：畏天命，畏大人，畏圣人之言。小人不知天命而不畏也，狎大人，侮圣人之言。"

翻译　孔子说："君子有三种敬畏：敬畏天命，敬畏地位高贵者，敬畏圣人的话。小人不知道天命不可违抗，所以不敬畏它，轻视地位高贵者，侮慢圣人的话。"

解读　16.8继续讲君主的行为准则，即三畏：畏天命，则有外在约束；畏大人，则尊礼制；畏圣人之言，则心有大道。

16.9　孔子曰："生而知之者，上也；学而知之者，次也；困而学之，又其次也。困而不学，民斯为下矣。"

翻译　孔子说："生来就知道的，是上等人；经过学习后才知道的，是次等人；遇到困惑疑难才去学习的，是又次一等人。遇到困惑疑难仍不去学习的，这种就是最下等的人了。"

解读　16.9将人分为四等。对此，朱熹说："人之气质不同，大约有此四等。"❶这就是说，人天生就有差别，大概可以分为如此四等。

16.9接续上文，讲的是君主作为一个自然人，也有天生能力方面的优劣之处。在看到这一点后，君主要积极学习，提升自己的才德水平。

16.10　孔子曰："君子有九思：视思明，听思聪，色思温，貌思恭，言思忠，事思敬，疑思问，忿思难，见得思义。"

翻译　孔子说："君子有九种要思考的事：看的时候，要思考看清与否；听的时候，要思考听清与否；对于自己的脸色，要思考是否温和；对于自己的容貌，要思考是否谦恭；言谈的时候，要思考是否忠实；办事的时候，要思考是否谨慎严肃；遇到疑问，要思考如何向别人询问；愤怒时，要思考会有什么后患；获取财利时，要思考是否合乎义。"

解读　16.10继续讲君主的行为准则，即说话办事前要有九思。

16.11　孔子曰："见善如不及，见不善如探汤。吾见其人矣，吾闻其语矣。隐居以求其志，行义以达其道。吾闻其语矣，未见其人也。"

翻译　孔子说："看到善良的行为，就要像生怕赶不上似的去努力追求；看到不善良的行动，就好像把手伸到了开水中一样赶快避开。达到这种标准的人，我见到过；这样的话，我也听到过。但是，以隐居避世来保全自己的志向，按照义的原则行事以贯彻自己的主张。这样的话我听到过，而这样的人，我却没有见到过。"

解读　16.11讲了两种行为准则。其中，第二种比第一种要求更高。这番话当然也是对君主讲的。

---

❶ 朱熹：《四书章句集注》论语集注卷一，中华书局，2011，第161页。

16.12 齐景公有马千驷，死之日，民无德而称焉。伯夷、叔齐饿于首阳之下，民到于今称之。其斯之谓与？

(翻译) 齐景公有四千匹马，他死的时候，人民找不到他有什么德行值得称颂的。伯夷和叔齐饿死在首阳山上，人民到现在还在称颂他们。大概就是这个意思吧！

(解读) 齐景公年幼登基，在位58年，是齐国历史上统治时间最长的国君之一。亲政之初，他能够虚心纳谏，认真听取、采纳晏婴、弦章等人的建议，并放手贤臣治理国家，从而使齐国能在短短的几年间由乱入治，人民生活得到了较大改善。他的文治武功使齐国得以强盛一时，这成为后来田齐强大的基石。但从中期开始，齐国开始由治入乱，民不聊生，内忧外患。在这种情况下，齐景公还在与晋国争夺霸主之位。

16.12是对上文的总结，讲君主如果勤于修德，则能得到民众的赞誉；否则，就算生前雄霸一时，最终也得不到民众之认同。

16.13 陈亢问于伯鱼曰："子亦有异闻乎？"

对曰："未也。尝独立，鲤趋而过庭，曰：'学《诗》乎？'对曰：'未也。''不学《诗》，无以言。'鲤退而学《诗》。他日，又独立，鲤趋而过庭，曰：'学礼乎？'对曰：'未也。''不学礼，无以立。'鲤退而学礼。闻斯二者。"

陈亢退而喜曰："问一得三，闻《诗》，闻礼，又闻君子之远其子也。"

(翻译) 陈亢问孔鲤（字伯鱼）："你在老师那里听到过什么特别的教诲吗？"

孔鲤回答说："没有呀。有一次他独自站在那里，我快步从庭里走过，他说：'学《诗》了吗？'我回答说：'没有。'他说：'不学《诗》，就不懂得怎么说话。'我回去开始学《诗》。又有一天，他又独自站在那里，我快步从庭里走过，他说：'学礼了吗？'我回答说：'没有。'他说：'不学礼就不懂得怎样立身处世。'我回去开始学礼。我就听到过这两件事。"

陈亢回去高兴地说："我提一个问题，得到三方面的收获，听了关于《诗》的道理，听了关于礼的道理，又听了君子不偏爱自己儿子的道理。"

(解读) 16.13补充了前文，讲君主要学习《诗》与礼，且不应溺爱自己的儿子。其中，《诗》与礼，规定了君主之天下的秩序；远其子，规定了君主家室的秩序。天下与家室的秩序既定，国家安能不安稳、不和谐？

16.14 邦君之妻，君称之曰夫人，夫人自称曰小童；邦人称之曰君夫人，
称诸异邦曰寡小君；异邦人称之亦曰君夫人。

翻译 国君的妻子，国君称她为"夫人"，夫人自称为"小童"；国内的人称她
为"君夫人"，在其他国家的人面前称她为"寡小君"；别的国家的人也称她为"君
夫人"。

解读 16.14 讲的是礼。

本句有三层含义：

第一，接 16.13，讲君主家室之礼，进而描绘了一幅君臣和谐有序的局面。所
以，这也是对全篇的总结，即君主通过遵守上述行为准则，可以实现怎样的大治
局面。

第二，呼应 16.1。16.1 中提到三桓，三桓本为鲁君之子嗣。三桓擅权，是因为
鲁君对家室管束不严，没有遵守礼制。16.14 提到家室之礼，影射了这一点。同时，
16.14 又展示了一幅众人尊礼、和谐有序的局面。16.1 与 16.14，两章一反一正，一
乱一治，相互呼应。在这两章之中，是君主要重点做的事。

第三，16.14 还提到了异邦的问题。国内的礼法秩序，决定了该国与他国的交
往方式。如果一国国内的民众都重视并遵守礼法秩序，则该国的君主及其家人还能
得到他国民众的尊重。可见，16.14 也拓展了本篇的视野。

第十六篇谈君主治国，从东周旧精英的溃烂状态开始谈起，最终回到解决之策上；第十七篇讲精英引领基层民众，但在讲述时则将叙事结构反过来，从人性开始讲起，接着讲精英放松对自己的约束，最终收尾于东周社会风气的溃烂状态。将这两篇合起来看，可以窥探到东周时社会败坏的现状与根源。

更为有意思的是，第十六篇开头谈季孙氏夺权，而第十七篇开头讲阳虎专恣。所以，旧精英主动溃烂，最终也没有讨到便宜，引发反噬效应，被下臣夺权。这直让人叹一句："天道好轮回。"

关于本篇的结构，具体如下：

第一部分　礼崩乐坏：阳虎专恣（17.1）

第二部分　礼崩乐坏：全面溃烂（17.2～17.25）

第三部分　礼崩乐坏：四十见恶（17.26）

阳货第十七

17.1　阳货欲见孔子，孔子不见，归孔子豚。孔子时其亡也，而往拜之，遇诸涂。

谓孔子曰：“来！予与尔言。曰：'怀其宝而迷其邦，可谓仁乎？'曰：'不可。''好从事而亟失时，可谓知乎？'曰：'不可。'日月逝矣，岁不我与！”

孔子曰：“诺，吾将仕矣。”

（**翻译**）　阳虎（字货）想要让孔子去见他，孔子不去，他就送了一头蒸熟的小猪给孔子。孔子等他出门的时候，才去他家拜谢。两人在路上相遇了。

阳虎对孔子说："过来！我和你说几句话。如果说：'身藏道德之宝货却不去拯救这个迷乱了的国家，能称得上是仁吗？'肯定说：'不能。'如果说：'喜好做事却屡次失去时机，能称得上是智吗？'肯定说：'不能。'岁月流逝，时间不等人啊！"

孔子说："好，我会出仕做官。"

（**解读**）　对于 17.1，朱熹的点评非常到位，他说："货语皆讥孔子而讽使速仕。孔子固未尝如此，而亦非不欲仕也，但不仕于货耳。……阳货之欲见孔子，虽其善意，然不过欲使助己为乱耳。故孔子不见者，义也。其往拜者，礼也。必时其亡而往者，欲其称也。遇诸涂而不避者，不终绝也。……对而不辩者，言之孙而亦无所诎也。"❶

这就是说，孔子严格遵守礼义，虽然不愿见阳虎，但为了回礼，还是去见了；遇到阳虎，被他呼来喝去、耳提面命，也没有一句争辩，而是顺辞以避过。而且，孔子深刻明白阳虎必然不能长久，不愿为阳虎做事。这真乃圣人所为啊！

第十七篇讲精英该如何引领民众，17.1 却讲了一个反例，即季孙氏连自己的家臣都治不好，搞出了家臣叛乱，邑宰专恣的状况，真是彻底失败。如此可见，东周基层社会已经成了一幅怎样的溃烂景象。

而且，16.1 讲季孙氏弄权，17.1 却讲季孙氏的家臣阳虎擅权。季孙氏阴谋数代，到头来却被家臣阳虎弄了权。这真是极尽讽刺！季孙氏机关算尽，搞得鲁国大乱、礼崩乐坏，到头来却是一场空。

17.2　子曰："性相近也，习相远也。"

（**翻译**）　孔子说："人们的天性是相近的，后天的习染使人与人之间有了差别。"

（**解读**）　宋明理学喜欢将本句往人的心性修养上来解释。比如，朱熹在《日讲四书解义》中提到："此一章书是圣人教人以复性也。"❷这种解释脱离了篇章主旨来理解。

17.2 的意思是人虽然天性相近，但在后天受到各种风气的影响，有的人变得急功

---

❶ 朱熹：《四书章句集注》论语集注卷一，中华书局，2011，第163页。

❷ 朱熹：《日讲四书解义》卷十一，四库全书版，第3页。

近利，比如阳虎；而有的人则能够一心向仁道，走上一条成圣成贤的道路，比如孔子、颜回。所以，此句是挖到了东周社会底层礼崩乐坏的根子，即上层精英先败坏，带了一个不好的头，影响了下层民众，最终使得社会中的绝大多数人全面溃烂。上层以为自己在风气溃烂中得到了自由之解放，却不承想当这种溃烂影响到下层时，阳虎等人如过江之鲫冒出，凭借机巧之智，夺取上层的权力。所以，上层是自己害了自己啊！

与之相反，有一小部分旧精英以身作则，严格要求自己，比如孔子。在他们的带领下，新精英团聚起来，成了一股改造这个旧天下秩序的星星之火。在这群人的努力下，周天下必然会恢复天朗气清的正道秩序。

总之，17.2解释了家臣专恣的根本原因。

17.3　子曰："唯上知与下愚不移。"

(翻译) 孔子说："只有上等的智者与下等的愚人是改变不了的。"

(解读) 对17.3，同样不应从心性修养上理解。17.3补充了17.2，讲只有两类人不会受到社会风气的影响：第一是上等智者，第二是下等愚人。这就是说，绝大多数人都会受到社会风气的影响。在当时社会上掀起的是一股功利之风，于是，周天下礼崩乐坏、螺旋下坠也就成了不可避免的一件事情。所以，上层精英在放松对自己行为的约束时，当先考虑未来将面对的危险。

17.4　子之武城，闻弦歌之声。夫子莞尔而笑曰："割鸡焉用牛刀？"
子游对曰："昔者偃也闻诸夫子曰：'君子学道则爱人，小人学道则易使也。'"
子曰："二三子！偃之言是也。前言戏之耳。"

(翻译) 孔子到了武城，听到弦歌之声。他微微一笑说道："杀鸡何必用宰牛的刀呢？"

言偃回答说："以前我曾听老师说过：'君子学习礼乐就懂得爱人，小人学习礼乐就容易被指使。'"

孔子说："诸位！言偃的话是对的。我前面说的话是和他开玩笑啊。"

(解读) 言偃在鲁国的武城做城宰，将这座城市治理得井井有条。孔子去游玩，顺口开了一个玩笑说："治理这样的小城何必用言偃这样的牛刀。"

言偃赶紧把话接过去，说只要学习仁道，不管君子还是小人，都可以提升德行。

17.4接着17.3，说如果受到功利之风的影响，则人都会变得功利，而社会也会螺旋下坠；相反，如果用大道治理民众，则不论是君子还是小人，都会提升德行，武城的民众就是一个实例。

17.5 **公山弗扰以费畔，召，子欲往。**

子路不说，曰："末之也已，何必公山氏之之也？"

子曰："夫召我者而岂徒哉？如有用我者，吾其为东周乎！"

（**翻译**）公山弗扰在费邑反叛季氏，来召请孔子，孔子准备前去。

仲由不高兴地说道："没有地方去就算了，何必要去公山氏那里呢？"

孔子说："他来召我，难道只是一句空话吗？如果有人用我，我就要在东方复兴周礼。"

（**解读**）公山弗扰，即公山不狃，字子泄。公山不狃和阳虎同时都是鲁国当政者季孙斯的家臣，深得季孙斯（即季桓子）的信任。鲁定公五年（前505年），季孙斯派公山弗扰担任季孙氏的私邑——费邑的邑宰。三年后，公山弗扰与季孙斯产生矛盾，到了不可调和的地步。公山弗扰联合阳虎一同反对季氏，抓住了季孙斯，季孙斯用计逃脱，阳虎兵败逃亡齐国。

阳虎出逃齐国之后，公山弗扰仍以费宰的身份盘踞费邑。在这个时期，公山弗扰派人请孔子前往辅佐。

四年后，即鲁定公十二年（前498年），孔子一跃为大司寇，并"摄相事"，也就是代季孙斯处理国政。他开始实行自己的政治抱负，其中一个重要的动作就是"隳三都"，包括季孙氏的费邑。季孙氏吃尽了邑宰叛乱的苦头，支持孔子的这一主张。公山弗扰顽强抵抗，并避实就虚，直捣鲁国都城曲阜。孔子沉着冷静，率兵反击，击败费人，公山弗扰逃到齐国，费邑终被拆毁。

以上是本段的背景。关于孔子为何要去投靠公山弗扰，众说纷纭，没有定论。但有一点是可以肯定的，即孔子去费邑，不是为了帮助公山弗扰叛乱，而是为了恢复周和鲁国的统治秩序。

17.5接在17.4后面，讲的是就算是像公山弗扰这样的叛乱之人，依旧可以被引领着走向正道。这大概就是所谓的"举直错诸枉，能使枉者直"吧。

17.6 **子张问仁于孔子。孔子曰："能行五者于天下，为仁矣。""请问之。"**

曰："恭、宽、信、敏、惠。恭则不侮，宽则得众，信则人任焉，敏则有功，惠则足以使人。"

（**翻译**）颛孙师向孔子问仁。孔子说："能够在天下推行五种美德，就是仁了。"颛孙师问："请问是哪五种？"孔子说："恭敬、宽厚、诚信、勤敏、慈惠。恭敬就不会招致侮辱，宽厚就会得到众人的拥护，诚信就会得到别人的任用，勤敏则会取得功绩，慈惠就能够领导人。"

（**解读**）17.6接着17.5，讲要如何引领众人，推行五种德。

17.7 **佛肸召，子欲往。**

子路曰："昔者由也闻诸夫子曰：'亲于其身为不善者，君子不入也。'佛肸以中牟畔，子之往也，如之何？"

子曰："然。有是言也。不曰坚乎，磨而不磷？不曰白乎，涅而不缁。吾岂匏瓜也哉？焉能系而不食？"

（翻译）佛肸召孔子，孔子打算前往。

仲由说："以前我听老师说过：'亲自做坏事的人那里，君子是不去的。'现在，佛肸在中牟发动叛乱，您要去，这是怎么回事呢？"

孔子说："是的，我有讲过这样的话。但不是说坚硬的东西磨也磨不损吗？不是说洁白的东西染也染不黑吗？我难道是只苦葫芦么，怎么只能悬挂在那里却不可拿来吃呢？"

（解读）佛肸，一说为晋国大夫赵简子的邑宰，但投靠了范式、中行氏，因赵氏伐范式、中行氏，佛肸据邑叛；另一说为范氏、中行氏的邑宰，赵氏要讨伐范式、中行氏，佛肸带兵抵抗。

以上是本段的背景。17.7 丰富了前文的内容，讲的是君子要主动出击，引领众人。

17.8 **子曰："由也，女闻六言六蔽矣乎？"对曰："未也。"**

"居！吾语女。好仁不好学，其蔽也愚；好知不好学，其蔽也荡；好信不好学，其蔽也贼；好直不好学，其蔽也绞；好勇不好学，其蔽也乱；好刚不好学，其蔽也狂。"

（翻译）孔子说："仲由！你听过六种品德和六种弊病吗？"仲由回答说："没有。"

孔子说："坐！我告诉你。爱好仁却不爱好学习，它的弊病是蠢笨；爱好聪明而不爱学习，它的弊病是行为放荡；爱好诚信而不爱好学习，它的弊病是容易被人利用伤害；爱好直率而不爱好学习，它的弊病是说话尖刻刺人；爱好勇敢却不爱好学习，它的弊病是为非作乱；爱好刚强而不爱好学习，它的弊病是狂妄自大。"

（解读）17.8 讲中庸之道。六种品德都是好的品德，但过度了，不加以学习，就会走向自己的对立面。所以，17.8 讲哪怕是有善良品行的人，如果没有士人的引导、教化，积极学习，就会逐步滑入弊病之中。君子应该引导、教化民众，否则天下之风气不会得到改善。

17.9 **子曰："小子何莫学夫《诗》？《诗》，可以兴，可以观，可以群，可以怨。迩之事父，远之事君，多识于鸟兽草木之名。"**

（翻译）孔子说："学生们为什么没有人学《诗》呢？《诗》可以激发人的志趣，可以用来观察天地万物与人间的盛衰得失，可以使人懂得合群的必要性，可以使人懂得怎样去讽谏上级。近则可以用其中的道理来侍奉父母，远可以用来侍奉君主，还可以用来多认识鸟兽草木的名称。"

解读 17.9 讲君子应如何引导民众，即从《诗》入手。《诗》是最贴近民众的文献，也最容易被民众所理解、接受。

17.10　子谓伯鱼曰："女为《周南》《召南》矣乎？人而不为《周南》《召南》，其犹正墙面而立也与？"

翻译 孔子对孔鲤说："你学习《周南》《召南》了吗？一个人如果不学习《周南》《召南》，那就像对着墙站立一样（眼前的景象全被挡住了，看不见）。"

解读 《周南》《召南》合称"二南"，是《诗经·国风》的前两篇。其中，"周"指周公，"召"指召公，他们都是武王的弟弟。武王伐纣后，封周公和召公土地，南就是此二公的封地，即周南、召南两国。周公、召公将周文王的教化从北方带到南国，遂有采自那里的诗歌，孔子命名为《周南》《召南》。

对于本段，《论语正义》补充解释说："二南之诗，用于乡人，用于邦国。当时乡乐未废，故夫子令伯鱼习之，依其义说以循行之，故称'为'也。二南，皆言夫妇之道，为王化之始。故君子反身，必先修诸己，而后可刑（型）于寡妻，至于兄弟，以御于家邦。《汉书·匡衡传》谓'室家之道修，则天下之理得'即此义也。时或伯鱼授室，故夫子特举二南以训之与？"❶

结合上文，可知 17.10 接续上文，谈要从修身、齐家开始引导民众学习，最终达到至善的高度。

17.11　子曰："礼云礼云，玉帛云乎哉？乐云乐云，钟鼓云乎哉？"

翻译 孔子说："礼呀礼呀，难道仅仅说的是玉器和丝帛吗？乐呀乐呀，难道仅仅说的是钟鼓等乐器吗？"

解读 17.11 接续上文，讲要复兴礼和乐。但要复兴礼和乐，不能只论器物，更要注重其中的精神。注重精神，是引导民众的要点。

17.12　子曰："色厉而内荏，譬诸小人，其犹穿窬之盗也与？"

翻译 孔子说："外表严肃而内心怯懦，用小人作比喻，大概像个穿墙挖洞的小偷吧。"

解读 17.12 接续上文，讲人如果没有精神，就是色厉内荏，徒有其表而无其实。

---

❶ 刘宝楠：《论语正义》卷二十，中华书局，1990，第 692 页。

17.13　子曰："乡愿，德之贼也。"

翻译　孔子说："乡里中的老好人，都是些破坏道德的老滑头。"

解读　17.13 接续上文，讲东周的基层社会中，有很多人都是八面玲珑之人。他们与那些小人党同在一处。这些人看似名望很好，但其实是通过讨巧的方式得到这些美名，所以，他们的行为导致了东周社会的道德风气快速败坏。《论语注疏》点评本句说："此章疾时人之诡随也。"❶

17.14　子曰："道听而涂说，德之弃也。"

翻译　孔子说："把道路上听来的东西四处传说，是有德之人不会做的事情。"

解读　17.14 接续上文，讲东周基层之风气败坏，其中一个表现是有不少人四处传说流言蜚语。到处传说谣言，败坏了人的心智，也导致君主的道德行为被无端抹黑，进而搞坏了社会的风气。所以，谣言到处流传，是一个时代陷入礼崩乐坏状态的重要标志。

17.15　子曰："鄙夫可与事君也与哉？其未得之也，患不得之；既得之，患失之。苟患失之，无所不至矣。"

翻译　孔子说："鄙俗之人可以与他一起侍奉君上吗？他没有得到时，担忧得不到；已经得到了，又害怕失去。如果他担心失去，就没有什么不敢干的了。"

解读　17.15 接续上文，说不能与那些道德败坏的小人共事治理国家。这些人心里只有自己的门户私计，根本没有天下苍生。他们为了自己的私利，无所不用其极，哪怕天下秩序崩坏，身后洪水滔天，也在所不惜。

17.16　子曰："古者民有三疾，今也或是之亡也。古之狂也肆，今之狂也荡；古之矜也廉，今之矜也忿戾；古之愚也直，今之愚也诈而已矣。"

翻译　孔子说："古代的百姓有三种毛病，现在或许连这个都没有了。古代的狂人是纵意敢言、不拘小节，现在的狂人则是放荡逾节、不知休止；古代矜持的人是棱角分明、人难以亲近，现在矜持的人是愤恨多怒至于争斗；古代愚笨的人是直率而无所防戒，现在愚笨的人是狡诈欺谁、自利而已。"

解读　17.16 继续讲周朝末年乱世下，人们连基本礼义廉耻都不顾了，比原来的恶人变得更为恶劣。

17.17　子曰："巧言令色，鲜矣仁！"

翻译　见 1.3。

217

---

❶ 何晏注、邢昺疏：《论语注疏》，《十三经注疏》整理委员会整理，北京大学出版社，1999，第 239 页。

解读 此句放在本篇的这个位置，意思与1.3有所不同。1.3意指旧精英道德败坏，17.17则接续上文，讲周朝末年的百姓风气败坏，几乎没有人讲仁德了。

17.18 子曰："恶紫之夺朱也，恶郑声之乱雅乐也，恶利口之覆邦家者。"

翻译 孔子说："我厌恶紫色取代了朱红，讨厌郑声扰乱了雅乐，憎恨那种以口舌之能倾覆国与家之人。"

解读 17.18接续上文，讲孔子憎恶以邪侵正之事。由此亦可见当时之世风，已经败坏到正道不存的地步。

17.19 子曰："予欲无言。"子贡曰："子如不言，则小子何述焉？"子曰："天何言哉？四时行焉，百物生焉，天何言哉？"

翻译 孔子说："我不想说话了。"端木赐说："您如果不说话，那我们这些学生传述什么呢？"孔子说："天说什么话了？四季照样运行，万物照样生长，天说什么话了？"

解读 对17.19，歧解甚多。比如，《论语注疏》以为此章重在表达孔子讷言："此章戒人慎言也。……君子讷于言而敏于行，以言之为益少，故欲无言。"❶ 陆陇其在《松阳讲义》中提出："这一章……然总是道无不在之意。"❷

但结合上文，可知17.19的第一句接续17.18，说孔子内心痛苦，竟到了无以言表的程度。而本章的后两句则表达了孔子的期许，即天虽不言，却令人间有四时轮回、盛衰交替。所以，哪怕当下是旧精英在台上横行，搞得天下风气大坏，但终究他们得不到一个属于他们的基业长青。孔子看到，且中国历史也的确证明了，这些旧精英在孔子过世后两百多年便走到了他们的穷途末路。到那时，新的社会风尚逐渐建立起来。可见，历史并没有允许一个道德败坏的社会长久存在。

孔子深刻地明白，历史的发展有其基本规律。关于这一规律，中国古人总结为八个字：月满则亏，水满则溢。正是因为明白了这一点，所以孔子才抬头望天，由天来驱动历史车轮的转动。这符合中国人固有的天道观念。

17.20 孺悲欲见孔子，孔子辞以疾。将命者出户，取瑟而歌，使之闻之。

翻译 孺悲想拜见孔子，孔子以生病为由拒绝了。传话的人刚出门，孔子便取下瑟来边弹边唱，故意让孺悲听见。

解读 孺悲是孔子弟子。关于孔子为何不愿见他，历史上并无定论。《仪礼注

❶ 何晏注、邢昺疏：《论语注疏》，《十三经注疏》整理委员会整理，北京大学出版社，1999，第241页。

❷ 陆陇其：《松阳讲义（下）》卷之十予欲无言章，商务印书馆，1937，第206页。

疏》郑注中提到："孺悲欲见孔子，不由绍介，故孔子辞以疾。"❶所以，郑玄认为此句是孺悲的拜见不合礼。但此说仅为一家之言。

结合上文，可推知 17.20 表达的是孔子不愿见迎合当时风气的小人，即巧言令色的德贼。但孔子还是不愿放弃这个世道，所以在将来人回绝后，还要弹瑟，故意让对方听讲。这是以雅乐正对方之身心的意思。

17.21　宰我问："三年之丧，期已久矣！君子三年不为礼，礼必坏；三年不为乐，乐必崩。旧谷既没，新谷既升，钻燧改火，期可已矣。"
子曰："食夫稻，衣夫锦，于女安乎？"
曰："安！"
"女安，则为之！夫君子之居丧，食旨不甘，闻乐不乐，居处不安，故不为也。今女安，则为之！"
宰我出，子曰："予之不仁也！子生三年，然后免于父母之怀。夫三年之丧，天下之通丧也。予也有三年之爱于其父母乎？"

（**翻译**）宰予问："父母死后，要服丧三年，时间太久了。君子三年不习礼，礼就会败坏；三年不演奏音乐，音乐就要荒废。旧谷吃完，新谷收获，取火用的燧木换了一遍新的，这也就一年的时间，所以，服丧一年也就可以了。"

孔子说："才过一年的时间，你就开始吃大米饭、穿锦缎，能心安吗？"

宰予说："心安啊！"

孔子说："你心安，那你就那样做吧！君子服丧，吃美味觉不出味道，听音乐入不了心神，住在家中感觉不到舒适，所以不会那样做。现在既然你心安，那你就那样去做吧！"

宰予出去后，孔子说："宰予不仁啊！孩子生下来三年后，才能离开父母的怀抱。三年丧期，乃是天下通行的丧礼。宰予难道没有对他父母三年的感恩之心吗？"

（**解读**）17.21 记载的乃孔子哽咽之言。宰予不仁，竟对自己的亲生父母也没有感恩之心。父母死后不久，他就忘怀了对父母的追思。

孔子的弟子尚且如此，那当时社会风气之败坏、人情之冷漠究竟到了何种地步便可想而知了。所以，孔子特意点出"天下之通丧也"一句。这既是在批评宰予之不仁，也是在批评世人之不仁，因为当时天下之人已经不遵守天下之通丧了呀！换句话说，当时天下之人已经没有任何爱人之心，哪怕对自己的父母也没有半点孝心。世道败坏的终点，大抵如此。

❶ 郑玄注、贾公彦疏：《仪礼注疏》卷七·士相见礼，阮元校刻：《十三经注疏》（上册），中华书局，1980，第 975 页。

由此可知 17.21 与上文之间的联系。

17.22　子曰："饱食终日，无所用心，难矣哉！不有博弈者乎？为之犹贤乎已。"

（翻译）孔子说："整天吃饱了饭，什么心思也不用，真是难以长善成德啊！不是还有玩六博和弈棋的吗？干这个，总比闲着好。"

（解读）17.22 接续上文，讲当时的人们吃饱了饭，整日无所事事，游手好闲。这也是社会风气败坏的一个表现。

17.23　子路曰："君子尚勇乎？"子曰："君子义以为上。君子有勇而无义为乱，小人有勇而无义为盗。"

（翻译）仲由说："君子崇尚勇敢吗？"孔子说："君子以义作为最高尚的品德，君子有勇无义就会作乱，小人有勇无义就会偷盗。"

（解读）17.23 接续上文，讲世人尚勇而无义，乃至社会上作乱、抢劫之事不断。另外，《论语注疏》还点出 17.23 的另一层意思："此章抑子路也。"❶

17.24　子贡曰："君子亦有恶乎？"子曰："有恶。恶称人之恶者，恶居下流而讪上者，恶勇而无礼者，恶果敢而窒者。"
曰："赐也亦有恶乎？""恶徼以为知者，恶不孙以为勇者，恶讦以为直者。"

（翻译）端木赐问道："君子也有憎恶的人或事吗？"孔子说："是有的。憎恶宣扬别人过错的人，憎恶身居下位而毁谤身居上位的人，憎恶勇敢却不懂礼节的人，憎恶果敢却不知变通的人。"

孔子又说："端木赐，你也有憎恶的人和事吗？"端木赐说："我憎恶抄袭他人之说而自以为聪明的人，憎恶把不谦逊当作勇敢的人，憎恶揭发别人的隐私却自以为直率的人。"

（解读）17.24 接续上文，继续讲世风败坏，人心不古。

17.25　子曰："唯女子与小人为难养也，近之则不孙，远之则怨。"

（翻译）孔子说："只有女子和小人是难以教养的。亲近他们，他们就会无礼；疏远他们，他们就会心生怨恨。"

（解读）17.25 对前文做了总结，讲当时的普通民众不听教化，无论离他们远或

---

❶ 何晏注、邢昺疏：《论语注疏》，《十三经注疏》整理委员会整理，北京大学出版社，1999，第 244 页。

近，都难以改变这些人的行为模式。所以，孔子感慨，他们实在是"难养也"。

17.26 子曰："年四十而见恶焉，其终也已。"

(翻译) 孔子说："到了四十还被众人所厌恶，这一辈子也就算完了吧。"

(解读) 17.26 有多层含义。

第一，17.26 是全篇的结论，说的是当时社会上的人令人厌恶，难有改变的希望。

第二，17.26 也在提醒年轻的新精英，告诉他们要努力学习，以免到了 40 岁还不能体悟到仁道，蹉跎一生。

第三，17.26 还在回应 17.1。虽然我们并不知道 17.1 中提到的事情发生时阳虎的具体年岁，但也可以大体猜测他应该年满 40 岁。所以，17.26 是在讽刺像阳虎这种人，一辈子让人讨厌，一辈子都没有希望。而在 17.1 与 17.26 之间的诸章，则历数了旧精英带头作恶所引发的东周社会的种种乱象。

微子第十八

前两篇都用了不少篇幅，描述周代旧精英之无道，及至天下风气大坏，第十八篇则回到主题，讲新精英持守正道，善巧权变。同时，本篇再次强调，君主只有积极延揽贤良的新精英，才能带领国家走向强盛。

关于本章的结构，具体如下：

18.1　微子去之，箕子为之奴，比干谏而死。孔子曰："殷有三仁焉。"

（翻译）　微子离开了商纣王，箕子做了他的奴隶，比干强谏被杀。孔子说："殷朝的时候有三位仁士啊！"

（解读）　第十八篇讲有仁德的新精英，而18.1则讲了三位古代的贤臣，孔子称他们为仁士。第十八篇以此三人开头，意思是现在的新精英与古代的贤臣仁士其实是一样的。

18.2　柳下惠为士师，三黜。人曰："子未可以去乎？"曰："直道而事人，焉往而不三黜？枉道而事人，何必去父母之邦？"

（翻译）　展获担任典狱官，多次被罢免。有人问："您还不离开鲁国吗？"展获说："用正直之道来侍奉君主，去哪里能不被多次罢免呢？用枉道来侍奉君主，又何必要离开故国家园呢？"

（解读）　展获，春秋时鲁国人，字禽，食邑柳下，私谥为惠，故又称柳下惠。18.2讲展获为鲁国黎民百姓，守道不改。这体现了士人的操守。

18.3　齐景公待孔子，曰："若季氏，则吾不能，以季、孟之间待之。"曰："吾老矣，不能用也。"孔子行。

（翻译）　齐景公就对待孔子的礼节规格一事，谈道："像鲁君对待季氏那样来对待孔子，那我做不到，只能介于季氏、孟氏之间的规格来对待他。"不久又说："我老了，不能任用他了。"于是，孔子离开了齐国。

（解读）　对于18.3，钱穆在《论语新解》中点评说："鲁三卿，季氏最贵，齐景公谓我不能如鲁君之待季氏者待孔子，遂以季氏、孟氏之间待之，其礼亦甚隆矣。……孔子以齐君不能用而去，则齐君之礼待，不足以安圣人。"❶

18.3接续上文，讲的是士人重道甚于重礼。

18.4　齐人归女乐，季桓子受之，三日不朝，孔子行。

（翻译）　齐国赠送给鲁国一批歌女，季孙斯接受了，好几天不上朝，孔子就离开了鲁国。

（解读）　据《史记》，鲁定公十四年（一说鲁定公十年），孔子为鲁司寇，当政数月，政绩斐然。齐人恐惧，遂选齐国中女子好者八十人，皆衣文衣而舞康乐，文马三十驷，遗鲁君。定公与季孙君臣相与观之，废朝礼三日。此句中不提鲁定公往观之，当是为鲁君讳。

❶ 钱穆：《论语新解》，九州出版社，2011，第437页。

另外，此后不久，鲁公举办郊祭，违礼而不分祭肉于大夫。孔子遂行。

18.4 接续上文，讲士人重道。如果君主无道，则士人会离开此国。

18.5 楚狂接舆歌而过孔子曰："凤兮！凤兮！何德之衰？往者不可谏，来者犹可追。已而！已而！今之从政者殆而！"

孔子下，欲与之言，趋而辟之，不得与之言。

（翻译）楚国的狂人陆通（字接舆）唱着歌经过孔子的车子，说："凤凰啊，凤凰啊！乱世中道德怎么这般的衰微啊？过去的已经无可挽回，将来的还来得及改正啊。算了吧，算了吧！现在那些从政的人处境危险呀！"

孔子下车，想要同他谈谈。陆通快走几步避开了孔子，孔子没能同他交谈。

（解读）孔子走到楚国时，遇到隐者陆通。陆通一通歌唱，意思明确：旧精英无一人可以教化，末路将近，不如转头关注新来的新精英。可见，18.5 接续上文，讲有操守的新精英是这个社会未来的希望。

18.6 长沮、桀溺耦而耕，孔子过之，使子路问津焉。

长沮曰："夫执舆者为谁？"

子路曰："为孔丘。"

曰："是鲁孔丘与？"

曰："是也。"

曰："是知津矣。"

问于桀溺。

桀溺曰："子为谁？"

曰："为仲由。"

曰："是鲁孔丘之徒与？"

对曰："然。"

曰："滔滔者天下皆是也，而谁以易之？且而与其从辟人之士也，岂若从辟世之士哉？"耰而不辍。

子路行以告。

夫子怃然曰："鸟兽不可与同群，吾非斯人之徒与而谁与？天下有道，丘不与易也。"

（翻译）长沮、桀溺在一起种地，孔子路过，让仲由去寻问渡口在哪里。

长沮问仲由："那个拿着缰绳的是谁？"

仲由说："是孔丘。"

长沮说:"是鲁国的孔丘吗?"

仲由说:"是的。"

长沮说:"那他是早已知道渡口的位置了。"

仲由再去问桀溺。

桀溺说:"你是谁?"

仲由说:"我是仲由。"

桀溺说:"你是鲁国孔丘的门徒吗?"

仲由说:"是的。"

桀溺说:"普天之下到处都像滔滔洪水一样混乱,和谁去改变这种状况呢?而且你与其跟从避人之士,为什么不跟着我们这些避世之士呢?"说完,仍旧不停地干着农活。

仲由回来后把情况报告给孔子。

孔子很失望地说:"人是不能与飞禽走兽合群共处的,我不和世人在一起又能和谁在一起呢?如果天下有道,我就不和你们一起来改变它了。"

(解读) 关于18.6,《论语正义》点出:"《史记·世家》叙此事于孔子去叶反蔡之时,则为哀公六年,孔子年六十四也。"❶

18.6接续上文,讲士人虽然离开无道之国,却不是避世,而只是避人。士人始终在试图改造社会,以创造一个理想的天下。

18.7　子路从而后,遇丈人,以杖荷蓧。

子路问曰:"子见夫子乎?"

丈人曰:"四体不勤,五谷不分,孰为夫子?"植其杖而芸。子路拱而立。

止子路宿,杀鸡为黍而食之,见其二子焉。

明日,子路行以告。

子曰:"隐者也。"使子路反见之。至则行矣。

子路曰:"不仕无义。长幼之节,不可废也;君臣之义,如之何其废之?欲洁其身,而乱大伦。君子之仕也,行其义也。道之不行,已知之矣。"

(翻译) 仲由跟随孔子出行,落在了后面。路上,他遇到一位老者,正用杖挑着除草的工具。

仲由问道:"您看到我的老师了吗?"

❶ 刘宝楠:《论语正义》卷二十一,中华书局,1990,第720页。

老者说："我都在手脚不停地劳作，连五谷都分不清，哪里顾得上你的老师是谁？"说完，便扶着杖去除草。仲由拱着手恭敬地站在一旁。

老者留仲由到他家住宿，杀了鸡，做了小米饭给他吃，又叫两个儿子出来与仲由见面。

第二天，仲由赶上孔子，并把这件事告诉了他。

孔子说："这是个隐士啊。"便叫仲由回去再看看他。仲由走到那里，但老者已经走了。

仲由说："不出来做官是不义的。长幼之间的礼节，不可以废弃；君臣之间的道义，又怎么可以废弃呢？想要保持自身的清白，却破坏了君臣之间的大伦常。君子出来做官，只是为了实行君臣之义。至于大道不行于世，是早就知道了的啊。"

解读 18.7 接续上文，讲士人虽然知道大道已不行，却还是努力出来做官，改造天下。他们这是为了大义！

18.8 逸民：伯夷、叔齐、虞仲、夷逸、朱张、柳下惠、少连。子曰："不降其志，不辱其身，伯夷、叔齐与！"谓："柳下惠、少连降志辱身矣，言中伦，行中虑，其斯而已矣。"谓："虞仲、夷逸隐居放言，身中清，废中权。我则异于是，无可无不可。"

翻译 隐居不做官的人有：伯夷、叔齐、虞仲、夷逸、朱张、展获、少连。孔子说："不降低自己的志向，不辱没自己的身份，就是伯夷和叔齐吧！"又说："展获、少连降低了自己的志向，辱没了自己的身份，但言语合乎伦常，行为经过考虑，大概就是这样吧。"又说："虞仲、夷逸避世隐居、放肆直言，立身清白，弃官合乎权宜。我就和他们不一样，不一定可，也不一定不可。"

解读 18.8 接续上文，解释为何上文中的矛盾之处，即既说士人要离开无道的君主，又说士人要维护大义而出来做官。其实，这是因为"无可无不可"。儒学主张中庸，并无固定的标准，而只遵从人内心的良知判断。所以，儒学讲究权变。

18.9 太师挚适齐，亚饭干适楚，三饭缭适蔡，四饭缺适秦，鼓方叔入于河，播鼗武入于汉，少师阳、击磬襄入于海。

翻译 太师挚去了齐国，亚饭干去了楚国，三饭缭去了蔡国，四饭缺去了秦国，敲鼓的方叔去了黄河边，敲小鼓的武去了汉水边，少师阳和击磬的襄去了海边。

解读 对于 18.9，孔安国解释说："鲁哀公时，礼坏乐崩，乐人皆去。" ❶

---

❶ 皇侃：《论语义疏》，中华书局，2013，第 491 页。

由此可知，18.9接续前文，讲孔子去世后，鲁国衰微，众乐师离开。这映射的是孔子去世后，众新精英离开，去往不同国家一事。他们去往不同国家，各自改造当地社会。而将他们的努力合并到一处，便是一个新的天下。

18.10　周公谓鲁公曰："君子不施其亲，不使大臣怨乎不以。故旧无大故，则不弃也。无求备于一人。"

翻译　周公对鲁公说："一个有道的君主不会疏远他的亲族，不会使大臣怨恨没有得到任用。故友旧交如果没有大的过错，就不会抛弃他们。也不会对一个人求全责备。"

解读　鲁公，指的是鲁公伯禽，周公之子。所以，这句是周公旦对自己的儿子说的话。

18.10讲鲁国的开国之君周公旦训子忠厚开国之道。这句颇有深意。18.9讲鲁国的衰微，而18.10讲鲁国开国之君的训示。两相对比，令人唏嘘。

鲁国为何衰微呢？是因为君主背离祖训，抛弃正道，并放纵手下大夫作恶，败坏了鲁国的社会风气。

那国家如何能走向强盛呢？君主行仁爱之道，大力延揽新精英士人。

18.11　周有八士：伯达、伯适、仲突、仲忽、叔夜、叔夏、季随、季骗。

翻译　周朝有八个著名的士人：伯达、伯适、仲突、仲忽、叔夜、叔夏、季随、季骗。

解读　18.11中提到的八人皆为周初的贤才。周朝为何兴盛，因为贤才云集。

18.11有两重含义：

第一，总结全篇，说只有延揽贤良的士人，国家才能兴盛，就像周朝初年那样。

第二，呼应18.1。18.1讲商朝末年，天下无道，贤臣流离失所，最终商朝覆灭；18.11讲西周初年，天下有道，贤臣海汇云集，最终周朝兴盛。而在这两句之间，正是鱼跃而出的周朝新精英士人。

子张第十九

　　本篇记录孔门弟子各家之言，并记载了孔门弟子对孔子的敬仰赞颂。
　　本篇具体结构如下：
　　第一部分　颛孙师言（19.1 ～ 19.3）
　　第二部分　卜商言（19.4 ～ 19.13）
　　第三部分　言偃言（19.14 ～ 19.15）
　　第四部分　曾参言（19.16 ～ 19.19）
　　第五部分　端木赐言（19.20 ～ 19.21）
　　第六部分　追思孔子（19.22 ～ 19.25）

19.1　子张曰："士见危致命，见得思义，祭思敬，丧思哀，其可已矣。"

（翻译）颛孙师说："士遇见危险时能献出自己的生命，看见有利可得时会考虑是否符合义的要求，祭祀时能想到是否严肃恭敬，居丧的时候会想到自己是否哀伤，这样就可以了。"

（解读）第十九篇以颛孙师领头，集中介绍孔门弟子（同时也是孔门各分支门派）的主张。

19.2　子张曰："执德不弘，信道不笃，焉能为有？焉能为亡？"

（翻译）颛孙师说："执行德却不能弘扬它，信奉道却不笃定，这样的人可有可无。"

（解读）19.2继续介绍颛孙师的主张。

19.3　子夏之门人问交于子张。子张曰："子夏云何？"
　　　　对曰："子夏曰：'可者与之，其不可者拒之。'"
　　　　子张曰："异乎吾所闻。君子尊贤而容众，嘉善而矜不能。我之大贤与，于人何所不容？我之不贤与，人将拒我，如之何其拒人也？"

（翻译）卜商的门人向颛孙师请教怎样交朋友。颛孙师说："子夏说了什么呢？"

卜商的学生回答说："子夏说：'可以交往的就和他交往，不可以交往的就拒绝他。'"

颛孙师说："这和我所听到的不一样！君子既尊重贤人，又能容纳众人；既能够赞美善人，又能同情能力不够的人。如果我是一个十分贤良的人，那我对别人有什么不能容纳的呢？我如果不贤良，那人家就会拒绝我，又哪来的拒绝人家的话呢？"

（解读）19.3是过渡段落，借颛孙师的口，讲卜商的主张。

19.4　子夏曰："虽小道，必有可观者焉；致远恐泥，是以君子不为也。"

（翻译）卜商说："即使是小技艺，也一定有可取之处；但执着钻研这些小技艺，恐怕会妨碍从事远大的事业，所以君子不做这些事。"

（解读）从19.4开始，正式介绍卜商的主张。

19.5　子夏曰："日知其所亡，月无忘其所能，可谓好学也已矣。"

（翻译）卜商说："每天知道自己以前所不知的，每月不忘记以前已学会的，可以说是好学了呀。"

（解读）19.5继续介绍卜商的主张。

19.6　子夏曰："博学而笃志，切问而近思，仁在其中矣。"

翻译 卜商说："广泛地学习并且笃守自己的志向，恳切地提问并且常常思考眼前的事，仁就在其间了。"

解读 19.6继续介绍卜商的主张。

19.7　子夏曰："百工居肆以成其事，君子学以致其道。"

翻译 卜商说："各行各业的工匠在作坊里完成他们的工作，而君子则通过学习来掌握道。"

解读 19.7继续介绍卜商的主张。

19.8　子夏曰："小人之过也必文。"

翻译 卜商说："小人犯了错误一定会加以掩饰。"

解读 19.8继续介绍卜商的主张。

19.9　子夏曰："君子有三变：望之俨然，即之也温，听其言也厉。"

翻译 卜商说："君子会使人感到有三种变化：远远望去庄严可畏，接近他时却温和可亲，听他说话则严厉不苟。"

解读 19.9继续介绍卜商的主张。

19.10　子夏曰："君子信而后劳其民，未信，则以为厉己也；信而后谏，未信，则以为谤己也。"

翻译 卜商说："君子在得到民众的信任之后才去役使他们，如果没有得到他们的信任就去役使，民众会认为是在虐待他们；君子得到君主的信任之后才会去进谏，如果没有得到信任就去进谏，君主就会以为是在诽谤自己。"

解读 19.10继续介绍卜商的主张。

19.11　子夏曰："大德不逾闲，小德出入可也。"

翻译 子夏说："在大的道德节操上不能逾越界限，在小节上有些出入是可以的。"

解读 19.11继续介绍卜商的主张。

19.12　子游曰："子夏之门人小子，当洒扫、应对、进退，则可矣，抑末也。本之则无，如之何？"

子夏闻之，曰："噫！言游过矣！君子之道，孰先传焉？孰后倦焉？譬诸草木，区以别矣。君子之道，焉可诬也？有始有卒者，其惟圣人乎！"

翻译 言偃说："子夏的学生们，做洒水扫地、接待客人、趋进走退一类的事，是可以的，不过这些都只是细枝末节的事。而根本的学问却没有学到，这怎么行呢？"

卜商听到这话，说："咳！子游说错了！君子的学问，哪些先传授、哪些后传授，就好比草木一样，是区分为各种类别的。君子的学问，怎么能不分深浅，一股脑儿教给学生呢？有始有终地循序渐进，能这么作的大概就只有圣人了吧！"

解读 19.12继续介绍卜商的主张。由19.11～19.12可知，卜商的主张重规则、讲准则，偏理性多一些。如此，便也解释了为何子夏这一门下会走出众多法家人物，以及此后的荀子的弟子为何同样会转向法家。

19.13 子夏曰："仕而优则学，学而优则仕。"

翻译 卜商说："做官仍有余力就去学习，学习如果仍有余力就去做官。"

解读 19.13是卜商主张部分的收尾。

19.14 子游曰："丧致乎哀而止。"

翻译 言偃说："居丧充分表达了哀思也就可以了。"

解读 19.14介绍言偃的主张。

19.15 子游曰："吾友张也，为难能也，然而未仁。"

翻译 言偃说："我的朋友子张，他的仪表真是少见，但还没有达到仁的境界。"

解读 19.15继续介绍言偃的主张。

19.16 曾子曰："堂堂乎张也，难与并为仁矣。"

翻译 曾参说："仪表堂堂的子张啊，很难和他一起做到仁。"

解读 19.16介绍是曾参的主张。但本句也重复了19.15的内容，是对上一句的印证。

19.17 曾子曰："吾闻诸夫子，人未有自致者也，必也亲丧乎！"

翻译 曾参说："我听老师说过，人不会自动地充分表露感情，如果有，那一定是在父母去世的时候吧！"

解读 19.17继续介绍曾参的主张。

19.18 曾子曰："吾闻诸夫子，孟庄子之孝也，其他可能也；其不改父之

臣，与父之政，是难能也。"

翻译 曾参说："我听老师说过，仲孙速（谥庄）的孝，其他方面别人可以做到，而他不改换父亲的旧臣和父亲的政治措施的做法，别人是难以做到的。"

解读 19.18继续介绍曾参的主张。

19.19 孟氏使阳肤为士师，问于曾子。曾子曰："上失其道，民散久矣。如得其情，则哀矜而勿喜！"

翻译 孟氏让阳肤担任典狱官，阳肤向曾参求教。曾参说："在上位的人丧失正道，民心离散已经很久。如果审案时审出真情，就应该悲哀怜悯，而不要沾沾自喜！"

解读 阳肤，曾参的弟子。

19.19继续介绍曾参的主张。

19.20 子贡曰："纣之不善，不如是之甚也。是以君子恶居下流，天下之恶皆归焉。"

翻译 端木赐说："商纣王的无道，不像传说中的那样厉害。只是因为君子憎恨品德低下者，所以将天下的恶名都归于他了。"

解读 19.20开始介绍端木赐的主张。此句可见端木赐的思想更为务实，懂得变通。所以，端木赐才能成为成功的大商人。

19.21 子贡曰："君子之过也，如日月之食焉：过也，人皆见之；更也，人皆仰之。"

翻译 端木赐说："君子的过失，就像日食和月食一样：有过错时，人人都看得见；改正后，人人都仰望他。"

解读 19.21继续介绍端木赐的主张。

19.22 卫公孙朝问于子贡曰："仲尼焉学？"子贡曰："文武之道，未坠于地，在人。贤者识其大者，不贤者识其小者。莫不有文武之道焉，夫子焉不学？而亦何常师之有？"

翻译 卫国的公孙朝向端木赐问道："仲尼的学问是从哪里学的？"端木赐说："周文王和周武王之道，并没有失传，还留存在人间。贤能的人掌握了其中重要部分，不贤能的人只记住了细枝末节。周文王和周武王之道是无处不在的，夫子从哪里不能学呢？而且又何必要有固定的老师呢？"

解读 从19.22开始，借端木赐之言，追思孔子。

19.23 叔孙武叔语大夫于朝曰:"子贡贤于仲尼。"

子服景伯以告子贡。子贡曰:"譬之宫墙,赐之墙也及肩,窥见室家之好。夫子之墙数仞,不得其门而入,不见宗庙之美、百官之富。得其门者或寡矣。夫子之云,不亦宜乎!"

(翻译) 叔孙仇(谥武)在朝廷上对大夫们说:"子贡比仲尼更强些。"

子服何把这话告诉了端木赐。端木赐说:"就用围墙作比喻吧,我这堵围墙只有齐肩高,从墙外可以看到里面的漂亮房子。我老师那堵围墙有几仞高,如果不找到大门走进去,就看不见里面宗庙的雄美、房屋的富丽。能够找到大门的人或许很少啊。所以,叔孙大夫那样说,不也就可以理解了吗?"

(解读) 19.23 继续追思孔子。

19.24 叔孙武叔毁仲尼。子贡曰:"无以为也!仲尼不可毁也。他人之贤者,丘陵也,犹可逾也;仲尼,日月也,无得而逾焉。人虽欲自绝,其何伤于日月乎?多见其不知量也。"

(翻译) 叔孙仇诋毁仲尼。端木赐说:"不要这样做!仲尼是不可诋毁的。别的贤者,好比丘陵,还是可以逾越的;而仲尼,则好比是日月,是无法逾越的。一个人即使想自绝于日月,对日月又有什么伤害呢?只显出他不自量力罢了。"

(解读) 19.24 继续追思孔子。

19.25 陈子禽谓子贡曰:"子为恭也,仲尼岂贤于子乎?"

子贡曰:"君子一言以为知,一言以为不知,言不可不慎也。夫子之不可及也,犹天之不可阶而升也。夫子之得邦家者,所谓立之斯立,道之斯行,绥之斯来,动之斯和。其生也荣,其死也哀。如之何其可及也?"

(翻译) 陈亢(字子禽)对端木赐说:"你太谦恭了,仲尼岂能比你更有才能?"

端木赐说:"君子啊,从他的一句话,就可以看出他的聪明,也可以看出他的不聪明,所以,君子说话不可以不慎重。老师是没有人可以赶得上的,就好像青天无法通过阶梯登上去一样。假如老师能够获得机会去治理国家,那就会像人们所说的那样:教百姓立于礼,百姓就会立于礼;引导百姓,百姓就会跟着走;安抚百姓,百姓就会归顺;动员百姓,百姓就会齐心协力。他活着时,荣耀;死了,令人哀恸。像这样的人,别人又怎么可能赶得上呢?"

(解读) 19.25 继续追思孔子。

尧曰第二十

　　本篇既是《论语》下卷的后序，也是《论语》全书的后序。古人常将序文放在书末。

尧曰："咨！尔舜！天之历数在尔躬，允执其中。四海困穷，天禄永终。"
舜亦以命禹。

曰："予小子履，敢用玄牡，敢昭告于皇皇后帝：有罪不敢赦。帝臣不蔽，简在帝心。朕躬有罪，无以万方；万方有罪，罪在朕躬。"

周有大赉，善人是富。"虽有周亲，不如仁人。百姓有过，在予一人。"

谨权量，审法度，修废官，四方之政行焉。兴灭国，继绝世，举逸民，天下之民归心焉。

所重：民、食、丧、祭。

宽则得众，信则民任焉，敏则有功，公则说。

（翻译） 尧说："啧啧！舜啊！按照上天安排的次序，帝位要落到你身上了，你要真诚地执守中正之道。如果天下的百姓贫困穷苦，那么上天给你的禄位也就永远终止了。"

舜也这样告诫禹。

商汤说："我——小子履，斗胆用黑色的公牛作为祭品，明白地禀告光明伟大的天帝：有罪之人，我不敢擅自赦免。您的臣仆的罪过作为，我也不敢隐瞒，善恶都在您心中。我自身如果有罪，请不要罪责天下之人；天下之人如果有罪，罪责请降罚在我身。"

周朝实行大封赏，使善人都富贵了起来。周武王说："我虽然有很多至亲，却还比不上一个仁人。百姓有罪过，罪过都在我一人身上。"

谨慎地检验并审定度量衡，恢复陷入停滞的行政工作，天下四方的政令就会通畅。恢复被灭亡的国家，承续已断绝的宗族，提拔被遗落的人才，天下的百姓就会诚心归服。

要予以重视的是：民众、粮食、丧礼、祭祀。

宽厚就会得到众人的拥护，诚恳守信就会得到民众的信任，勤敏就能取得功绩，公正则会令大家心悦诚服。

子张问于孔子曰："何如斯可以从政矣？"
子曰："尊五美，屏四恶，斯可以从政矣。"
子张曰："何谓五美？"
子曰："君子惠而不费，劳而不怨，欲而不贪，泰而不骄，威而不猛。"
子张曰："何谓惠而不费？"
子曰："因民之所利而利之，斯不亦惠而不费乎？择可劳而劳之，又谁怨？欲仁而得仁，又焉贪？君子无众寡，无小大，无敢慢，斯不亦泰而不骄乎？君子正其衣冠，尊其瞻视，俨然人望而畏之，斯不亦威而不猛乎？"

子张曰："何谓四恶？"

子曰："不教而杀谓之虐；不戒视成谓之暴；慢令致期谓之贼；犹之与人也，出纳之吝谓之有司。"

翻译 颛孙师向孔子问道："怎样才可以从政呢？"

孔子说："尊崇五种美德，摒弃四种恶政，这样就可以从政了。"

颛孙师说："有哪五种美德？"

孔子说："君子要给百姓以恩惠而自己却不破费太多；使百姓劳作而不怨恨；有所欲求却不贪求；庄重而不傲慢；威严而不凶猛。"

颛孙师说："什么是给百姓以恩惠而自己却不破费太多呢？"

孔子说："让百姓们去做对他们有利的事，这不就是给百姓以恩惠而自己不用破费太多吗？选择可以让百姓劳作的时间让他们去做，谁又有会怨言呢？欲求仁德而得到仁德，又有什么可贪求的呢？君子对人，无论人多人少、势力大小，都不怠慢他们，这不就是庄重而不傲慢吗？君子衣冠整齐，目不斜视，使人见了就让人生敬畏之心，这不也是威严而不凶猛吗？"

颛孙师说："有哪四种恶政？"

孔子说："不经教化就杀戮叫作虐；不加申诫便强求别人做出成绩叫作暴；起先懈怠而又突然限定完成期限叫作贼；一样的要给人，却舍不得痛痛快快给人，这就是守库小吏的作风。"

孔子曰："不知命，无以为君子也；不知礼，无以立也；不知言，无以知人也。"

翻译 孔子说："不懂得天命，就无法成为君子；不懂得礼，就无法立身处世；不知道如何听懂别人的说话，便不能了解人。"

解读 第二十篇颇有深意。具体来说，主要有四层含义：

第一层含义：本篇分为三个部分，这三个部分各有自己的主题：第一部分君主治国，第二部分君子从政，第三部分士成君子。所以，这是从君主，讲到从政的士，再讲到所有士。

第二层含义：第一部分从尧舜禹论起，讲到商汤与周武，是以古代圣王为君主之榜样。第二部分谈五美、四恶，讲的是君子从政时的行为标准。这一部分没有说以何人为榜样，但此言出自孔子之口，故大概是以孔子作为天下士人之表率。第三部分谈天、礼、人，讲的是士人要注重的三个方面，顺天命、尊礼仪、知人心。这一部分同样没有说以何人为榜样，但也当是以孔子为天下之表率。所以，这三个部分又可分为两大部分：君主、新精英（士）。

第三层含义：这一篇提到了天、礼、人，且严格按照这一顺序出现，分别是第一部分、第二部分、第三部分。

第四层含义：将这三个部分合起来看，从天人关系开始入手，讲到世间的治理，最后又回到天人关系，这就形成一个循环。

综合上述四层含义，可知第二十篇是将"天人－天下"秩序作为一个大秩序，而将"君主－士"关系，以及"天、礼、人"装到这个大秩序之中去。

同时又可见到，在天与人之间，礼是中介。而要维系礼，需要依靠圣王和不断涌现的新精英，即士。这些新精英，有的从政，有的不从政。依靠此两者的引领，天下的民众才能向德、向善，"天人－天下"秩序才能得到恢复。

以上，乃是《论语》的整个思想体系的基本框架。所以，第二十篇是对《论语》全文的总结。

最后，通读完《论语》，我们可以得出这样一个结论：对于我们这个时代的各类专业人才，比如科技人才而言，他们在勤于科研攻关的同时，也要修习德业，以使自己不仅是一个专业人才，还是一个贤人。如此，他们才能下引领民众，上迎合历史风向。而在这样一批人的引领下，在我们的国力变强的同时，民族文化也才能复兴。在这一基础上，伴随着科技全球化步伐的不断加快，有朝一日，我们的民族文化也将成为世界文化。